高等院校汽车类创新型应用人才培养规划教材

车辆工程专业导论

崔胜民　主　编

北京大学出版社
PEKING UNIVERSITY PRESS

内 容 简 介

本书全面系统地论述了大学新生入学后所关心的专业热点问题，包括车辆工程专业学习什么，有哪些实践环节，如何达到汽车工业对人才的知识、能力、素质和技能的要求，毕业以后能从事哪些技术工作，汽车工业需要什么样的技术人才，国内外汽车工业现状如何，有哪些主要汽车企业和汽车品牌，汽车涉及哪些前沿技术，如何做好自己的就业规划、考研规划和创业规划，最终目的是使学生圆满完成学业，毕业后能够适应现代社会发展的需要，实现自己的理想。本书内容新颖，图文并茂，通俗易懂，注重引导性和实用性，是对大学专业教材的重要补充。

本书可作为高等学校大学新生了解车辆工程专业的教材，也可供想报考车辆工程专业的高考学生参考，还可供汽车爱好者参考阅读。

图书在版编目(CIP)数据

车辆工程专业导论/崔胜民主编. —北京：北京大学出版社，2015.8
（高等院校汽车类创新型应用人才培养规划教材）
ISBN 978-7-301-26036-4

Ⅰ. ①车… Ⅱ. ①崔… Ⅲ. ①汽车工程—高等学校—教材 Ⅳ. ①U46

中国版本图书馆 CIP 数据核字（2015）第 156130 号

书　　　名	车辆工程专业导论
著作责任者	崔胜民　主编
策 划 编 辑	童君鑫
责 任 编 辑	黄红珍
标 准 书 号	ISBN 978-7-301-26036-4
出 版 发 行	北京大学出版社
地　　　址	北京市海淀区成府路 205 号　100871
网　　　址	http://www.pup.cn　新浪微博：@北京大学出版社
电 子 信 箱	pup_6@163.com
电　　　话	邮购部 62752015　发行部 62750672　编辑部 62750667
印 刷 者	北京虎彩文化传播有限公司
经 销 者	新华书店
	787 毫米×1092 毫米　16 开本　15.5 印张　357 千字
	2015 年 8 月第 1 版　2021 年 8 月第 5 次印刷
定　　　价	39.00 元

未经许可，不得以任何方式复制或抄袭本书之部分或全部内容。
版权所有，侵权必究
举报电话：010-62752024　电子信箱：fd@pup.pku.edu.cn
图书如有印装质量问题，请与出版部联系，电话：010-62756370

前　　言

  我国汽车产销量已连续 6 年居全球第 1 位，汽车工业对人才需求越来越大，车辆工程专业已经成为大学热门专业之一。但随着汽车技术的快速发展和节能、环保、安全要求的不断提高，对汽车人才也提出了更高的要求。大学新生对自己的专业很模糊，急于了解，但大学专业课一般安排在第 6 学期，前两年接触不到专业老师，使一些学生对专业失去学习兴趣，毕业后不能适应社会需求，造成社会需求和学校供给之间存在严重矛盾。为了满足大学新生入学后快速了解所学专业和 4 年培养过程，以及企业对人才的需求，增加专业情感，激发学习热情，编者结合 20 余年学生培养和教学经验，编写了此书。在编写过程中力求反映当代大学生所关心的专业热点问题，增强对专业的学习兴趣，以易读、易懂、易用为目标，对国内外汽车工业发展现状、汽车前沿技术、车辆工程专业人才培养过程和大学生职业规划等进行了全面、系统的论述，可以帮助大学新生及早对自己的未来做出科学的规划，通过多种途径提高自己的知识、能力、素质和技能，实现自己的人生理想。

  全书共分 6 章，第 1 章介绍车辆和汽车的定义与类型，学科和专业的定义与关系，车辆工程专业的培养目标、培养要求、课程体系、就业方向；第 2 章介绍国内外汽车生产分布和汽车工业特点，主要汽车企业、汽车品牌和产销量，以及汽车工业在国民经济中的作用；第 3 章介绍汽车节能、环保和安全标准方面的要求及其控制技术，有关新能源汽车、汽车轻量化和汽车智能化方面的前沿技术；第 4 章介绍车辆工程专业人才培养类型及汽车企业各种技术岗位的工作内容和要求；第 5 章介绍车辆工程专业人才培养过程中的课堂教学、实践教学、社会实践和科技活动；第 6 章介绍大学生的就业规划、考研规划和创业规划。

  在本书的编写过程中，编者引用了一些网上资料和图片，以及参考文献中的部分内容，特向其作者表示深切的谢意。

  由于编者学识有限，书中不当之处在所难免，恳盼读者给予指正。

编　者
2015 年 4 月

目 录

第1章　绪论 ... 1
1.1　车辆的定义与类型 ... 2
1.2　汽车的定义与类型 ... 8
1.3　学科和专业 ... 14
1.4　车辆工程专业描述 ... 18
思考题 ... 22

第2章　国际汽车工业现状 ... 23
2.1　国外汽车工业现状 ... 26
　　2.1.1　国外主要汽车生产分布 ... 26
　　2.1.2　国外主要汽车企业 ... 32
　　2.1.3　国外主要汽车品牌 ... 42
2.2　国内汽车工业现状 ... 47
　　2.2.1　国内主要汽车生产分布 ... 48
　　2.2.2　国内主要汽车生产企业 ... 54
　　2.2.3　国内主要汽车品牌 ... 66
2.3　汽车工业在国民经济中的作用 ... 69
思考题 ... 71

第3章　汽车前沿技术 ... 72
3.1　汽车节能环保和安全标准 ... 73
　　3.1.1　汽车节能标准 ... 74
　　3.1.2　汽车环保标准 ... 80
　　3.1.3　汽车安全标准 ... 85
3.2　新能源汽车 ... 91
　　3.2.1　纯电动汽车 ... 92
　　3.2.2　混合动力电动汽车 ... 95
　　3.2.3　燃料电池电动汽车 ... 96
3.3　汽车轻量化技术 ... 100
　　3.3.1　汽车材料轻量化 ... 100
　　3.3.2　汽车设计轻量化 ... 104
　　3.3.3　汽车结构轻量化 ... 105
　　3.3.4　汽车轻量化的技术路径 ... 106
3.4　汽车智能化技术 ... 107
　　3.4.1　汽车车载智能化技术 ... 107
　　3.4.2　汽车无人驾驶技术 ... 116
　　3.4.3　车联网技术 ... 124
思考题 ... 130

第4章　车辆工程专业人才类型和岗位需求 ... 132
4.1　车辆工程专业人才类型 ... 133
　　4.1.1　车辆工程专业毕业生类型 ... 133
　　4.1.2　汽车行业人才需求类型 ... 138
4.2　汽车产品设计岗位 ... 142
　　4.2.1　汽车产品开发流程 ... 142
　　4.2.2　汽车设计工程师 ... 149
　　4.2.3　汽车分析工程师 ... 150
　　4.2.4　汽车测试工程师 ... 154
4.3　汽车产品生产岗位 ... 157
　　4.3.1　汽车产品生产流程 ... 157
　　4.3.2　汽车工艺工程师 ... 159
　　4.3.3　汽车质量工程师 ... 160
4.4　汽车产品销售岗位 ... 161
　　4.4.1　汽车产品销售渠道 ... 161
　　4.4.2　汽车销售工程师 ... 165
　　4.4.3　汽车技术支持工程师 ... 165
思考题 ... 167

第5章　车辆工程专业人才培养 ... 168
5.1　课堂教学 ... 170
　　5.1.1　课堂教学基本文件 ... 170
　　5.1.2　课堂教学基本要求 ... 173
5.2　专业实践教学 ... 174
　　5.2.1　课程实验 ... 174
　　5.2.2　认识实习 ... 177
　　5.2.3　生产实习 ... 178
　　5.2.4　汽车工艺课程设计 ... 180

5.2.5 汽车部件课程设计 ……… 181
  5.2.6 毕业设计 ……… 182
 5.3 社会实践 ……… 184
  5.3.1 社会实践的意义 ……… 184
  5.3.2 社会实践的路径 ……… 187
 5.4 科技活动 ……… 192
  5.4.1 科技活动的意义 ……… 192
  5.4.2 中国大学生方程式汽车大赛 ……… 193
  5.4.3 全国大学生"飞思卡尔"杯智能汽车竞赛 ……… 195
  5.4.4 "挑战杯"全国大学生竞赛 ……… 197
  5.4.5 全国大学生机械创新设计大赛 ……… 199
  5.4.6 全国大学生节能减排社会实践与科技竞赛 ……… 200
  5.4.7 Honda 中国节能竞技大赛 ……… 201
 思考题 ……… 203

第6章 大学生职业规划 ……… 204
 6.1 就业规划 ……… 205
  6.1.1 就业概况 ……… 206
  6.1.2 就业准备 ……… 207
  6.1.3 就业途径 ……… 210
 6.2 读研规划 ……… 214
  6.2.1 读研概况 ……… 214
  6.2.2 读研准备 ……… 215
  6.2.3 读研途径 ……… 216
 6.3 创业规划 ……… 221
  6.3.1 大学生创业概况 ……… 221
  6.3.2 创业准备 ……… 222
  6.3.3 创业途径 ……… 225
 思考题 ……… 227

附录 某高校车辆工程专业本科生培养方案 ……… 228

参考文献 ……… 237

第 1 章 绪 论

 教学目标

通过本章的学习,读者能够掌握车辆和汽车的定义与分类,了解学科和专业的定义以及二者之间的关系,对车辆工程专业有一个初步的认识。

 教学要求

知识要点	能力要求	相关知识
车辆定义与类型	掌握车辆的定义和分类方法,了解车辆的各种类型	车辆知识
汽车定义与类型	掌握汽车的定义和分类方法,了解汽车的各种类型	GB/T 3730.1—2001《汽车和挂车类型的术语和定义》
学科和专业	了解学科和专业的定义,以及学科和专业的关系	学位授予和人才培养学科目录,普通高等学校本科专业目录
车辆工程专业	了解车辆工程专业的培养目标、培养要求、课程体系和就业方向等	车辆工程专业培养方案

车辆工程专业导论

导入案例

大学生专业满意度直接影响到大学期间的专业学习兴趣、努力程度和未来的职业定向。大学生专业的选择主要是靠高考的填报志愿，但填报志愿时每名同学考虑的因素不一样，对填报的专业往往也是模糊的，造成很多困惑，如图 1.1 所示。大学录取新生时，有的志愿能满足，有的志愿不能满足。据统计，有超过 50% 以上的大学新生对专业不了解或不满意，因此，大学生入学第一学期，非常有必要全面了解所学的专业。通过本书的学习，读者可以对车辆工程专业有一个全面的了解，激发学习热情，做好职业规划。

图 1.1 学生填报高考志愿的困惑

车辆工程专业是以产品命名的专业，绝大部分高等学校设置的车辆工程专业是汽车方向。为了全面了解车辆工程专业，需要对车辆和车辆工程专业的基本知识有一个初步了解。

1.1 车辆的定义与类型

车辆是指在陆地上行驶的各种交通运输工具或作业工具的总称，包括轮式车辆、履带式车辆、轨道式车辆和新型车辆等，如图 1.2 所示。

1. 轮式车辆

轮式车辆与地面的接触装置是弹性轮，动力传动装置传来的转矩通过弹性驱动轮与地面的相互作用转变为驱动力，实现车辆行驶。轮式车辆除汽车外，还包括摩托车、挂车、轮式专用机械车、上道路行驶的拖拉机和特型机动车等。

(1) 摩托车。摩托车是指由动力驱动的、具有两个或三个车轮的道路车辆，如图 1.3 所示，但不包括：整车整备质量超过 400kg 的三轮车辆；最大设计车速、整车整备质量、外廓尺寸等指标符合有关国家标准的残疾人机动轮椅车；电驱动的、最大设计车速不大于 20km/h 且整车整备质量符合相关国家标准的两轮车辆。

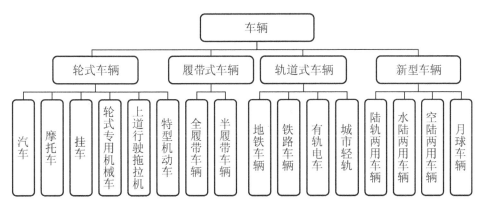

图 1.2　车辆类型

(a) 两轮摩托车　　　　　　　　(b) 三轮摩托车

图 1.3　摩托车

(2) 挂车。挂车是由汽车或拖拉机牵引才能正常使用的一种无动力的道路车辆,用于载运货物或其他特殊用途。挂车分为全挂车和半挂车。全挂车至少有两根轴,而且一轴可转向,通过角向移动的牵引杆与牵引车连接,牵引杆可垂直移动,连接到底盘上,不承受垂直力,如图 1.4(a)所示。半挂车是指除全挂车以外的挂车,半挂车的车轴位于车辆质心(当车辆均匀受载时)后面,并且装有可将垂直力和(或)水平力传递到牵引车的联结装置,如图 1.4(b)所示。

(a) 全挂车　　　　　　　　　　(b) 半挂车

图 1.4　挂车

(3) 轮式专用机械车。轮式专用机械车是指具有特殊结构和专门功能、装有橡胶车轮可以自行行驶、最大设计车速大于 20km/h 的轮式工程机械，如装载机、挖掘机、平地机、推土机等，如图 1.5 所示。

图 1.5　轮式专用机械车

（4）上道路行驶的拖拉机。上道路行驶的拖拉机包括最大设计车速小于等于 20km/h 的手扶轮式拖拉机和最大设计车速小于等于 40km/h、牵引挂车方可从事道路运输的轮式拖拉机，如图 1.6 所示。

图 1.6　上道路行驶的拖拉机

（5）特型机动车。特型机动车是指轴荷及总质量超限的工程用专项作业车和超长、超宽、超高的运输大型不可解体物品的机动车，如图 1.7 所示。

2. 履带车辆

履带车辆分为全履带车辆和半履带车辆。

（1）全履带车辆。全履带车辆与地面的接触装置是两条平行旋转的闭合履带，车辆利用履带行驶装置支撑车体的重量，将传动装置传来的转矩通过履带与地面的相互作用转变为牵引力，实现车辆运动，提高车辆的通行能力，是履带车辆组成中的关键系统之一。因

图 1.7　特型机动车

为履带可以作为车辆的自携道路,便于车辆通过承载能力较差的地面,并且较大的牵引力,使履带车辆具有较强的越野通过性,能够在轮式车辆不能通过使用的无路、深雪及沼泽地带行驶,是一种较为万能的行驶工具。因此,全履带车辆被广泛应用在军用车辆及民用推土机械、挖掘机械、起重机械、拖拉机、联合收割机等工程机械领域,在国家建设和国防安全中起到了非常重要的作用。图 1.8 所示为全履带车辆中的履带坦克、履带推土机、履带起重机和履带拖拉机。

(a) 履带坦克

(b) 履带推土机

(c) 履带起重机

(d) 履带拖拉机

图 1.8　全履带车辆

(2) 半履带车辆。半履带车辆泛指车辆与地面接触、负责传动的并非全部使用履带,也可以说是混合传动形态的车辆,最常见的混合方式是以履带和车轮并存,前方采用车轮,后方则是履带推进,如图 1.9 所示。半履带车辆弥补了履带与车轮两种传动系统的缺点,履带车辆的越野能力较好,但是承载重量受到限制,同时履带寿命较短,生产成本较高；轮型车辆能够搭载的重量较高，车轮寿命较长，但是高承载重量时所能够通过的地形非常有限，并且在恶劣条件下的行走能力远不如履带车辆。

图1.9 半履带车辆

3. 轨道车辆

轨道车辆是指安装带轮缘车轮的、在由钢轨构成的轨距恒定的轨道上运行的车，主要包括地铁车辆、城市轻轨、有轨电车及铁路车辆等，其中城市轨道车辆通常以电能为动力。图1.10～图1.13所示分别为地铁车辆、城市轻轨、有轨电车和铁路车辆。

图1.10 地铁车辆　　　　　　　　图1.11 城市轻轨

图1.12 有轨电车　　　　　　　　图1.13 铁路车辆

轨道车辆具有运量大、速度快、安全、准点、保护环境、节约能源等特点。世界各国普遍认识到解决城市交通问题的根本在于优先发展以轨道交通为骨干的城市公共交通系统。据统计，到 2014 年末，中国累计有 22 个城市建成投入运营城轨线路 101 条，运营里程 3155km，其中地铁 2438km，占总里程的 77.2%；轻轨 239km，占总里程的 7.6%；单轨 87km，占总里程的 2.8%；现代有轨电车 134km，占总里程的 4.2%；磁浮交通 30km，占总里程的 1%；市域快轨 227km，占总里程的 7.2%。全国铁路营业里程达到 11.2 万 km，高铁运营里程达到 1.6 万 km。

4. 新型车辆

新型车辆主要有陆轨两用车辆、水陆两用车辆、空陆两用车辆和月球车辆等。

陆轨两用车辆是指在公路和轨道上都能行驶的新型车辆，陆轨行驶系统安装了在铁轨上使用的铁制轮子和在公路上使用的橡胶轮子，目前主要用于消防和轨道牵引作业等，如图 1.14 所示。

(a) 消防车

(b) 作业车

图 1.14　路轨两用车辆

水陆两用车辆是结合了车与船的双重性能，既可像汽车一样在陆地上行驶穿梭，又可像船一样在水上泛水浮渡的特种车辆，如图 1.15 所示。由于其具备卓越的水陆通行性能，可从行进中渡越江河湖海而不受桥或船的限制，因而在交通运输上，具有其特殊的历史意义。多用于军事、抢险救灾、探测等专业领域，也可以用于旅游。

图 1.15　水陆两用车辆

空陆两用车辆又称飞行汽车，它结合了车与飞机的双重性能，既可像汽车一样在陆地上行驶穿梭，又可像飞机一样在空中飞行的特种车辆。图 1.16 所示为由美国马萨诸塞州特拉富贾公司研制的世界第一款飞行汽车。它有 2 座 4 轮，高 2m，翼展宽 8m，机翼折叠起来时，与普通汽车功能无异。在路上行驶速度可达 112km/h；飞行速度最高为 184km/h，最大航程为 787km。

月球车辆是指在月球表面行驶并对月球考察和收集分析样品的专用车辆，分为无人驾驶月球车和有人驾驶月球车，无人月球车辆难度更大，因为上面有很多仪器，要保证在无人的状态下行驶，仪器能正常工作。无人驾驶月球车是由轮式底盘和仪器舱组成，用太阳

图 1.16 空陆两用车辆

电池和蓄电池联合供电,其行驶是靠地面遥控指令。有人驾驶月球车的每个轮子各由一台发动机驱动,靠蓄电池提供动力,轮胎在 -100℃ 低温下仍可保持弹性,宇航员操纵手柄驾驶月球车,可向前、向后、转弯和爬坡,主要用于扩大宇航员的活动范围和减少宇航员的体力消耗,可随时存放宇航员采集的岩石和土壤标本。

至今为止,世界上发射并成功运行的月球车有 6 辆。其中 3 辆是无人探测月球车,分别为苏联在 20 世纪 70 年代发射的月球车 1 号和 2 号,中国的玉兔号;3 辆是有人驾驶的月球车,分别是美国的阿波罗 15 号、16 号、17 号月球车。玉兔号是中国首辆月球车,其设计质量为 140kg,能源为太阳能,能够耐受月球表面真空、强辐射、-180℃ 到 150℃ 极限温度等极端环境;月球车具备 20°爬坡、20cm 越障能力,并配备有全景相机、红外成像光谱仪、测月雷达、粒子激发 X 射线谱仪等科学探测仪器。2013 年 12 月 2 日 1 时 30 分,中国在西昌卫星发射中心成功将由着陆器和玉兔号月球车组成的嫦娥三号探测器送入轨道,2013 年 12 月 15 日 4 时 35 分,嫦娥三号着陆器与玉兔号分离,玉兔号顺利驶抵月球表面。图 1.17 分别是阿波罗 15 号月球车和玉兔号月球车。

(a) 阿波罗15号月球车

(b) 玉兔号月球车

图 1.17 月球车辆

1.2 汽车的定义与类型

汽车是由动力驱动、具有 4 个或 4 个以上车轮的非轨道承载的车辆,主要用途:载运人员或货物;牵引载运货物的车辆或特殊用途的车辆;专项作业。

目前,汽车没有统一的分类方法,一般可按发动机排量、乘客座位数、汽车总质量、汽车总长度、车身或驾驶室的特点等来分类,也可以取上述特征量中的两个指标作为分类的依据。

国家标准 GB/T 3730.1—2001《汽车和挂车类型的术语和定义》将汽车分为乘用车和商用车。

1. 乘用车

乘用车是指设计和制造上主要用于载运乘客及其随身行李等的汽车，包括驾驶人座位在内最多不超过 9 个座位。乘用车又有多种，其类型如图 1.18 所示。

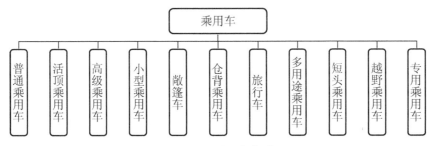

图 1.18　乘用车类型

(1) 普通乘用车。普通乘用车的车身为封闭式，侧窗中柱有或无；车顶（顶盖）为固定式，硬顶，有的顶盖一部分可以开启；座位 4 个或 4 个以上，至少两排，后座椅可折叠或移动，以形成装载空间；车门为 2 个或 4 个侧门，可有一后开启门，如图 1.19 所示，绝大部分轿车属于普通乘用车。

(2) 活顶乘用车。活顶乘用车的车身为具有固定侧围框架的可开启式；车顶（顶盖）为硬顶或软顶，至少有封闭和开启或拆除两个位置；座位 4 个或 4 个以上，至少两排；车门为 2 个或 4 个侧门；车窗为 4 个或 4 个以上侧窗，如图 1.20 所示。

图 1.19　普通乘用车

图 1.20　活顶乘用车

(3) 高级乘用车。高级乘用车的车身为封闭式，前后座之间可以设有隔板；车顶（顶盖）为固定式，硬顶，有的顶盖一部分可以开启；座位 4 个或 4 个以上，至少两排，后排座椅前可安装折叠式座椅；车门为 4 个或 6 个侧门，也可有一个后开启门；车窗为 6 个或 6 个以上侧窗，如图 1.21 所示。

(4) 小型乘用车。小型乘用车的车身为封闭式，通常后部空间较小；车顶（顶盖）为固定式，硬顶，有的顶盖一部分可以开启；座位 2 个或 2 个以上，至少一排；车门为 2 个侧门，也可有一个后开启门；车窗为 2 个或 2 个以上侧窗，如图 1.22 所示。

(5) 敞篷车。敞篷车的车身为可开启式；车顶（顶盖）可为软顶和硬顶，至少有两个位置；第一个位置遮覆车身，第二个位置车顶卷收或可拆除；座位 2 个或 2 个以上，至少一排；车门 2 个或 2 个以上侧门，如图 1.23 所示。

图 1.21 高级乘用车

图 1.22 小型乘用车

（6）仓背乘用车。仓背乘用车的车身为封闭式，侧窗中柱可有可无；车顶（顶盖）为固定式，硬顶，有的顶盖一部分可以开启；座位4个或4个以上，至少两排，后座椅可折叠或移动，以形成装载空间；车门为2个或4个侧门，车身后部有一仓门，如图1.24所示。

图 1.23 敞篷车

图 1.24 仓背乘用车

（7）旅行车。旅行车的车身为封闭式，车尾外形按可提供较大的内部空间设计；车顶（顶盖）为固定式，硬顶，有的顶盖一部分可以开启；座位4个或4个以上，至少两排，座椅的一排或多排可拆除，或装有向前翻倒的座椅靠背，以提供装载平台；车门为2个或4个侧门，并有一后开启门；车窗为4个或4个以上侧窗，如图1.25所示。

（8）多用途乘用车。多用途乘用车是指上述7种车辆以外的，只有单一车室载运乘客及其行李或物品的乘用车。它是集轿车、旅行车和商务车于一身的车型，拥有良好的舒适性、较强的实用性和灵活的空间，如图1.26所示。

图 1.25 旅行车

图 1.26 多用途乘用车

（9）短头乘用车。短头乘用车一半以上的发动机长度位于车辆前风窗玻璃最前点以后，并且转向盘的中心位于车辆总长的前1/4部分内，如图1.27所示。

（10）越野乘用车。越野乘用车在设计上所有车轮同时驱动（包括一个驱动轴可以脱开的车辆），或其几何特性（接近角、离去角、纵向通过角、最小离地间隙）、技术特性（驱动轴数、差速锁止机构或其他型式机构）和它的性能（爬坡度）允许在非道路上行驶的一种乘用车，如图1.28所示。

图 1.27　短头乘用车

图 1.28　越野乘用车

（11）专用乘用车。专用乘用车是指运载乘员或物品并完成特定功能的乘用车，它具备完成特定功能所需要的特殊车身和(或)装备，例如：旅居车、防弹车、救护车、殡仪车等，如图1.29所示。

(a) 旅居车

(b) 救护车

图 1.29　专用乘用车

2．商用车

商用车是指在设计和技术特性上用于运送人员及其随身行李和货物的汽车，并且可以牵引挂车。商用车的类型如图1.30所示。

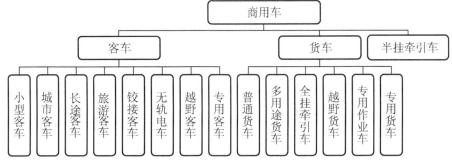

图 1.30　商用车类型

1) 客车

客车是指在设计和技术特性上用于载运乘客及其随身行李的商用车辆,包括驾驶人座位在内座位数超过9座。客车有单层的或双层的,也可牵引一挂车。

(1) 小型客车。小型客车是指用于载运乘客,除驾驶人座位外,座位数不超过16座的客车,如图1.31所示。

(2) 城市客车。城市客车是一种为城市内运输而设计和装备的客车,这种车辆设有座椅及站立乘客的位置,并有足够的空间供频繁停站时乘客上下走动用,如图1.32所示。

图1.31 小型客车

图1.32 城市客车

(3) 长途客车。长途客车是一种为城间运输而设计和装备的客车,这种车辆没有专供乘客站立的位置,但在其通道内可载运短途站立的乘客,如图1.33所示。

(4) 旅游客车。旅游客车是一种为旅游而设计和装备的客车,这种车辆的布置要确保乘客的舒适性,不载运站立的乘客,如图1.34所示。

图1.33 长途客车

图1.34 旅游客车

(5) 铰接客车。铰接客车是一种由两节车厢铰接组成的客车,在这种车辆上,两节车厢是相通的,乘客可通过铰接部分在两节车厢之间自由走动,如图1.35所示。

(6) 无轨电车。无轨电车是一种经架线由电力驱动的客车,如图1.36所示。

图1.35 铰接客车

图1.36 无轨电车

(7) 越野客车。越野客车在设计上所有车轮同时驱动(包括一个驱动轴可以脱开的车辆),或其几何特性(接近角、离去角、纵向通过角、最小离地间隙)、技术特性(驱动轴数、差速锁止机构或其他型式机构)和它的性能(爬坡度)允许在非道路上行驶的一种车辆,如图1.37所示。

(8) 专用客车。专用客车在设计和技术特性上只适用于需要特殊布置安排后才能载运人员的车辆。校车属于专用客车,校车统一采用醒目的颜色(如黄色)标识,并可配备警灯和警报器;校车的安全性能要高于普通车辆(如防撞性能),还应安装GPS,用于实时监控车辆运行的路线、速度,并设定限速器严禁超速;上下车门安装摄像头实时监控上下人员,并配安全锤等,如图1.38所示。

图1.37 越野客车

图1.38 专用客车

2) 货车

货车是一种主要为载运货物而设计和装备的商用车辆,它能否牵引一挂车均可。

(1) 普通货车。普通货车是一种在敞开(平板式)或封闭(厢式)载货空间内载运货物的货车,如图1.39所示。

(2) 多用途货车。多用途货车在设计和结构上主要用于载运货物,但在驾驶人座椅后带有固定或折叠式座椅,可运载3人以上的乘客的货车,如图1.40所示。

图1.39 普通货车

图1.40 多用途货车

(3) 全挂牵引车。全挂牵引车是一种牵引牵引杆式挂车的货车,它本身可在附属的载货平台上运载货物,如图1.41所示。

(4) 越野货车。越野货车在设计上所有车轮同时驱动(包括一个驱动轴可以脱开的车辆),或其几何特性(接近角、离去角、纵向通过角、最小离地间隙)、技术特性(驱动轴数、差速锁止机构或其他型式机构)和它的性能(爬坡度)允许在非道路上行驶的一种车辆,如图 1.42 所示。

图 1.41　全挂牵引车

图 1.42　越野货车

（5）专用作业车。专用作业车在设计和技术特性上用于特殊工作的货车，如消防车、救险车、垃圾车、应急车、清扫车、扫雪车等。图 1.43 所示为消防车。

（6）专用货车。专用货车在设计和技术特性上用于运输特殊物品的货车，如罐式车、乘用车运输车、集装箱运输车等，图 1.44 所示为罐式车。

图 1.43　消防车

图 1.44　罐式车

3）半挂牵引车

半挂牵引车是装备有特殊装置用于牵引半挂车的商用车辆，如图 1.45 所示。

图 1.45　半挂牵引车

1.3　学科和专业

学科和专业是高等学校使用最频繁的术语，高等学校的很多工作都是围绕学科和专业展开的。

1. 学科

学科是指相对独立的知识体系，它有两个含义。第一个含义是指学术的分类，指一定科学领域或一门科学的专业分支，如自然科学中的物理学、生物学，人文社会科学中的史学、教育学等。第二种含义是指高校教学、科研等的功能单位，是对高校人才培养、教师教学、科研业务隶属范围的相对界定。学科建设中"学科"的含义侧重后者，但与第一个含义也有关联。

学科门类是对具有一定关联学科的归类，是授予学位的学科类别。根据教育部2011年修订的《学位授予和人才培养学科目录》，目前我国普通高校的研究生教育和本科教育的学科划分均为13大门类，如图1.46所示，即哲学、经济学、法学、教育学、文学、历史学、理学、工学、农学、医学、军事学、管理学和艺术学。学科是高校的细胞组织，世界上不存在没有学科的高校，高校的各种功能活动都是在学科中展开的，离开了学科，不可能有人才培养，不可能有科学研究，也不可能有社会服务。

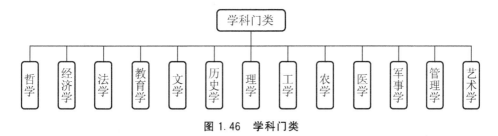

图1.46　学科门类

学科门类下设一级学科和二级学科，一级学科是学科大类，二级学科是一级学科下的小类，目前有110个一级学科，375个二级学科。一级学科和二级学科是包含与被包含的关系，一般一个一级学科下都会分设几个二级学科。例如，工学有32个一级学科，机械工程是其中之一，它下设机械制造及其自动化、机械电子工程、机械设计及理论和车辆工程4个二级学科。

博士、硕士学位就授至二级学科，一般意义上的博硕士点数指的就是可以授予博士和硕士学位的二级学科的数目。所谓获得一级学科博士学位授权，是指在这个一级学科下的所有二级学科都有博士学位授予权，也就意味着，一个学生只要选择了这个学科中的任何一个专业，进了校门就可以从本科一直念到博士。这能反映出一所大学或科研院所在这个学科的实力和水平。但要看这个学科是否全国领先，就要看它里面的二级学科有没有国家重点学科及重点学科的多少。

重点学科一般是指高校或学术性科研机构，将有限的资源用于某些学科，以实现人才和技术上的突破，在激烈的竞争中占领专科建设与发展的一席之地。重点学科有校级、市级、省部级、国家级等不同层次。省部级重点学科是省级/部级遴选出的，在本省/部同行业中具有顶尖地位和实力；国家级重点学科是全国范围遴选出的，代表该学科在全国范围内的顶尖水平和前沿。高等学校具有省部级重点学科和国家级重点学科的数量，代表了高等学校的综合实力和地位。

学科交叉逐渐形成一批交叉学科。交叉学科是指至少横跨两个一级学科门类的专业，或者兼顾两个方向明显有区别的二级学科。例如，纳米技术是指在0.1～100nm的尺度里，研究电子、原子和分子内的运动规律和特性的一项崭新技术，它是一门交叉性很强的综合学科，研究的内容涉及现代科技的广阔领域。

自然科学和社会科学之间也可以相互结合发展，形成新的交叉边缘学科。边缘学科是由原有基础学科的相互交叉和渗透所产生的新学科的总称。其共同特点是运用一门学科或几门学科的概念和方法研究另一门学科的对象或交叉领域的对象，使不同学科的方法和对象有机地结合起来。例如，演化金融学就是近年来兴起的介于生物学和金融学的一门边缘科学，而演化证券学则是介于生物学和证券学之间的边缘学科。

2. 专业

专业一般是指高等学校根据社会分工需要而划分的学业门类，是社会分工、学科知识和教育结构三位一体的组织形态，其中，社会分工是专业存在的基础，学科知识是专业的内核，教育结构是专业表现形式。三者缺一不可，共同构成高校人才培养的基本单位。

在2012年颁布的《普通高等学校本科专业目录》中，设置了506种本科专业，其中基本专业352种，特设专业154种，并确定了62种专业为国家控制布点专业。

各门类专业设置数量如下：哲学门类下设专业类1个，4种专业；经济学门类下设专业类4个，17种专业；法学门类下设专业类6个，32种专业；教育学门类下设专业类2个，16种专业；文学门类下设专业类3个，76种专业；历史学门类下设专业类1个，6种专业；理学门类下设专业类12个，36种专业；工学门类下设专业类31个，169种专业；农学门类下设专业类7个，27种专业；医学门类下设专业类11个，44种专业；管理学门类下设专业类9个，46种专业；艺术学门类下设专业类5个，33种专业。

目前，机械类本科基本专业主要有：机械工程、机械设计制造及其自动化、材料成型及控制工程、机械电子工程、工业设计、过程装备与控制工程、车辆工程、汽车服务工程；特设专业主要有机械工艺技术、微机电系统工程、机电技术教育、汽车维修工程教育，如图1.47所示。

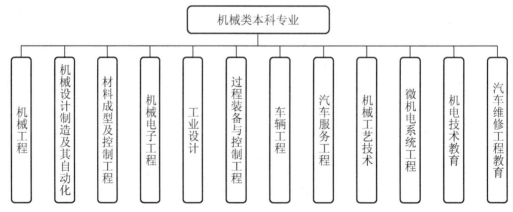

图1.47 机械类本科专业

3. 学科和专业的关系

学科是科学知识体系的分类，不同的学科就是不同的科学知识体系；专业是在一定学科知识体系的基础上构成的，离开了学科知识体系，专业也就丧失了其存在的合理性依据。一个学科可以组成若干专业；一个专业可以由若干个不同学科组成，如图1.48所示。

学科和专业的区别主要表现在如下几个方面。

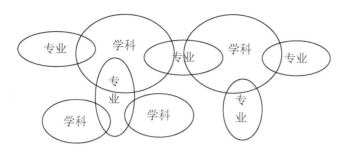

图 1.48 学科和专业的关系

(1) 内涵不同。学科是大学根据知识分类而对人才进行定向培养的一种组织形式,用于研究生学历教育;专业是根据社会分工对人才进行定向培养的一种组织形式,用于本科生学历教育。

(2) 构成要素不同。构成学科的元素是知识,构成专业的元素是课程。

(3) 划分学科和设置专业的原则不同。学科划分遵循知识体系自身的逻辑,形成树状分支机构;专业设置是以学科为基础,按照社会对不同领域和岗位的专门人才的需要设置。

(4) 发展动力不同。学科发展的动力是多元的,主要来自学者的好奇心和社会政治、经济、科技发展的需要;专业发展的动力是一元的,就是社会需求。

(5) 发展任务不同。学科发展的核心是科研,关注学术成果;专业发展的核心是教学,关注人才培养质量。

学科和专业的联系主要表现在如下几个方面。

(1) 学科和专业是一种交叉的关系。专业可以看成是对学科知识的切块和组织,即构成一定的专业,满足社会对人才的需求。

(2) 学科和专业有一种相互依存、相互发展的关系。学科是专业发展的基础,专业是学科承担人才培养的基地。专业的发展离不开学科水平的提高,任何一个专业都有其构成这一专业知识的主干学科作为自己的支撑。专业要以学科为依托,科学技术发展到何种程度,教育也要发展到何种程度,人才培养的质量,取决于学科的水平。同时,也只有学科的分化和综合达到一定高度,才有相应的高新技术专业的出现。

(3) 学科和专业的联系主要以课程为中介来实现,如图 1.49 所示。一方面,学科知识是构成课程的元素,学科为课程源源不断地提供构建材料,课程是按教育学规律对学科知识的传播、改造和拓展,同时,学科也要根据课程要求加强学科建设;另一方面,专业可以理解为课程的组合形式,即课程是构成专业的要素,课程支撑着专业,同时,基于社会需求,根据专业知识结构要求来加强课程建设,学科的人才培养功能是以课程为依托实现的。

学科水平和专业水平是衡量学校办学层次、学术水平的主要标志之一。学科建设和专业建设水平的高低对提升学校办学层次、增强核心竞争力、促进学校又好又快发展起着举足轻重的作用,同时,对学校学术梯队、学科平台建设、科学研究水平、教育教学改革起着支撑作用。

学科建设和专业建设的关系如图 1.50 所示。通过图 1.50,可以对学科和专业之间的关系有更深入的了解。

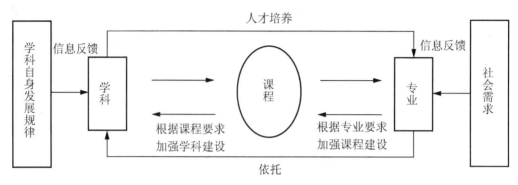

图 1.49 学科和专业的联系

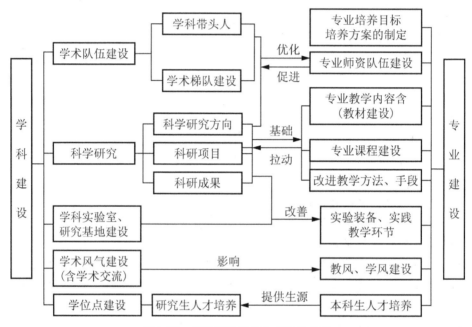

图 1.50 学科建设和专业建设的关系

学科和专业可以重名,如车辆工程学科和专业是重名的,但绝大多数学科和专业是不重名的。

1.4 车辆工程专业描述

车辆工程是研究车辆理论、设计和技术等问题的重要工程技术领域。学校不同,车辆工程专业设置的方向也不同,但绝大部分高校的车辆工程专业主要是汽车方向。本书所论述的车辆工程专业主要是指汽车方向。

车辆工程专业隶属于工学学科门类、机械类下的专业。截至 2014 年,在 2246 所普通高等学校中,设有车辆工程专业的学校约 170 所,其中 36 所 211 院校和 16 所 985 院校设有车辆工程本科专业,近 100 所院校能够招收车辆工程专业研究生。

1. 车辆工程专业培养目标

车辆工程专业主要培养掌握扎实基础理论和专业知识,具有较强创新精神和实践能力,能在汽车工程领域内从事汽车产品研发、汽车产品生产管理和汽车产品营销等方面工作的高素质工程技术人才和管理人才。这些人才所从事的工作如图1.51所示。

(a) 汽车产品研发

(b) 汽车产品生产管理　　　　　　　　(c) 汽车产品营销

图1.51　车辆工程专业人才所从事的工作

各高等学校可以根据自身实际情况,制订具有本校特色的车辆工程专业培养目标。

2. 车辆工程专业培养要求

车辆工程专业本科生在进行系统性的课程学习和实践环节训练的基础上,积极通过各种课外科技活动和社会实践,获得应有的知识、能力与素质,如图1.52所示。

1）知识要求

（1）工具性知识。主要是通过外语课程的学习,能够阅读本专业外文书籍和文献资料,并进行国际学术交流。

（2）人文社会科学知识。主要是通过思想道德修养与法律基础、中国近现代史纲要、马克思主义基础原理、毛泽东思想和中国特色社会主义理论体系概论等课程的学习,能够树立正确的世界观和价值观,热爱祖国,遵纪守法,具有良好的道德品质和较强的社会责任感。

（3）自然科学基础知识。通过数学、物理、化学、力学等课程的学习,掌握车辆工程专业所需的自然科学基础知识,能够对工程问题进行数学建模和力学分析。

（4）专业基础及专业知识。专业基础课主要包括理论力学、材料力学、机械原理、机械设计、工程材料、金属工艺学、互换性与测量技术、电工与电子技术、计算机应用技术、自动控制原理等;专业课主要包括汽车构造、汽车理论、汽车设计、汽车试验学、汽

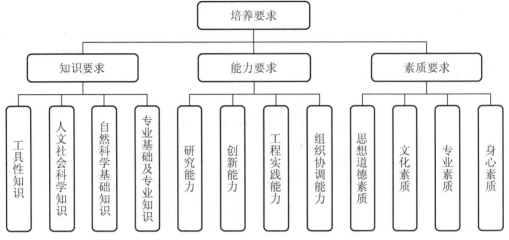

图 1.52 车辆工程专业培养要求

车电子技术等。通过专业基础课和专业课的学习，系统掌握汽车工程领域技术基础理论和专业知识，能够对汽车产品进行理论分析和设计计算。

2）能力要求

（1）研究能力。熟练掌握利用互联网进行各种信息和文献资料的收集和利用的方法，并具备较强的综合分析文献资料的能力；能够综合运用所学知识，掌握汽车工程领域相关的先进技术、方法与工具，应用相关设计与分析软件，通过定性和定量分析，解决汽车领域的工程实际技术问题。

（2）创新能力。通过专业实践、科研实践、社会实践、科技创新等途径，培养开拓创新思维，具备创新能力，解决实际问题。

（3）工程实践能力。应具有发现问题并提出解决工程实际问题方法的能力，具有对汽车某个系统或系统中的零部件进行设计与开发、分析与仿真、试验与测试的能力。

（4）组织协调能力。应具有良好的沟通能力和团队组织协调能力，利用好各方面的资源。

3）素质要求

（1）思想道德素质。很多用人单位选人重才更重德，把思想道德素质放在首位，政治思想素质较高，具有事业心、责任感和吃苦奉献精神的毕业生成了首选目标。思想道德素质包括政治素质、事业心和责任感、艰苦奋斗精神和务实作风等方面。

（2）文化素质。文化素质是人的素质中最重要组成部分，是以各种文化为载体，以如何做人为核心与根本的素质。文化素质应该通过潜移默化、知识传授、社会学习、社会实践、环境熏陶等手段和形式把人类最优秀的思想文化成果内化为社会成员的人格、气质、修养等相对稳定的品质。

（3）专业素质。具备良好的职业道德，严谨的治学态度，以及质量、安全、服务和环保意识，运用科学发展观来综合分析处理汽车工程领域的生产实践和产品开发问题，具有终身学习的专业素质和勇于创新的工作意识。

（4）身心素质。身心素质包括心理素质和身体素质。具备较强的人际交往能力，能够控制自我并了解和理解他人需求和意愿；具备较强的适应能力，自信、灵活地处理新的和不断变化的人际环境和工作环境；具有团队合作精神，并具有一定的协调、管理、竞争与合作能力。了解体育运动的基本知识，掌握科学锻炼和养护身体的运动技能和方法，身体健康，毅力顽强。

各高等学校可以根据自身实际情况，对培养要求进行调整和细化。

3. 车辆工程专业课程体系

车辆工程专业课程体系如图1.53所示，主要由公共课、专业基础课、专业课和实践教学环节组成。

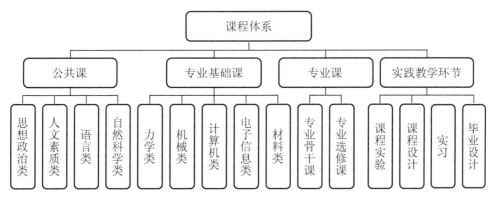

图1.53 车辆工程专业课程体系

公共课由思想政治类、人文素质类、语言类、自然科学类课程组成，其中思想政治类主要是指马克思主义基本原理概论、思想道德修养与法律基础、中国近现代史纲要、毛泽东思想和中国特色社会主义理论体系概论；人文素质类主要是指开设的一些选修课或讲座类，如心理学、形势与政策等；语言类主要是指大学英语；自然科学类主要是指工科数学、代数与几何、概率论与数理统计、大学物理、普通化学等。

专业基础课由力学类、机械类、计算机类、电子信息类、材料类等课程组成，其中力学类主要是指理论力学、材料力学、流体力学等；机械类主要是指工程图学、机械原理、机械设计、机械制造技术基础、互换性与测量技术等；计算机类主要是指大学计算机基础、计算机语言、计算机原理、单片机原理及应用等；电子信息类主要是指电工和电子技术、自动控制原理等；材料类主要是指金属工艺学、工程材料等。

专业课由专业骨干课和专业选修课组成，其中专业骨干课主要是指汽车构造、汽车理论、汽车设计、汽车试验学等，专业选修课由各学校自己确定。

实践教学环节由课程实验、课程设计、实习、毕业设计组成，其中课程实验包括专业基础课实验和专业课实验；课程设计主要是指机械原理课程设计、机械设计课程设计、汽车工艺课程设计、汽车部件课程设计等；实习主要是指金工实习、认识实习、电子工艺实习、汽车生产实习、汽车拆装实习等。

4. 车辆工程专业就业方向

车辆工程专业毕业的学生就业方向有很多，可以到汽车企业、科研院所从事汽车工程领域的产品开发、试验测试、工艺设计等工作，也可以承担生产技术管理和市场营销、售后服务等工作，详细见第4章。

5. 开设车辆工程专业的学校

开设车辆工程专业的 985 和 211 院校主要有清华大学、北京理工大学、北京航空航天大学、中国农业大学、北京科技大学、上海交通大学、同济大学、哈尔滨工业大学、吉林大学、大连理工大学、东北大学、山东大学、中国石油大学（华东）、西安交通大学、西北工业大学、长安大学、南京理工大学、南京航空航天大学、南京农业大学、湖南大学、武汉理工大学、华南理工大学、福州大学、西南交通大学、合肥工业大学等。

思 考 题

1. 车辆是如何定义的？主要有哪些类型？
2. 汽车是如何定义的？主要有哪些类型？
3. 什么是学科？什么是专业？二者之间有何关系？
4. 车辆工程专业培育目标和培养要求是什么？

第2章 国际汽车工业现状

教学目标

通过本章的学习,读者能够掌握国内外汽车产业分布,了解国内外主要汽车生产企业和汽车品牌,为激发学习车辆工程专业的兴趣奠定基础。

教学要求

知识要点	能力要求	相关知识
国外汽车工业	掌握国外汽车产业分布,了解国外主要汽车生产企业和汽车品牌,以及主要汽车生产企业在国内的业务格局	国外汽车工业发展现状及趋势,世界汽车产业发展报告
国内汽车工业	掌握国内汽车产业分布,了解国内主要汽车生产企业和汽车品牌,国内汽车工业特点	国内汽车工业发展现状及趋势,中国汽车产业发展报告
汽车工业在国民经济中的作用	了解汽车工业在国民经济中的主要作用	汽车工业的作用

导入案例

图 2.1 所示为世界上第一辆奔驰汽车经过 120 多年发生的改变。目前汽车都在哪里生产？由谁生产？图 2.2 是世界汽车市场销量的预测图，目前世界汽车市场在哪里？什么样的汽车最受欢迎？图 2.3 是一些汽车车标，那么最有价值汽车、豪华汽车、奢侈汽车、最受欢迎汽车品牌的车标是什么样的？所有这些问题是任何喜欢汽车的人都想知道的。通过本章的学习，读者可以获得答案。

图 2.1 奔驰汽车 120 多年发生的变化

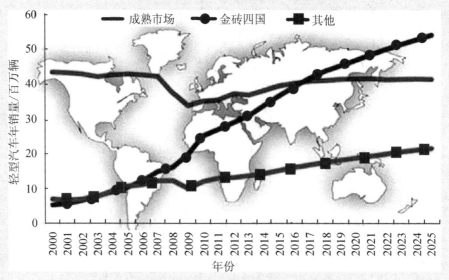

图 2.2 世界汽车市场销量

图 2.3 汽车车标

2014年，全球汽车产量达到8950万辆，同比增长3%；全球汽车销量为8820万辆，同比增长3%；世界范围汽车保有量达到12亿辆，人均汽车拥有量达到180辆/千人。

《财富》"世界500强"2014年企业排行榜中，汽车整车和零部件企业33家，见表2-1，汽车工业已经成为主要汽车生产国的支柱产业。

表2-1 2014年世界500强中的汽车整车和零部件企业

序号	企业	500强排序	2013年营业收入/亿美元	企业性质	隶属国家
1	大众集团	8	2615.4	整车	德国
2	丰田汽车	9	2564.5	整车	日本
3	戴姆勒	20	1566.3	整车	德国
4	通用汽车	21	1554.3	整车	美国
5	EXOR集团	24	1510.0	整车	意大利
6	福特汽车	26	1469.2	整车	美国
7	本田汽车	45	1182.1	整车	日本
8	日产汽车	61	1046.4	整车	日本
9	宝马集团	68	1009.7	整车	德国
10	上汽集团	85	920.2	整车	中国
11	现代汽车	100	797.7	整车	韩国
12	一汽集团	111	750.1	整车	中国
13	东风汽车集团	113	740.1	整车	中国
14	标致-雪铁龙	119	718.1	整车	法国
15	博世	155	616.3	零部件	德国
16	雷诺	190	543.4	整车	法国
17	大陆集团	237	442.5	零部件	德国
18	起亚汽车	246	434.9	整车	韩国
19	北汽集团	248	433.2	整车	中国
20	江森自控	254	427.3	零部件	美国
21	沃尔沃集团	258	418.6	整车	瑞典
22	电装集团	269	408.9	零部件	日本
23	塔塔汽车	287	385.0	整车	印度
24	普利司通	317	365.7	零部件	日本
25	麦格纳	337	348.4	零部件	加拿大
26	广汽集团	366	327.8	整车	中国
27	现代摩比斯	388	312.4	零部件	韩国
28	铃木汽车	414	293.3	整车	日本
29	爱信精机	431	281.7	零部件	日本

续表

序号	企业	500强排序	2013年营业收入/亿美元	企业性质	隶属国家
30	米其林	448	268.8	零部件	法国
31	马自达汽车	449	268.7	整车	日本
32	浙江吉利控股	466	257.7	整车	中国
33	富士重工	494	240.4	零部件	日本

世界 500 强的汽车整车及零部件企业中，日本占 9 家，中国占 6 家，德国占 5 家，美国、法国和韩国各 3 家，意大利、加拿大、印度和瑞典各 1 家。

2.1 国外汽车工业现状

汽车工业经过 120 多年的发展，形成了以美国、欧盟、日本为代表的传统汽车制造中心，以中国、韩国、印度、巴西为代表的新兴汽车市场。

2.1.1 国外主要汽车生产分布

全球主要汽车生产国家如图 2.4 所示。

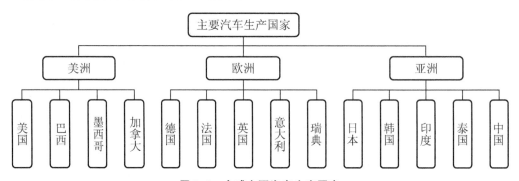

图 2.4 全球主要汽车生产国家

其中美国、德国、法国、英国、意大利、瑞典生产汽车的历史悠久，日本和韩国是后起之秀，它们都有著名的国际汽车品牌；中国、印度、巴西、墨西哥、泰国、加拿大等国家以合资或外国独资为主，成为国际著名汽车公司向外扩张的生产基地，自主品牌比较薄弱。

1. 主要国家汽车工业特点

（1）美国。美国是汽车轮子上的国家，汽车普及率居全球前列，人均汽车拥有量达到 800 辆/千人。美国汽车工业始于 18 世纪末 19 世纪初，是世界上最早开始汽车工业的国家之一，因此良好的历史底蕴铸就了它至今在世界上的汽车地位，是名副其实的汽车工业大国、汽车消费大国和汽车文化大国。

1909 年，福特汽车公司生产的福特 T 型汽车为汽车制造开创了新纪元，它是世界上第一条生产线上装配而成的汽车，如图 2.5 所示。1920 年，福特 T 型突破 200 万辆的销量,到了1929年,美国汽车销量突破500万辆。

图 2.5 福特 T 型车下线

美国采用流水作业的生产方式生产汽车,使汽车生产成本大幅度下降,汽车需求大幅度增长,汽车逐渐成为普及性商品,这是美国对世界汽车工业最大的贡献,以后又扩展到欧洲、日本直至世界。

美国汽车特点是车身较为庞大,悬挂系统和隔音设计非常出色,发动机强调大排量、大功率,安全性也非常好;但对于汽车的细节、内饰、油耗等方面反而不会很刻意去注重。

美国汽车工业经过长期的竞争和兼并,目前主要整车制造商为通用汽车公司、福特汽车公司和克莱斯勒汽车公司。

(2)德国。德国是汽车工业的发源地,是生产汽车历史最悠久的国家,已有120多年的历史。1886年1月29日,德国人卡尔·本茨发明制造的世界上第一辆三轮汽车获得专利权。这一天通常被认为是汽车诞生日,图2.6所示为卡尔·本茨和他发明的世界上第一辆三轮汽车。

图 2.6 卡尔·本茨和他发明的世界上第一辆三轮汽车

汽车工业是德国国民经济的主要支柱产业,为德国创造了最多的就业、税收和技术创新成果。德国是世界上汽车制造强国,坚持技术领先是德国汽车工业发展战略的核心,无论是生产高档豪华车的奔驰、宝马,还是生产普通乘用车的大众,都始终将追求技术领先作为企业发展的战略基点。重视技术研发和产品储备是德国汽车工业保持技术领先的重要原因，德国汽车工业研发工作的重点是提高汽车质量、改善安全性能、降低能耗。德国主要汽车公司具有显著的专业化发展特点，奔驰、宝马集中生产高档豪华乘用车，大众集中生产各种普通乘用车。

德国汽车的国际化能力是一流的，世界各地几乎都有德国汽车轮子留下的痕迹。在世界汽车竞争格局中，德国汽车一直是技术的倡导者，品质的主导者，发展方向的定调者。德国汽车厂商拥有庞大的海外产能，汽车制造商和供应商遍布世界20多个国家和地区。

德国汽车强调技术上的先进性和高度安全性，设计较为严谨、科学，质量非常可靠，技术非常先进，在制造技术、零部件的制造和选材方面比较严格，拥有良好的技术性和耐久性，造世界一流的汽车几乎成了德国人的精神追求；缺点是过度依赖技术和设计的先进性，选材不计成本，所以车价偏高。

德国主要整车制造商有大众汽车集团公司、戴姆勒股份公司、宝马公司、保时捷公司、欧宝公司、曼公司等。

（3）日本。相比较德国和美国，日本进入汽车业稍晚一步，但却有后来者居上的味道。日本汽车工业在20世纪50年代形成完整体系，60年代是突飞猛进的时期，1961年日本汽车产量超过意大利跃居世界第5位；1965年超过法国居第4位；1966年超过英国升为第3位；1968年追上西德居世界第2位，1980年日本汽车产量首次突破1000万辆大关，达1104万辆，一举击败美国成为世界第一。

日本对世界汽车工业的最大贡献就是丰田公司开创了精益生产方式。这种精益生产方式就是用精益求精的态度和科学的方法来控制和管理汽车的设计开发、工程技术、采购、制造、储运、销售和售后服务的每一个环节，从而达到以最小的投入创造出最大的价值的目的。这其中的每一个环节及各环节之间的衔接都是经过精心筹化和计算的。丰田精益生产方式的技术体系结构如图2.7所示，它表明了丰田精益生产方式的目标及实现目标的各种技术、手段和方法及其相互间的关系。

日本汽车的设计理念是两小一大，即油耗最小、使用成本最小，舒适性和使用便利性最大。日本汽车往往都是小排量的发动机，而且节油技术非常先进，保养和维护成本都比较小，使用成本非常低。在汽车的设计方面，特别是驾驶舱的设计方面，选材非常科学，善于营造舒适、温馨的氛围，各种储物格和舒适性电子装备非常多，强调最大的舒适性、便利性。缺点：成本控制做得很好，导致一些不容易被发现的零部件质量比较低，设计方面对安全性的重视程度不够好。

日本主要整车制造商有丰田汽车公司、本田汽车公司、日产汽车公司、铃木汽车公司、三菱汽车公司、马自达汽车公司等。

（4）韩国。韩国汽车工业是从20世纪50年代中期开始起步的。1962年，韩国汽车产量还不到2000辆，到1994年，汽车产量已经达到231.2万辆，汽车出口达到73.8万辆，成为世界第6汽车生产大国和世界第5出口大国。2014年，韩国汽车产量达到452.5万辆，位居世界第5位。韩国汽车工业从起步至今，从无到有，从弱到强，仅用了40多年时间就走完了发达国家百余年的历程，并成为当今世界汽车生产大国，其成就举世瞩目。韩国汽车工业选择的是引进跨越模式，沿着KD装配-零部件国产化为核心的汽车产业自主创新-自主开发的发展道路而成功实现跨越。

韩国汽车最大的特点就是设计新潮，价格低廉，同时集欧美各国汽车技术于一身，充分利用了别国的技术、自身的特点和优势；配置一般都很齐全，内饰也十分精细。

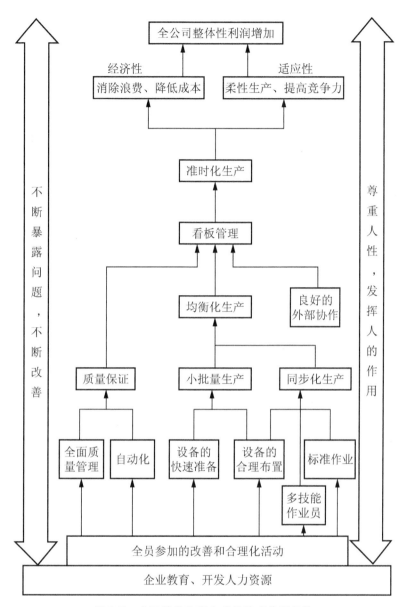

图 2.7　丰田精益生产方式的技术体系结构

韩国主要整车制造商为现代起亚汽车集团。

（5）法国。汽车产业是法国的经济支柱之一，在历史上曾经为法国带来过一个个辉煌，也曾经把法兰西的浪漫文化撒播到全世界，2006 年法国汽车总产量为 317 万辆，位居世界第 6 位。

法国汽车最大的特点就是在欧洲设计理念的平台上，突出人性化，其内部储物箱非常多，非常便捷。另外法国是个浪漫的国家，这一点也体现到了法国汽车身上，前卫的设计、浪漫的车身线条等，构成了法国大街上一道道美丽的风景线。

法国本土整车制造商主要有标致-雪铁龙集团和雷诺集团，另外还有大众、福特、菲亚特、戴姆勒-克莱斯勒、丰田、宝马和尼桑等国外厂商，但本土汽车厂商在法国汽车市场占主导地位。

(6) 英国。从汽车发明至今的 120 多年里,英国汽车一直被认为是代表着汽车工艺的极致及品位、价值、豪华、典雅诸多词语在汽车上最完美的体现。英国的汽车工业曾经有过无比的辉煌,从 20 世纪 20 年代起到 50 年代,一直保持着世界第二汽车生产大国的地位。作为老牌制造大国,英国曾经在世界汽车工业发展史上扮演过十分重要的角色。英国打造了许多世界驰名的汽车品牌,如劳斯莱斯、宾利、捷豹、阿斯顿·马丁、陆虎、迷你、罗孚等。目前,这些汽车品牌除了劳斯莱斯还属于英国,其余都被其他国家的汽车跨国公司所收购。英国的汽车制造业虽然在走下坡路,但其汽车研发业务却越来越红火,包括福特、大众、丰田、本田的重要研发项目,都拿到英国来做,沃尔沃、捷豹等都是由英国人在英国开发的。

2. 主要国家汽车生产量

2013 年,汽车产量排在前 10 位的国家如图 2.8 所示,依次是中国、美国、日本、德国、韩国、印度、巴西、墨西哥、泰国、加拿大,共生产汽车 6862 万辆,约占全球汽车产量的 78.65%。

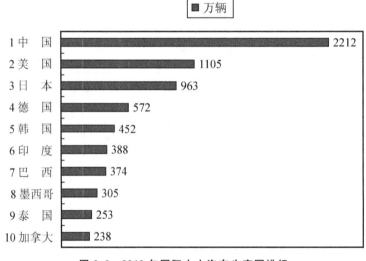

图 2.8 2013 年国际十大汽车生产国排行

图 2.9 是 2013 年国际十大汽车生产国的产量增幅对比。从同比变化情况来看,与 2012 年相比,这十大汽车生产国产量增长相对平稳。其中,汽车产量增长最快的是中国,2013 年中国汽车销量快速增长,产量也随着提升,同比增长 14.8%,增幅在全球十大汽车生产国中最高。其次是巴西,2013 年生产汽车 374 万辆,较 2012 年增长 11.9%。其产量快速增长主要是受政府减免税措施的鼓励,2012 年汽车销量大幅增长,因而 2013 年企业汽车产量大幅提升。美国、德国、墨西哥和泰国 2013 年汽车产量较 2012 年也均有提升。其中,得益于近几年市场销售快速增长,2013 年美国汽车产量同比增长 6.9%。德国、墨西哥和泰国汽车产量增幅均在 5% 以内。日本、韩国、印度和加拿大汽车产量均有下滑。其中,跌幅最高的是印度,2013 年汽车生产 388 万辆,较 2012 年的 415 万辆下跌了 6.4%。日本和加拿大汽车产量分别下跌 3.1% 和 3.4%,韩国微跌 0.9%。

2014 年,汽车产量排在前 10 位的国家分别是中国、美国、日本、德国、韩国、印度、

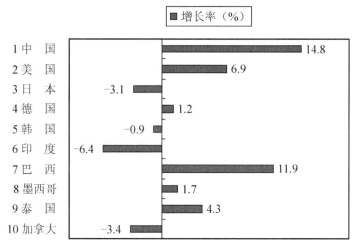

图2.9 2013年国际十大汽车生产国汽车产量增幅对比

墨西哥、巴西、加拿大和西班牙，共生产汽车7008.345万辆，约占全球汽车产量的78.31%。其中西班牙增长10.91%，中国增长7.26%，美国增长5.3%，墨西哥增长4.87%，德国增长2.13%，日本增长1.78%，加拿大增长0.59%，韩国增长0.08%；泰国下跌23.49%，巴西下跌14.13%，印度下跌1.07%。对比2013年和2014年汽车产量排名前10位的国家，可以看出，前6位没有发生改变，泰国退出前10位，西班牙进入前10位。2014年全球汽车产量的增长主要靠中美两国的生产拉动。

3. 主要国家汽车销量

2013年全球汽车销量为8539.38万辆，同比增长3.9%。汽车销量排在前10位的国家如图2.10所示，依次是中国、美国、日本、巴西、德国、印度、俄罗斯、英国、法国、加拿大，共销售汽车6303.8万辆，约占全球销量的73.82%。

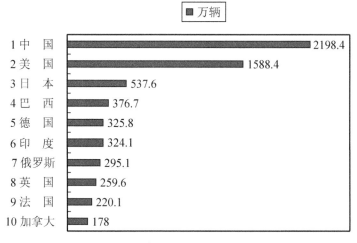

图2.10 2013年国际十大汽车销售国排行

图2.11是2013年全球十大汽车销售国的汽车销量增幅对比。2013年，销量实现两位数增长的只有中国和英国，分别增长13.9%和11.2%。其他销量增长的还有美国、日本

和加拿大,其中美国汽车销量持续几年两位数增长后,增速放缓,销量同比增长7.4%;日本汽车销量537.6万辆,较2012年略提高;加拿大市场汽车销量增长了3.7%。巴西、德国和法国的汽车销量则均下跌,其中德国汽车销量下跌4.0%,排名到第5。销量下跌的还有印度和俄罗斯。印度受经济低迷、油价高及通货膨胀等因素的影响,印度销量同比下跌9.9%,排名降至第6;俄罗斯汽车销量下跌6.1%,排名第7。

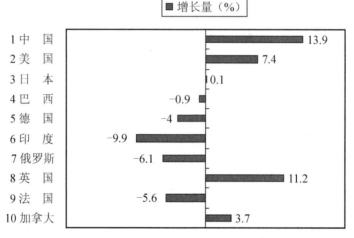

图2.11　2013年国际十大汽车销售国的汽车销量增幅对比

2014年全球汽车销量为8820万辆,同比增长约3%。汽车销量排在前10位的国家分别是中国、美国、日本、巴西、德国、印度、英国、俄罗斯、法国和加拿大,共销售6535.93万辆,约占全球销量的74.1%。其中英国增长9.53%,中国增长6.86%,加拿大增长6.16%,美国增长6.11%,日本增长3.47%,德国增长2.94%,法国增长0.52%;俄罗斯下跌10.3%,巴西下跌7.51%,印度下跌2.02%。对比2013年和2014年汽车销量排名前10位的国家,可以看出,前6位国家没有发生改变,后4位国家顺序发生了改变。2014年全球汽车销量的增长同样是靠中美两国的市场拉动。

2.1.2　国外主要汽车企业

国外主要汽车企业分布在美国、日本、德国等国家,汽车行业公认的世界十大汽车企业如图2.12所示。

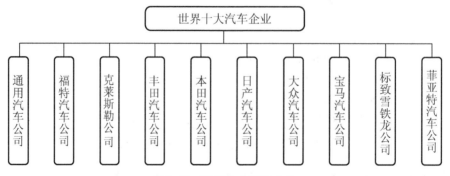

图2.12　世界十大汽车企业

1. 主要汽车企业描述

(1) 通用汽车公司。通用汽车公司（General Motors Corporation）简称"通用"（GM），创始人为威廉·杜兰特，成立于1908年，总部设在美国底特律；旗下品牌主要有别克、雪佛兰、凯迪拉克、欧宝、悍马等，如图2.13所示。

图2.13　通用汽车公司旗下品牌

通用汽车公司在中国汽车业务格局如图2.14所示，图中上海通用五菱代表上汽通用五菱汽车股份有限公司，上海通用代表上海通用汽车有限公司，上海通用北盛代表上海通用北盛汽车有限公司，上海通用东岳代表上海通用东岳汽车有限公司，上海通用东岳动力总成代表上海通用东岳动力总成有限公司，一汽通用轻型代表一汽通用轻型商用汽车有限公司，一汽哈轻代表一汽哈尔滨轻型汽车有限公司，一汽红塔代表一汽通用红塔云南汽车制造有限公司。

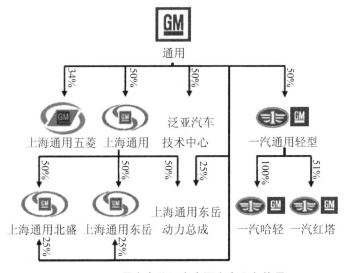

图2.14　通用汽车公司在中国汽车业务格局

上海通用汽车有限公司成立于1997年6月，由上海汽车集团股份有限公司与通用汽车公司共同出资组建而成，目前拥有浦东金桥、烟台东岳、沈阳北盛和武汉分公司四大生产基地，共6个整车生产厂、2个动力总成厂；拥有别克、雪佛兰、凯迪拉克三大品牌，20多个系列的产品阵容，覆盖了从高端豪华车到经济型轿车各梯度市场，以及高性能豪华轿车、MPV、SUV、混合动力和电动汽车等细分市场。

上汽通用五菱汽车股份有限公司成立于2002年，由上海汽车集团股份有限公司、通用汽车（中国）公司、柳州五菱汽车有限责任公司三方共同组建的大型中外合资汽车公司，目前拥有柳州、青岛、重庆制造基地；形成了商用车、家用车、乘用车三大系列和微小型车用发动机的生产格局。

一汽通用轻型商用汽车有限公司是中国第一汽车集团公司与通用汽车（中国）投资有限公司合资经营的企业，于2009年7月注册成立。公司下设一汽哈尔滨轻型汽车有限公司、一汽通用红塔云南汽车制造有限公司及长春工厂3个生产基地。

泛亚汽车技术中心有限公司（简称泛亚）成立于1997年，由通用汽车公司与上海汽车集团股份有限公司出资组建，是中国首家合资设立的专业汽车设计开发中心。

（2）福特汽车公司。福特汽车公司（Ford Motor Company）简称"福特"（Ford），创始人为亨利·福特，成立于1903年，总部位于美国密歇根州迪尔伯恩市；旗下品牌主要有福特、林肯、路虎、捷豹等，如图2.15所示。

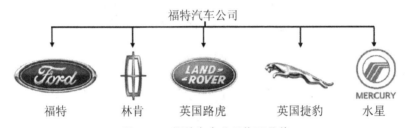

图2.15 福特汽车公司旗下品牌

福特汽车公司在中国汽车业务格局如图2.16所示，图中江铃汽车代表江铃汽车股份有限公司，长安福特马自达发动机代表长安福特马自达发动机有限公司，长安福特马自达代表长安福特马自达汽车有限公司。

图2.16 福特汽车公司在中国汽车业务格局

长安福特汽车有限公司成立于2001年，由长安汽车股份有限公司和福特汽车公司共同出资成立，坐落在重庆市北部新区，主要生产福克斯、嘉年华、蒙迪欧等车型；2006年马自达汽车公司参股长安福特，成立长安福特马自达汽车有限公司；2012年，长安福特马自达分立为长安福特和长安马自达两家公司，目前还在调整布局，一些生产基地正在建设中。

（3）克莱斯勒公司。克莱斯勒公司（Chrysler Corporation）成立于1925年，总部设在美国密歇根州海兰德帕克；1998年，克莱斯勒公司被德国戴姆勒集团收购，成立戴姆勒-克莱斯勒汽车公司；2007年，戴姆勒-克莱斯勒公司又完成分解。克莱斯勒汽车公司旗下品牌主要有克莱斯勒、道奇、吉普等，如图2.17所示。

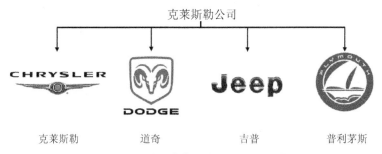

图 2.17　美国克莱斯勒公司旗下品牌

(4) 丰田汽车公司。丰田汽车公司(Toyota Motor Corporation)简称"丰田"(TOY-OTA),创始人为丰田喜一郎,成立于 1933 年,总部设在日本爱知县丰田市;旗下品牌有丰田、雷克萨斯和斯巴鲁等,如图 2.18 所示。

图 2.18　日本丰田汽车公司旗下品牌

丰田汽车公司在中国汽车业务格局如图 2.19 所示,图中天津一汽丰田代表天津一汽丰田汽车有限公司,四川一汽丰田代表四川一汽丰田有限公司,天津一汽丰田发动机代表天津一汽丰田发动机有限公司,日野代表日野自动车株式会社,一汽丰田发动机(长春)代表一汽丰田(长春)发动机有限公司,丰田一汽模具代表丰田一汽(天津)模具有限公司,广汽丰田代表广汽丰田汽车有限公司,广汽丰田发动机代表广汽丰田发动机有限公司,一汽丰田(销售)代表一汽丰田汽车销售有限公司,长春丰越代表长春一汽丰越汽车有限公司,广汽日野代表广汽日野汽车有限公司,天津丰田汽车锻造代表天津丰田汽车锻造部件有限公司,天津丰津汽车传动代表天津丰津汽车传动部件有限公司,天津津丰汽车底盘代表天津津丰汽车底盘部件有限公司。

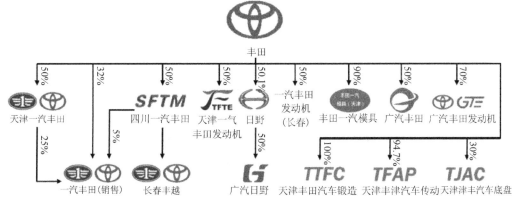

图 2.19　丰田汽车公司在中国汽车业务格局

天津一汽丰田汽车有限公司成立于 2000 年，由中国第一汽车集团公司、天津一汽夏利汽车股份有限公司、丰田汽车公司和丰田汽车(中国)投资有限公司共同出资成立，主要生产威驰(VIOS)、花冠(COROLLA EX)、皇冠(CROWN)、锐志(REIZ)、卡罗拉(COROLLA)及 RAV4 等系列产品。

广汽丰田汽车有限公司成立于 2004 年，由广汽集团股份有限公司与日本丰田汽车公司出资组建，主要生产凯美瑞(含混合动力)、雅力士和汉兰达 3 款车型产品。

四川一汽丰田汽车有限公司成立于 1998 年，是由中国第一汽车集团公司、日本丰田汽车公司、丰田通商株式会社共同出资创办的中外合资经营企业，也是丰田汽车公司在中国的第一个汽车整车项目，总部设在成都，主要生产柯斯达中型客车和普拉多越野车。

(5) 本田汽车公司。本田汽车公司简称"本田"(HONDA)，创始人是本田宗一郎，成立于 1946 年，总部设在日本东京；旗下品牌有本田和讴歌，如图 2.20 所示。

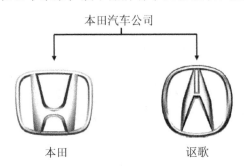

图 2.20　日本本田汽车公司旗下品牌

本田汽车公司在中国汽车业务格局如图 2.21 所示，图中广汽本田代表广汽本田汽车有限公司，东风本田代表东风本田汽车有限公司，本田中国代表本田汽车(中国)有限公司，本田生产技术代表本田生产技术(中国)有限公司，东风本田发动机代表东风本田发动机有限公司，东风本田零部件代表东风本田汽车零部件有限公司，本田汽车零部件制造代表本田汽车零部件制造有限公司。

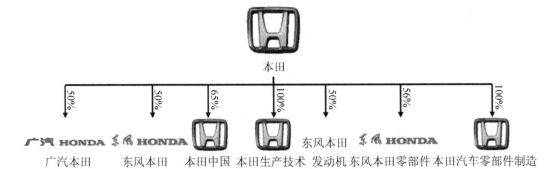

图 2.21　本田汽车公司在中国汽车业务格局

东风本田汽车有限公司成立于 2003 年，由东风汽车集团股份有限公司、日本本田技研工业株式会社、本田技研工业(中国)投资有限公司共同出资组建，主要生产 CR‑V、思域等车型。

广汽本田汽车有限公司成立于 1998 年，由广州汽车集团公司与日本本田技研工业株式会社共同出资组建，主要生产本田品牌下的雅阁、飞度、奥德赛等车型。

（6）日产汽车公司。日产汽车公司的创始人是田建治郎，成立于1933年，总部设在日本神奈川县横滨市；1999年，法国雷诺与日产汽车结成独立的合作伙伴关系，成立雷诺日产联盟，在广泛的领域中展开战略性的合作，日产汽车通过联盟将事业区域拓展至全球，其经济规模大幅增长。

日产汽车公司在中国汽车业务格局如图2.22所示，图中郑州日产代表郑州日产汽车有限公司，东风有限代表东风汽车有限公司，东风柳汽代表东风柳州汽车有限公司，东风商用车代表东风商用车公司，东风日产乘用车代表东风日产乘用车有限公司，东风轻型发动机代表东风轻型发动机有限公司，东风汽车股份代表东风汽车股份有限公司，东风康明斯发动机代表东风康明斯发动机有限公司。

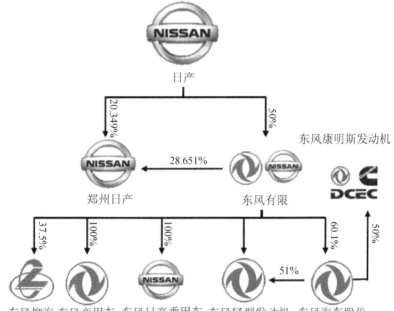

图 2.22　日产汽车公司在中国汽车业务格局

郑州日产汽车有限公司成立于1993年，是中日合资整车制造企业，2004年，重组进入东风体系；主要生产日产（NISSAN）和东风两个品牌的车型，是国内轻型商用车产品覆盖最全的企业之一。

东风日产乘用车公司成立于2003年，是东风汽车有限公司旗下重要的乘用车板块，由花都、襄阳、郑州、大连，以及发动机分公司和研发中心组成；花都着力于入门级、中级轿车的生产；襄阳以生产高端车型为主；郑州主导NISSAN品牌SUV车型和启辰品牌车型的生产；大连生产NISSAN品牌车型。

（7）大众汽车公司。大众汽车（德语：Volkswagen）成立于1937年，总部位于德国沃尔夫斯堡；旗下品牌主要有大众、奥迪、斯柯达等，如图2.23所示。

大众汽车公司在中国汽车业务格局如图2.24所示，图中上海大众代表上海大众汽车有限公司，一汽大众代表一汽大众汽车有限公司，大众汽车变速器代表大众汽车变速器（上海）有限公司，大众汽车一汽平台代表大众一汽平台零部件有限公司，大众汽车自动变

图 2.23　大众汽车公司旗下品牌

速器代表大众汽车自动变速器(大连)有限公司和大众汽车自动变速器(天津)有限公司，大众汽车动力总成代表上海大众动力总成有限公司，大众汽车一汽发动机代表大众一汽发动机(大连)有限公司。

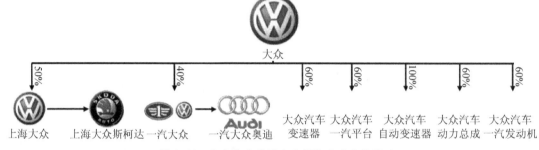

图 2.24　大众汽车公司在中国汽车业务格局

一汽大众汽车有限公司成立于 1991 年，是由中国第一汽车集团公司、德国大众汽车股份公司、奥迪汽车股份公司和大众汽车(中国)投资有限公司合资组建；在长春、成都和佛山建有生产基地；主要生产奥迪和大众两大品牌的系列产品。

上海大众汽车有限公司成立于 1985 年，是由上海汽车集团股份有限公司、德国大众汽车集团、大众汽车(中国)投资有限公司合资组建；在上海安亭、南京、仪征、宁波、乌鲁木齐建有生产基地；主要生产大众和斯柯达两大汽车品牌的系列产品。

(8) 宝马汽车公司。宝马公司创建于 1916 年，总部设在德国慕尼黑；旗下品牌有宝马、迷你和劳斯莱斯 3 个品牌，如图 2.25 所示，这些品牌占据了从小型车到大型豪华轿车各个细分市场的高端，使宝马集团成为世界上唯一一家专注于高档领域的汽车和摩托车制造商。

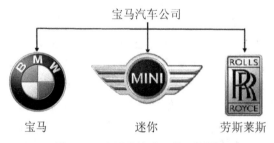

图 2.25　宝马汽车公司旗下品牌

2003 年，宝马集团与华晨中国汽车控股有限公司签订合资企业合同，成立华晨宝马汽车有限公司,总部设在沈阳。

(9) 标致-雪铁龙集团。标致-雪铁龙集团(PSA Peugeot Citroen)成立于1976年,总部设在法国巴黎,旗下品牌是标致和雪铁龙,如图2.26所示。

标致-雪铁龙集团在中国汽车业务格局如图2.27所示,图中神龙汽车代表神龙汽车有限公司,长安标致雪铁龙代表长安标致雪铁龙汽车有限公司。

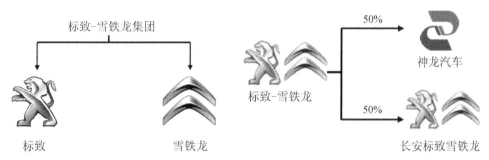

图 2.26 标致-雪铁龙集团旗下品牌　　图 2.27 标致-雪铁龙集团在中国汽车业务格局

神龙汽车有限公司成立于1992年,是由东风汽车公司与法国标致雪铁龙集团合资兴建的汽车生产经营企业,总部位于湖北武汉;主要生产东风雪铁龙和东风标致两个品牌的系列车型。

长安标致雪铁龙汽车有限公司成立于2011年,是由中国长安汽车集团股份有限公司和法国标致-雪铁龙集团共同出资组建,总部设在深圳;主要生产雪铁龙DS系列车型。

(10) 菲亚特汽车公司。菲亚特汽车公司成立于1899年,总部设在意大利都灵;旗下品牌有菲亚特、法拉利等,如图2.28所示。

图 2.28 菲亚特汽车公司旗下品牌

在中国设有广汽菲亚特汽车有限公司,成立于2010年,由广州汽车集团股份有限公司和菲亚特汽车股份有限公司共同组建,总部位于湖南长沙,主要生产菲亚特品牌的系列产品。

(11) 奔驰汽车公司。奔驰汽车公司成立于1926年,创始人是卡尔·本茨和戈特利布·戴姆勒,总部设在德国的斯图加特;旗下品牌是奔驰。现在,奔驰汽车公司除以高质量、高性能豪华汽车闻名外,它也是世界上最著名的大客车和重型载重汽车的生产厂家。

奔驰汽车公司在中国汽车业务格局如图2.29所示，图中北京奔驰代表北京奔驰汽车有限公司，比亚迪戴姆勒新技术代表比亚迪戴姆勒新技术有限公司，北汽福田戴姆勒代表北京福田戴姆勒汽车有限公司。

图2.29　戴姆勒克莱斯勒公司在中国汽车业务格局

北京奔驰汽车有限公司成立于2005年，由北京汽车股份有限公司与戴姆勒股份公司、戴姆勒大中华区投资有限公司组建的合资企业；主要生产梅赛德斯-奔驰长轴距E级轿车、C级轿车和奔驰GLK级豪华中型SUV。

深圳比亚迪戴姆勒新技术有限公司是由比亚迪汽车公司与戴姆勒公司共同设立的合资企业，于2010年正式成立，总部设在深圳。DENZA是深圳比亚迪戴姆勒新技术有限公司所拥有的品牌，是比亚迪与戴姆勒合资双方共同打造的中国首个专注于新能源汽车的品牌。

北京福田戴姆勒汽车有限公司是由北汽福田和戴姆勒公司共同设立的合资公司，成立于2012年，以生产中、重卡车为主。

（12）雷诺汽车公司。雷诺汽车公司（Renault S.A.）成立于1898年，创始人是路易斯·雷诺三兄弟，总部设在法国的布洛涅-比扬古，是世界上最悠久的汽车公司；旗下品牌有雷诺和日产，如图2.30所示。2002年，设立了雷诺-日产汽车公司。

（13）现代起亚汽车集团。起亚汽车公司成立于1944年，现代汽车公司成立于1967年，现代起亚汽车集团成立于1999年，总部设在韩国首尔，旗下品牌有现代和起亚，如图2.31所示。

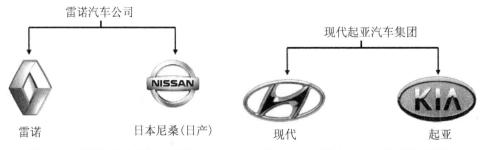

图2.30　雷诺汽车公司旗下品牌　　图2.31　现代起亚汽车集团旗下品牌

现代起亚汽车集团在中国汽车业务格局如图2.32所示，图中北京现代代表北京现代汽车有限公司，江淮汽车代表安徽江淮汽车股份有限公司，四川现代汽车代表四川现代汽车有限公司，东风悦达起亚代表东风悦达起亚汽车有限公司。

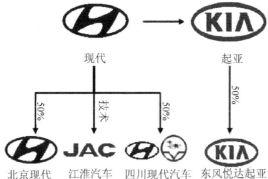

图 2.32　现代起亚汽车集团在中国汽车业务格局

北京现代汽车有限公司成立于 2002 年，由北京汽车投资有限公司和韩国现代自动车株式会社共同出资设立，主要生产现代品牌的系列车型。

东风悦达起亚汽车有限公司成立于 2002 年，由东风汽车公司、江苏悦达投资股份有限公司、韩国起亚自动车株式会社共同组建，总部位于江苏盐城，主要生产起亚品牌的系列车型。

2. 主要汽车企业销售量

2013 年，世界汽车销量排在前 10 位的企业见表 2-2，占全球销量的 79.2%，占中国销量的 58.2%。

表 2-2　2013 年世界汽车销量前 10 位企业

排序	企业	所属国家	销量/万辆	增长量/%	中国销量/万辆	增长量/%
1	丰田	日本	998.0	2.4	91.75	9.2
2	大众	德国	973.1	4.9	327.1	16.2
3	通用	美国	971.5	4.5	316	11.4
4	雷诺-日产	法国-日本	826.6	2.1	126.6	17.2
5	现代起亚	韩国	756.0	6.2	157	18
6	福特	美国	633.0	11.7	93.6	49.3
7	菲亚特-克莱斯勒	意大利-美国	442.4	3.5	12.86	125.4
8	本田	日本	416.1	3.9	75.7	26.4
9	标致雪铁龙	法国	281.9	-4.9	55.7	26.1
10	铃木	日本	262.4	-1.1	23.0	-8.4
合计			6561		1279.31	

2014 年，世界汽车销量排在前 10 位的企业分别是丰田、大众、通用、雷诺－日产、现代起亚、福特、菲亚特－克莱斯勒、本田、标致雪铁龙、铃木。可以看出，2013 年和

2014年，世界汽车销量前10位企业没有改变，丰田集团2014年度全球销量为1023.1万辆，较2013年的998万辆，同比增长3%；大众汽车公司2014年全球销量突破千万辆，达到1014万辆，较2013年的973.1万辆增长了4.2%，这也使得其提前完成了原计划2018年才完成的目标。

2.1.3 国外主要汽车品牌

汽车品牌有多种，如最具价值品牌、豪华品牌、奢侈品牌和最受欢迎的品牌等。

1. 最具价值汽车品牌

按照品牌价值，世界十大价值汽车品牌如图2.33所示。

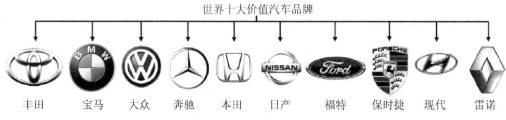

图2.33 世界十大价值汽车品牌

Brand Finance公司发布的《Brand Finance汽车品牌2014年百强榜》中，2014年世界前10位汽车品牌价值见表2-3。排在第11～20位的分别是标致、奥迪、雪佛兰、起亚、铃木、菲亚特、戴姆勒、通用汽车、马自达、路虎。国内排名最高的是东风汽车，列第29位。

表2-3 2014年全球前10位汽车品牌价值

品牌	2014年排名	2013年排名	2014年品牌价值/亿美元	2013年品牌价值/亿美元
丰田	1	1	349.03	259.79
宝马	2	3	289.62	232.36
大众	3	2	270.62	236.66
奔驰	4	4	241.71	202.98
本田	5	7	221.52	161.14
日产	6	6	211.94	176.46
福特	7	5	202.36	196.23
保时捷	8	8	113.70	112.41
现代	9	9	92.36	87.15
雷诺	10	10	90.10	84.3

2. 豪华汽车品牌

世界豪华汽车品牌如图 2.34 所示。

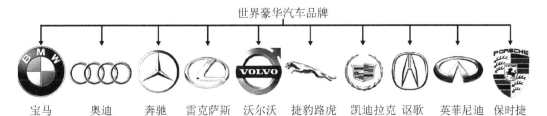

图 2.34　世界豪华汽车品牌

2013 年世界十大豪华汽车品牌销量排行榜见表 2-4。

表 2-4　2013 年世界十大豪华汽车品牌销量

排序	国家	品牌	销量/万辆	增长量/%	中国销量/万辆	增长量/%
1	德国	宝马	196	6.4	39	19.7
2	德国	奥迪	157.6	8.3	49.2	21.2
3	德国	梅赛德斯-奔驰	146.2	10.7	21.8	11.1
4	日本	雷克萨斯	52	4.6	7.4	16
5	瑞典	沃尔沃	42.8	1.4	6.1	45.6
6	美国	捷豹路虎	42.5	18.8	9.5	29.8
7	美国	凯迪拉克	25.1	18.2	5	66.6
8	日本	讴歌	17.2	6	0.46	100
9	日本	英菲尼迪	17.1	6.4	1.7	54
10	德国	保时捷	16.2	14.9	3.7	19.9
		合计				

2014 年，世界十大豪华汽车品牌销量排行分别是宝马、奥迪、梅赛德斯－奔驰、雷克萨斯、沃尔沃、捷豹路虎、凯迪拉克、保时捷、英菲尼迪、讴歌。可以看出，2013 年和 2014 年世界十大豪华汽车品牌销量排行只有讴歌和保时捷进行了互换，其他没有变化。

3. 奢侈汽车品牌

世界主要奢侈汽车品牌如图 2.35 所示，其车型如图 2.36 所示。

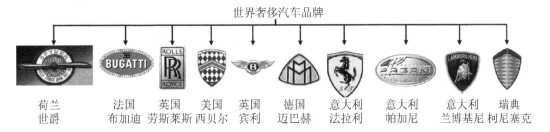

图 2.35　世界奢侈汽车品牌

(a) 世爵

(b) 劳斯莱斯

(c) 布加迪

(d) 西贝尔

(e) 宾利

(f) 迈巴赫

(g) 法拉利

(h) 帕加尼

(i) 兰博基尼

(j) 柯尼塞克

图 2.36　世界奢侈品牌汽车

4. 最受欢迎的汽车品牌

2013 年，最受欢迎的前 10 位汽车品牌如图 2.37 所示。

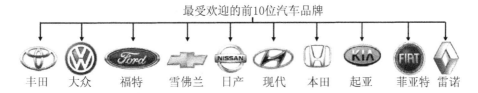

图 2.37 最受欢迎的前 10 位汽车品牌

2013 年，最受欢迎的前 10 位品牌汽车销量见表 2-5。

表 2-5 2013 年最受欢迎的品牌汽车销量

排序	品牌	所属公司	销量/万辆
1	丰田	丰田汽车公司	636.9184
2	大众	大众汽车公司	596.4344
3	福特	福特汽车公司	532.9633
4	雪佛兰	通用汽车公司	436.8223
5	尼桑	日产汽车公司	397.4149
6	现代	现代起亚汽车集团	376.3073
7	本田	本田汽车公司	373.6810
8	起亚	现代起亚汽车集团	216.9113
9	菲亚特	菲亚特汽车公司	171.8613
10	雷诺	雷诺汽车公司	169.2980

2014 年，最受欢迎的品牌汽车销量前 10 位分别是丰田、大众、福特、雪佛兰、现代、尼桑、本田、起亚、雷诺、标致。可以看出，2014 年，菲亚特跌出前 10 位，标致进入前 10 位。

2013 年，世界销量前 10 位的乘用车车型见表 2-6 和如图 2.38 所示。

表 2-6 2013 年销量前 10 位的乘用车车型

排序	车型	品牌	所属公司	销量/万辆
1	福克斯	福特	美国福特汽车公司	110
2	卡罗拉	丰田	日本丰田公司	100
3	捷达	大众	德国大众汽车公司	90.6
4	伊兰特	现代	韩国现代汽车公司	86.6
5	科鲁兹	雪佛兰	美国通用汽车公司	72.9
6	凯美瑞	丰田	日本丰田公司	72.8
7	高尔夫	大众	德国大众汽车公司	72.04
8	嘉年华	福特	美国福特汽车公司	70.5

续表

排序	车型	品牌	所属公司	销量/万辆
9	CR-V	本田	日本本田汽车公司	69.8
10	Polo	大众	德国大众汽车公司	68.6

(a) 福特福克斯汽车　　　　　　　　(b) 丰田卡罗拉汽车

(c) 大众捷达汽车　　　　　　　　(d) 现代伊兰特汽车

(e) 雪佛兰科鲁兹汽车　　　　　　　　(f) 丰田凯美瑞汽车

(g) 大众高尔夫汽车　　　　　　　　(h) 福特嘉年华汽车

(i) 本田CR-V汽车　　　　　　　　(j) 大众Polo汽车

图 2.38　2013 年全球销量前 10 位的乘用车车型

(1) 第 1 名：福特福克斯，如图 2.38(a)所示。制造商为美国福特汽车公司，销量为 110 万辆。福克斯作为全球最经典的家用轿车之一，不仅拥有永不过时的漂亮外形，其驾控性能和安全性在同级车型中也处于前列。80% 的福克斯汽车销售到美国以外的国家，在美国销售排名第 5，中国是福克斯第一大销售市场。

(2) 第 2 名：丰田卡罗拉，如图 2.38(b)所示。制造商为日本丰田公司，销量为 100 万辆。卡罗拉作为一款典型的家庭用车，其外观设计中庸大气、空间布置合理，而且油耗低、行驶平稳、配置丰富且人性化，在消费者心中有良好的口碑。丰田卡罗拉是全球累计销量最高的车型，2013 年 6 月突破 4000 万辆大关，迄今已经发展了 11 代车型。目前福克斯和卡罗拉是车型销量冠军的最有力竞争者。

(3) 第 3 名：大众捷达，如图 2.38(c)所示。制造商为德国大众汽车公司，销量为 90.6 万辆，此处"捷达"的概念范畴应包含了在其他国家销售的 Vento、在中国销售的宝来、速腾等同平台车型。

(4) 第 4 名：现代伊兰特，如图 2.38(d)所示。制造商为韩国现代起亚汽车公司，销量为 86.6 万辆，包括朗动和 Avante 等衍生车型的销量。

(5) 第 5 名：雪佛兰科鲁兹，如图 2.38(e)所示。制造商为美国通用汽车公司，销量为 72.9 万辆，雪佛兰品牌最畅销车于 2009 年在中国首发。

(6) 第 6 名：丰田凯美瑞，如图 2.38(f)所示。制造商为日本丰田汽车公司，销量为 72.8 万辆，它是全球销量最高十大车型里唯一的中级车，也是美国市场最畅销的轿车车型。

(7) 第 7 名：大众高尔夫，如图 2.38(g)所示。制造商为德国大众汽车公司，销量为 72.04 万辆，迄今累计销量超过 3000 万辆，是大众汽车累计销量最高的车型。高尔夫已经发展了 7 代车型，高尔夫 7 也已在中国和美国等市场销售。

(8) 第 8 名：福特嘉年华，如图 2.38(h)所示。制造商为美国福特汽车公司，销量为 70.5 万辆，嘉年华是福特全球小型车，迄今累计销量已经超过 1700 万辆。

(9) 第 9 名：本田 CR-V，如图 2.38(i)所示。制造商为日本本田汽车公司，销量为 69.8 万辆，全球前十大畅销车中，唯一一款 SUV 车型。

(10) 第 10 名：大众 Polo，如图 2.38(j)所示。制造商为德国大众汽车公司，销量为 68.6 万辆，它是全球销量十大车型里唯一的 A0 级小型车。

2.2 国内汽车工业现状

2013 年，国内汽车产销量分别为 2211.68 万辆和 2198.41 万辆，同比增长 14.76% 和 13.87%。其中，乘用车产销量分别为 1808.52 万辆和 1792.89 万辆，同比增长 16.5% 和 15.71%，这是中国汽车产销量第一次突破 2000 万辆。

2014 年，国内汽车产销量分别为 2372.29 万辆和 2349.19 万辆，同比增长 7.26% 和 6.86%，连续 6 年产销量位居全球第 1 位。其中，乘用车产销量分别为 1991.98 万辆和 1970.06 万辆，同比增长 10.15% 和 9.89%。汽车保有量达到 1.54 亿辆，人均汽车拥有量达到 106 辆/千人。

根据 2013 年汽车工业企业主要统计指标数据，2013 年中国汽车工业 20 强企业见表 2-7。

表 2-7 2013 年中国汽车工业 20 强企业

序号	企业名称	省市	主导产品	营业收入/万元
1	上海汽车集团股份有限公司	上海市	乘用车、商用车、汽车零部件	105208645
2	中国第一汽车集团公司	吉林省	乘用车、商用车、汽车零部件	60250453
3	东风汽车公司	湖北省	乘用车、商用车、汽车零部件	45335569
4	北京汽车集团有限公司	北京市	乘用车、商用车、汽车零部件	26638445
5	中国长安汽车集团股份有限公司	北京市	乘用车、商用车、汽车零部件	21613544
6	广州汽车工业集团有限公司	广东省	乘用车、商用车、汽车零部件	17467700
7	华晨汽车集团控股有限公司	辽宁省	乘用车、商用车、汽车零部件	12802170
8	万向集团公司	浙江省	汽车零部件	11861050
9	中国重型汽车集团有限公司	山东省	商用车、改装车、汽车零部件	6206056
10	长城汽车股份有限公司	河北省	乘用车、商用车	5678431
11	安徽江淮汽车集团有限公司	安徽省	乘用车、商用车、改装车	4085069
12	陕西汽车控股集团有限公司	陕西省	商用车、汽车零部件	3404173
13	郑州宇通集团有限公司	河南省	商用车	3305839
14	比亚迪汽车工业有限公司	广东省	乘用车、新能源车	2976777
15	浙江吉利控股集团有限公司	浙江省	乘用车、零部件	2870757
16	重庆力帆控股有限公司	重庆市	汽车、摩托车	2625840
17	奇瑞汽车股份有限公司	安徽省	乘用车、零部件	2568799
18	厦门金龙汽车集团股份有限公司	福建省	商用车、汽车零部件	2191568
19	柳州五菱汽车有限责任公司	广西区	专用车、发动机、汽车零部件	1590051
20	三环集团公司	湖北省	改装车、汽车零部件	1553022

2.2.1 国内主要汽车生产分布

随着私人汽车消费的普及和汽车市场的快速发展，各地方政府纷纷引入汽车整车制造项目。目前国内除了西藏、青海和宁夏，其余 28 个省份均有汽车整车制造企业分布，汽车整车制造分布呈现遍地开花的局面。

1. 主要省市汽车产业描述

国内主要汽车生产省(市)如图 2.39 所示。

(1) 广东省。广东省汽车工业的崛起速度在国内是最快的，从 1998 年本田重组广州轿车项目，不到 20 年，成为全国第一大汽车生产区。目前，广东省汽车整车制造业产品结构总体以轿车为主导，形成了具有鲜明的日系汽车产业集群的特点。

目前广东省汽车整车企业主要有广州汽车集团股份有限公司、广汽本田汽车有限公司、广汽丰田汽车有限公司、广汽日野汽车有限公司、广州汽车集团乘用车有限公司、广州汽车集团客车有限公司、比亚迪汽车有限公司、北汽(广州)汽车有限公司、东风日产乘

国际汽车工业现状 第2章

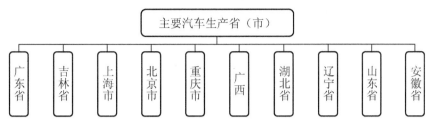

图2.39 国内主要汽车生产省(市)

用车公司、长安标致雪铁龙汽车有限公司等，如图2.40所示。

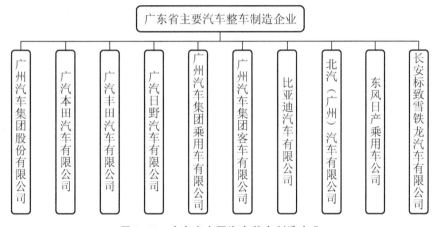

图2.40 广东省主要汽车整车制造企业

研发机构有广州汽车集团股份有限公司汽车工程研究院。

(2) 吉林省。吉林省是中国汽车工业的摇篮，汽车产业是吉林省最大的支柱产业。1953年7月15日第一汽车制造厂(今中国第一汽车集团公司)在长春动工兴建，开中国汽车工业之先河，象征着中国汽车就此起步。经过60多年的发展，以长春为中心的汽车产业集群区域已成形。

目前吉林省汽车整车企业主要有中国第一汽车集团公司(简称一汽集团)、一汽大众汽车有限公司、一汽轿车股份有限公司、一汽解放汽车有限公司、一汽客车有限公司、一汽专用汽车有限公司、长春一汽四环汽车股份有限公司、一汽吉林汽车有限公司、长春一汽华凯汽车有限公司，四川一汽丰田汽车有限公司长春丰越公司等，如图2.41所示。

研发机构有中国第一汽车集团公司技术中心。

(3) 上海市。上海拥有目前我国最大的轿车生产基地和全国三大汽车集团之一的上汽集团。1985年，中国最早的轿车合资企业——上海大众成立，上海汽车工业由此找到了一条捷径走上了高速发展的道路。

目前上海市汽车整车企业主要有上海汽车集团股份有限公司、上海大众汽车有限公司、上海通用汽车有限公司、上海汽车集团股份有限公司乘用车分公司、上海汽车商用车有限公司、上海申沃客车有限公司、上海汇众汽车制造有限公司、上海万象汽车制造有限公司、上海华普汽车有限公司、上海申龙客车有限公司等，如图2.42所示。

研发机构主要有泛亚汽车技术中心有限公司、上海汽车集团股份有限公司技术中心、上海汽车集团股份有限公司商用车技术中心。

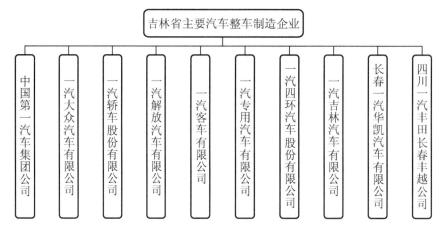

图 2.41 吉林省主要汽车整车制造企业

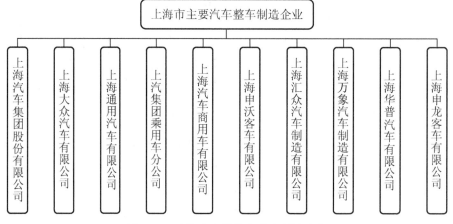

图 2.42 上海市主要汽车整车制造企业

（4）北京市。北京汽车制造业的发展主要依托于"一个基地，三大板块"的形成与发展。一个基地指顺义汽车制造基地，三大板块则是以北京现代为代表的轿车板块，以吉普为代表的轻型越野车板块和以福田汽车为代表的商用车板块。北京汽车产业的产品结构齐全，包含了载货车、客车、SUV、轿车及专用车。其中以轻型载货车、重型载货车、轻型客车、轿车及各类专用车为主导产品。

目前北京市汽车整车企业主要有北京汽车股份有限公司、北京奔驰汽车有限公司、北京现代汽车有限公司、北京汽车股份有限公司北京分公司、北京吉普汽车有限公司、北汽福田汽车股份有限公司、北京轻型汽车有限公司、北京汽车制造厂有限公司、北京北旅汽车制造有限公司、北京北方华德尼奥普兰客车股份有限公司等，如图 2.43 所示。

研发机构主要有北京汽车股份有限公司汽车研究院。

（5）重庆市。重庆市的汽车工业始于 1965 年，经过 50 年的发展，已经成为国内重要的汽车生产基地。重庆汽车产业的产品结构齐全，商用车从载质量 0.5t 的微型货车到载质量 20t 以上的重型货车，从载人数 7 人以下的微型客车到 60 人以上的大型客车，基本实现了所有细分市场的全面覆盖；乘用车能生产排量 1.0～3.0L 的轿车、多功能乘用车

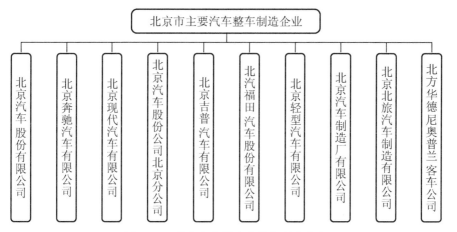

图 2.43 北京市主要汽车整车制造企业

（MPV）、运动型多用途乘用车（SUV）等不同种类及各种价位的产品。

目前重庆市汽车整车企业主要有重庆长安汽车股份有限公司、长安福特马自达汽车有限公司、重庆长安铃木汽车有限公司、庆铃汽车（集团）有限公司、重庆力帆汽车有限公司、重庆力帆乘用车有限公司、重庆宇通客车有限公司、重庆安凯客车有限公司、重庆红岩汽车有限公司、上汽依维柯红岩商用车有限公司等，如图 2.44 所示。

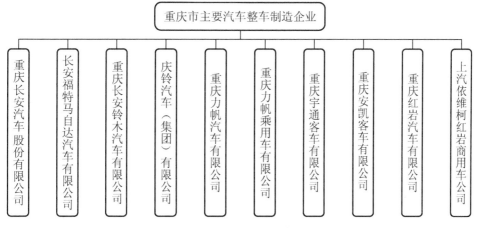

图 2.44 重庆市主要汽车整车制造企业

研发机构主要有中国汽车工程研究院、长安汽车研究院、重庆车辆检测研究院等。

（6）广西壮族自治区。广西汽车产业主要集中在柳州，柳州是目前唯一同时拥有上汽、一汽、东风、重汽国内四大汽车集团整车生产基地的城市，微车国内市场占有率列全国首位，中重轻型载货车、多功能乘用车、客车也具有一定的竞争力。

目前广西壮族自治区汽车整车企业主要有柳州五菱汽车有限责任公司、上汽通用五菱汽车有限公司、东风柳州汽车有限公司、一汽解放柳州特种汽车有限公司、中国重汽集团柳州运力专用汽车有限公司、桂林大宇客车有限公司、桂林客车工业集团有限公司等，如图 2.45 所示。

（7）湖北省。1969 年，中国第二汽车在湖北十堰落成，20 世纪 90 年代更名为"东风

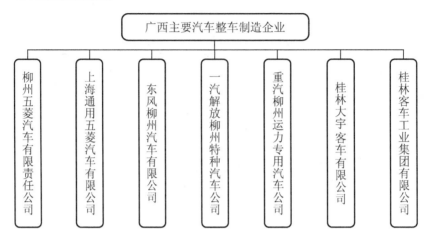

图 2.45　广西主要汽车整车制造企业

汽车",与一汽、上汽并称我国"三大汽车集团"。经过 40 多年的发展,湖北已经建成十堰、襄阳、武汉沿汉江沿线,荆州、黄石沿长江沿线两条汽车产业聚集带,逐步形成武汉乘用车制造基地、十堰中重型商用车制造基地、襄阳轻型商用车及中高档轿车制造基地和随州专用汽车产业基地。

目前湖北省汽车整车企业主要有东风汽车公司、神龙汽车有限公司、东风本田汽车有限公司、东风乘用车公司、东风商用车公司、东风电动车辆股份有限公司、东风特种汽车有限公司、东风(十堰)特种商用车有限公司、东风越野车有限公司、三环集团公司等,如图 2.46 所示。

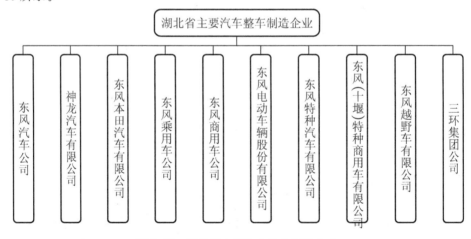

图 2.46　湖北省主要汽车整车制造企业

(8) 辽宁省。辽宁省汽车工业产品主要有轿车,大、中、轻型客车,SUV 多功能车,轻型货车,以及汽油和柴油两大系列车用发动机。

目前辽宁省汽车整车企业主要有华晨汽车集团控股有限公司、华晨宝马汽车有限公司、沈阳金杯车辆制造有限公司、沈阳华晨金杯汽车有限公司、上海通用(沈阳)北盛汽车有限公司、丹东黄海汽车有限责任公司、辽宁曙光汽车集团股份有限公司、一汽客车大连客车厂、奇瑞大连生产基地、东风日产大连分公司等,如图 2.47 所示。

(9) 山东省。山东省汽车工业产品主要是重、中、轻型载货类汽车。经过近几年的发

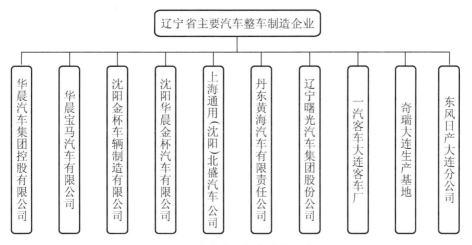

图 2.47 辽宁省主要汽车整车制造企业

展,山东省汽车产业产品结构有了明显优化,产品门类已比较齐全,轿车,重、中、轻微型货车,大、中型客车,轻型客车和微型客车等均能生产,在全国汽车产业中的影响也进一步扩大。

目前山东省汽车整车企业主要有中国重汽集团有限公司,一汽解放青岛汽车厂、北汽福田诸城车辆厂、中通客车控股股份有限公司、上海通用东岳汽车公司、上汽通用五菱青岛分公司、济南吉利汽车有限公司、荣成华泰汽车有限公司、中集车辆(山东)有限公司、一汽大众华东生产基地等,如图 2.48 所示。一汽大众青岛正在建设中,2017 年建成以后,青岛将成为山东省最大的轿车生产基地。

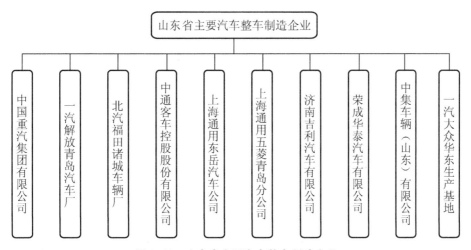

图 2.48 山东省主要汽车整车制造企业

(10) 安徽省。安徽省汽车工业起步于 1968 年,经过 40 多年的发展,走自主品牌之路,产品覆盖乘用车、商用车和专用车。

目前安徽省汽车整车企业主要有奇瑞汽车股份有限公司,安徽江淮汽车股份有限公司,合肥昌河汽车有限公司,安徽华菱重型汽车有限公司,安徽星马汽车股份有限公司,安徽江淮专用汽车有限公司,安徽安凯汽车股份有限公司、奇瑞商用车(安徽)有限公司、安徽江淮客车有限公司、安徽长安专用汽车制造有限公司等,如图 2.49 所示。

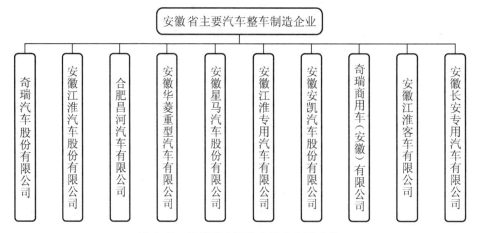

图 2.49　安徽省主要汽车整车制造企业

2. 主要省市汽车生产量

2013 年中国汽车产量达到 2211.68 万辆,同比增长 14.76%。排在前 10 位的省(自治区)或直辖市见表 2-8,合计生产汽车 1781.7302 万辆,占全国总产量的 80.56%。

表 2-8　2013 年国内十大汽车生产省(市)

排序	省或直辖市	产量/万辆	同比增长量/(%)	占全国总产量比例/(%)
1	广东省	254.2909	28.91	11.50
2	吉林省	234.2273	18.56	10.59
3	上海市	226.8857	15.46	10.26
4	北京市	203.8285	22.03	9.22
5	重庆市	202.5061	28.64	9.15
6	广西壮族自治区	186.9086	11.7	8.45
7	湖北省	158.6961	9.56	7.18
8	辽宁省	108.0121	23.77	4.88
9	山东省	105.4998	16.75	4.77
10	安徽省	100.8751	-3.18	4.56
合计		1781.7302		80.56

2014 年,中国汽车产量达到 2372.29 万辆,同比增长 7.26%。排在前 10 位的省(自治区)或直辖市分别是吉林省、上海市、重庆市、广东省、广西壮族自治区、北京市、湖北省、江苏省、辽宁省、山东省,合计生产汽车 1876.49 万辆,占全国总产量的 79.1%。

2.2.2　国内主要汽车生产企业

国内主要汽车整车制造企业有中国第一汽车集团公司、东风汽车公司、上海汽车集团股份有限公司、北京汽车集团有限公司、中国长安汽车集团股份有限公司、广州汽车工业集团有限公司、华晨汽车集团控股有限公司、中国重型汽车集团有限公司、长城汽车股份有限公司、安徽江淮汽车集团有限公司、比亚迪汽车工业有限公司、浙江吉利控股集团有限公司、奇瑞汽车股份有限公司等，如图2.50所示。

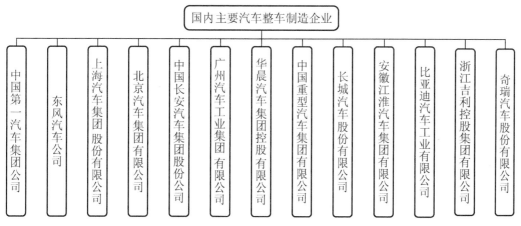

图 2.50　国内主要汽车生产企业

国内主要汽车合资企业有一汽大众汽车有限公司、天津一汽丰田汽车有限公司、东风本田汽车有限公司、东风日产汽车有限公司、东风标致雪铁龙汽车有限公司、东风悦达起亚汽车有限公司、上海大众汽车有限公司、上海通用汽车有限公司、长安福特马自达汽车有限公司、长安铃木汽车有限公司、北京奔驰汽车有限公司、北京现代汽车有限公司、广汽本田汽车有限公司、广汽丰田汽车有限公司、华晨宝马汽车有限公司等，如图2.51所示。

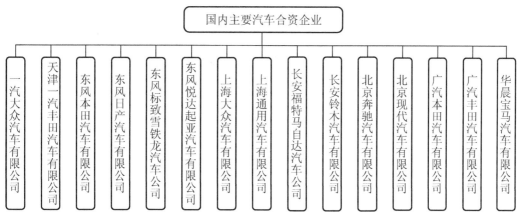

图 2.51　国内主要汽车合资企业

1. 主要汽车企业描述

（1）中国第一汽车集团公司（简称一汽集团）。1953年7月15日，第一汽车制造厂破土动工，新中国汽车工业从这里起步，经过60多年的发展，一汽集团已经成为国内最大的汽车企业集团之一，形成了东北、华北、华南和西南四大基地，分布在哈尔滨、长春、吉林、大连、北京、天津、青岛、无锡、成都、柳州、曲靖、佛山、海口等城市。公司业务覆盖汽车研发、乘用车、商用车、零部件和衍生经济等。

一汽集团合资品牌有大众、奥迪、丰田、马自达等；自主品牌有红旗、一汽、夏利等，如图2.52所示。

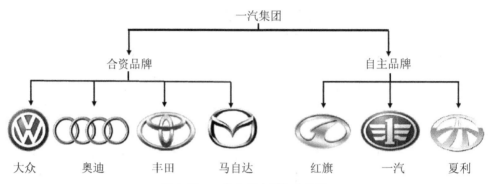

图2.52 一汽集团主要汽车品牌

一汽集团主要产业格局如图2.53所示，图中一汽吉林代表一汽吉林汽车有限公司，一汽通用轻型代表一汽通用轻型商用汽车有限公司，一汽哈轻代表一汽哈尔滨轻型汽车有限公司，一汽红塔代表一汽红塔云南汽车制造有限公司，大众一汽发动机（大连）代表大众一汽发动机（大连）有限公司，一汽大众代表一汽大众汽车有限公司，一汽解放代表一汽解放汽车有限公司，一汽卡车代表一汽解放卡车厂，一汽青岛代表一汽解放青岛汽车有限公

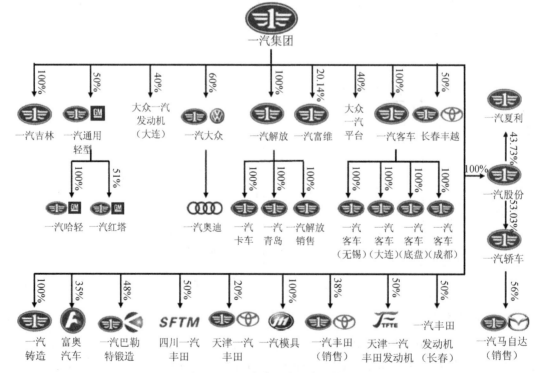

图2.53 一汽集团主要产业格局

司,一汽解放销售代表一汽解放销售汽车销售有限公司,一汽富维代表长春一汽富维汽车零部件股份有限公司,大众一汽平台代表大众一汽平台零部件有限公司,一汽客车代表一汽客车有限公司,一汽客车(无锡)代表一汽客车(无锡)有限公司,一汽客车(大连)代表一汽客车(大连)有限公司,一汽客车底盘代表一汽客车底盘厂,一汽客车(成都)代表一汽客车(成都)有限公司,长春丰越代表四川一汽丰田汽车有限公司长春丰越公司,一汽股份代表中国一汽股份有限公司,一汽夏利代表天津一汽夏利汽车股份有限公司,一汽轿车代表一汽轿车股份有限公司,一汽马自达(销售)代表一汽马自达汽车销售有限公司,一汽丰田发动机(长春)代表一汽丰田(长春)发动机有限公司,天津一汽丰田发动机代表天津一汽丰田发动机有限公司,一汽丰田(销售)代表一汽丰田汽车销售有限公司,一汽模具代表一汽模具制造有限公司,天津一汽丰田代表天津一汽丰田汽车有限公司,四川一汽丰田代表四川一汽丰田汽车有限公司,一汽巴勒特锻造代表一汽巴勒特锻造(长春)有限公司,富奥汽车代表富奥汽车零部件股份有限公司,一汽铸造代表一汽铸造有限公司。

(2) 东风汽车公司(简称东风汽车)。东风汽车前身是第二汽车制造厂,成立于1969年,总部设在湖北武汉。经过40多年的发展,已陆续建成了十堰(主要以中、重型商用车、零部件、汽车装备事业为主)、襄阳(以轻型商用车、乘用车为主)、武汉(以乘用车为主)、广州(以乘用车为主)四大基地,在上海、广西柳州、江苏盐城、四川南充、河南郑州等地设有分支企业。公司业务范围涵盖全系列商用车、乘用车、校车、汽车零部件和汽车装备等。

东风汽车合资品牌有日产、本田、雪铁龙、标致、起亚等;自主品牌有风神和裕隆等,如图2.54所示。

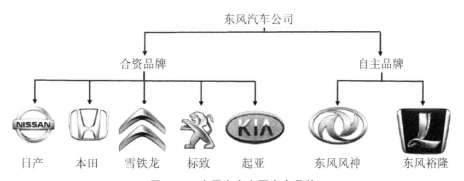

图 2.54 东风汽车主要汽车品牌

东风汽车主要产业格局如图2.55所示,东风云南代表东风云南汽车有限公司,东风南充代表东风南充汽车有限公司,东风小康代表东风小康汽车有限公司,东风实业代表东风实业有限公司,东风悦达起亚代表东风悦达起亚汽车有限公司,东风朝阳代表东风朝阳柴油机有限责任公司,东风裕隆代表东风裕隆汽车有限公司,东风乘用车代表东风乘用车公司,东风有限代表东风汽车有限公司,东风日产柴代表东风日产柴汽车有限公司,本田(中国)代表本田汽车(中国)有限公司,神龙汽车代表神龙汽车有限公司,东风电动代表东风电动车辆股份有限公司,东风本田发动机代表东风本田发动机有限公司,东风本田代表东风本田汽车有限公司,东风本田零部件代表东风本田汽车零部件有限公司,东风渝安代表东风渝安车辆有限公司,东风商用车代表东风商用车公司,东风日产乘用车代表东风日产乘用车有限公司,东风汽车股份代表东风汽车股份有限公司,郑州日产代表郑州日产汽

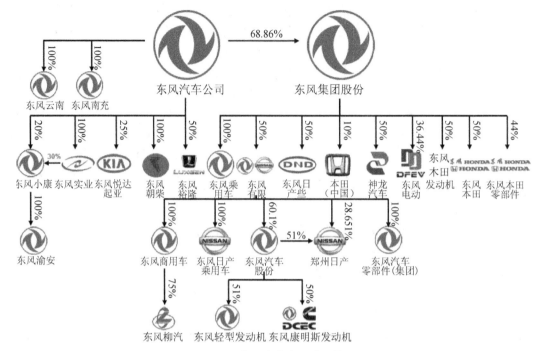

图 2.55 东风汽车主要产业格局

车有限公司，东风汽车零部件(集团)代表东风汽车零部件(集团)有限公司，东风柳汽代表东风柳州汽车有限公司，东风轻型发动机代表东风轻型发动机有限公司，东风康明斯发动机代表东风康明斯发动机有限公司。

(3) 上海汽车集团股份有限公司(简称上汽集团)。上汽集团成立于 2004 年，总部设在上海。公司主要业务涵盖整车(包括乘用车、商用车)、零部件(包括发动机、变速器、动力传动、底盘、内外饰、电子电器等)的研发、生产、销售，以及汽车服务贸易业务和汽车金融业务等。

上汽集团合资品牌有大众、别克、雪佛兰、斯柯达等；自主品牌有荣威、五菱和宝俊等，如图 2.56 所示。

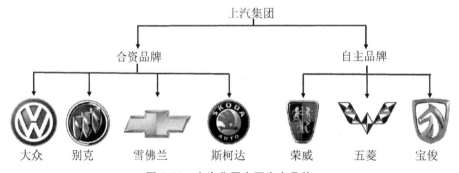

图 2.56 上汽集团主要汽车品牌

上汽集团主要产业格局如图 2.57 所示，华域汽车代表华域汽车系统股份有限公司，上海通用汽车销售代表上海通用汽车销售有限公司，上汽唐山客车代表上汽唐山客车有限公司，乘用车分公司代表上海汽车集团股份有限公司乘用车公司，上海大众代表上海大众汽车有限公司，上海商用车代表上海汽车集团股份有限公司商用车公司，上海大众汽车销售代表上海大众汽车销售有限公司，南汽集团代表南京汽车集团有限公司，上汽依维柯投资代表上汽依维柯商用车投资有限公司，通用北盛代表上海通用（沈阳）北盛汽车有限公司，上海通用代表上海通用汽车有限公司，通用东岳代表上海通用东岳汽车有限公司，上汽变速器代表上海汽车变速器有限公司，上海申沃代表上海申沃客车有限公司，上海通用五菱代表上汽通用五菱汽车股份有限公司，上柴股份代表上海柴油机股份有限公司，南京依维柯代表南京依维柯汽车有限公司，上汽依维柯红岩代表上汽依维柯红岩商用车有限公司，上汽菲亚特红岩动力总成代表上汽菲亚特红岩动力总成有限公司，上海通用东岳动力总成代表上海通用东岳汽车动力总成有限公司，上海萨克斯动力总成代表上海萨克斯动力总成部件系统有限公司，上海大众动力总成代表上海大众动力总成有限公司，上海大众变速器代表大众汽车变速器（上海）有限公司，采埃孚变速器代表上海采埃孚变速器有限公司。

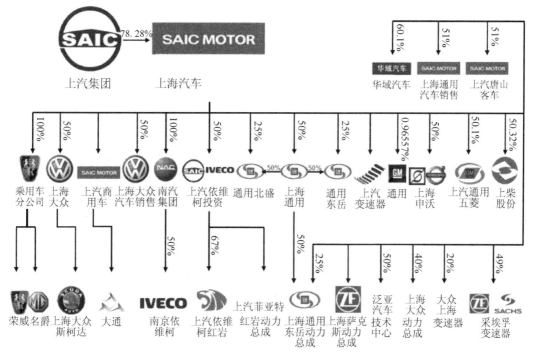

图 2.57 上海集团主要产业格局

（4）中国长安汽车集团股份有限公司（简称长安汽车集团）。长安汽车集团成立于 2005 年，总部设在北京，拥有重庆、北京、江苏、河北、浙江、江西、安徽、广东八大国内生产基地；现已形成轿车、微车、客车、卡车、SUV、MPV 等低中高档、宽系列、多品种的产品谱系。

长安汽车合资品牌主要有福特、马自达、铃木、雪铁龙等；自主品牌主要有长安、昌河、哈飞、陆风等，如图 2.58 所示。

长安汽车集团主要产业格局如图 2.59 所示，长安汽车集团代表中国长安汽车集团股份有限公司，长安汽车代表重庆长安汽车股份有限公司，纳铁福传动代表纳铁福传动轴

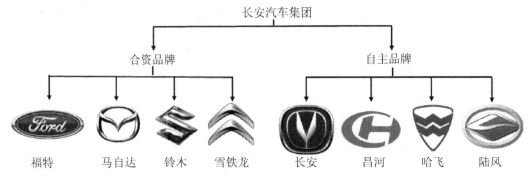

图 2.58 长安汽车集团主要汽车品牌

(众庆)有限公司,重庆青山代表重庆青山变速器分公司,东安制造代表哈尔滨东安发动机制造有限公司,长安重汽代表太原长安重型汽车有限公司,昌河汽车代表江西昌河汽车有限责任公司,江铃控股代表江西江铃控股有限公司,长安铃木代表重庆长安铃木汽车有限公司,长安福特马自达发动机代表长安福特马自达发动机有限公司,哈飞汽车代表哈尔滨哈飞汽车工业集团有限公司,长安福特马自达代表长安福特马自达汽车有限公司,东安动力代表哈尔滨东安汽车动力股份有限公司,云内动力代表昆明云内动力股份有限公司,长安标致雪铁龙代表长安标致雪铁龙汽车有限公司,昌河铃木代表江西昌河铃木汽车有限责任公司,江铃汽车代表江铃汽车股份有限公司,河北长安代表河北长安汽车有限公司,南京长安代表南京长安汽车有限公司,长安跨越代表重庆长安跨越车辆有限公司,长安客车代表保定长安客车制造有限公司。

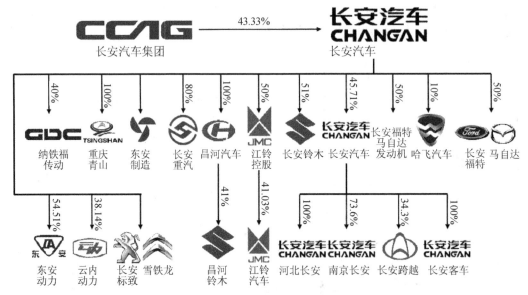

图 2.59 长安汽车集团主要产业格局

(5) 北京汽车集团有限公司(简称北汽集团)。北汽集团始建于 1958 年,2010 年成立北京汽车集团有限公司,总部设在北京。北汽集团先后自主研制生产了中国第一代轻型越野车 BJ212 和第一代轻型载货车 BJ130,建立了中国汽车工业第一家整车制造合资企业——北京吉普汽车有限公司和中国加入 WTO 以后第一家整车制造合资企业——北京现代汽车有限公司,收购了瑞典萨博汽车相关知识产权等,创造了中国汽车工业的多个第一。经过50多年的发展,业务已涵盖整车研发与制造、通用航空产业、汽车零部件制造、汽车服务贸易、投融资等。

北汽集团合资品牌主要有现代、奔驰、铃木、吉普等;自主品牌主要有北京、福田等,如图2.60所示。

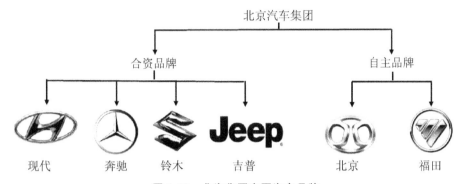

图 2.60　北汽集团主要汽车品牌

北汽集团主要产业格局如图2.61所示,图中北汽(广州)代表北汽(广州)汽车有限公司,北京奔驰代表北京奔驰汽车有限公司,北京海纳川代表北京海纳川汽车部件股份有限公司,北京汽车股份代表北京汽车股份有限公司,北汽银翔代表北汽银翔汽车有限公司,福田汽车代表北汽福田汽车股份有限公司,北汽新能源代表北京新能源汽车股份有限公司,北汽乘用车代表北汽乘用车分公司,北京分公司代表北京汽车股份北京分公司,北汽有限代表北京汽车制造厂有限公司,北汽动力总成代表北京汽车动力总成有限公司,北汽投资代表北京汽车投资有限公司,北京现代代表北京现代汽车有限公司,北汽福田戴姆勒代表北京福田戴姆勒汽车有限公司。

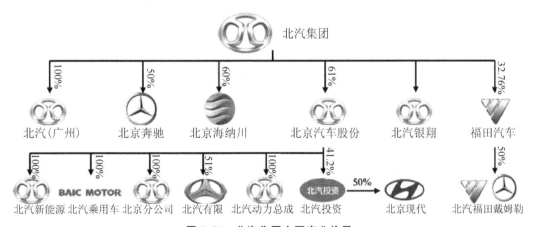

图 2.61　北汽集团主要产业格局

另外设有北京汽车研究总院,北汽集团越野车研究院,北京汽车股份有限公司研究院,福田汽车工程研究院等。

(6) 广州汽车集团股份有限公司(简称广汽集团)。广汽集团成立于2005年,总部设在广州,主要业务有面向国内外市场的汽车整车及零部件设计与制造、汽车销售与物流、汽车金融、保险及相关服务，具有独立完整的产、供、销及研发体系。

广汽集团合资品牌主要有本田、丰田、三菱、日野、菲亚特等；自主品牌有广汽、吉奥和中兴等，如图 2.62 所示。

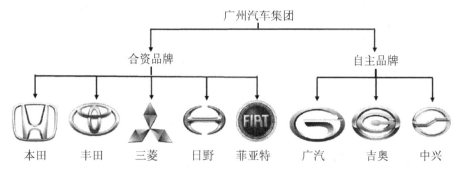

图 2.62　广汽集团主要汽车品牌

广汽集团主要产业格局如图 2.63 所示，图中广汽本田代表广汽本田汽车有限公司，广汽丰田代表广汽丰田汽车有限公司，广汽长丰代表广汽长丰汽车股份有限公司，本田中国代表本田汽车(中国)有限公司，广汽乘用车代表广州汽车集团乘用车有限公司，广汽客车代表广州汽车集团客车有限公司，广汽日野代表广汽日野汽车有限公司，广汽零部件代表广州汽车集团零部件有限公司，广汽丰田发动机代表广汽丰田发动机有限公司，广汽菲亚特代表广汽菲亚特汽车有限公司，广汽吉奥代表广汽吉奥汽车有限公司，广汽三菱代表广汽三菱汽车有限公司。

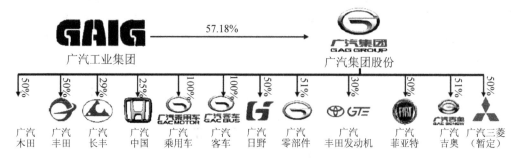

图 2.63　广汽集团主要产业格局

另外还有广州汽车集团股份有限公司汽车工程研究院。

（7）华晨汽车集团控股有限公司（简称华晨汽车）。华晨汽车成立于 2002 年，总部设在辽宁沈阳，是我国汽车工业高起点"自主创新、自有技术、自主品牌"的主力军，是一家集整车、发动机、核心零部件的研发、设计、制造、销售及资本运于一体的大型企业集团，产品覆盖中、轻、轿、客、微多品种款系列的整车、发动机和零部件等。

华晨汽车合资品牌主要有宝马；自主品牌主要有中华和金杯，如图 2.64 所示。

华晨汽车主要产业格局如图 2.65 所示，图中金杯汽车代表华晨金杯汽车有限公司，金杯江森自控代表沈阳金杯江森自控汽车内饰件有限公司，华晨金杯代表沈阳金杯车辆制造有限公司，华晨宝马代表华晨宝马汽车有限公司。

另外还有华晨汽车工程研究院。

（8）奇瑞汽车有限公司（简称奇瑞汽车）。奇瑞汽车成立于 1997 年，总部设在安徽

国际汽车工业现状 第2章

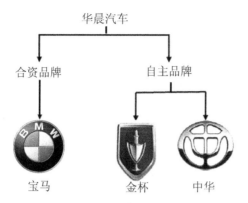

图 2.64　华晨汽车主要汽车品牌

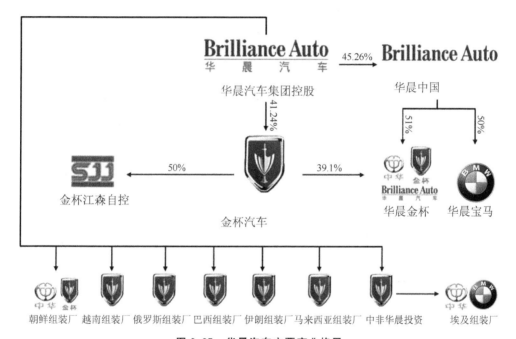

图 2.65　华晨汽车主要产业格局

芜湖，是我国改革开放后，通过自主创新成长起来的最具代表性的自主品牌汽车企业之一。目前，公司在国内建成了芜湖、大连和鄂尔多斯三大乘用车生产基地，以芜湖的汽车工程研究和研发总院为核心，以北京、上海及海外的意大利、日本和澳大利亚的研究分院为支撑，形成了从整车、动力总成、关键零部件开发到试制、试验较为完整的产品研发体系。

奇瑞汽车以自主品牌为主，主要有奇瑞、开瑞、威麟、瑞麒等，如图 2.66 所示。同时积极开展对外合作，奇瑞与捷豹路虎已经成立合资企业，展开全面合作；与日本富士重工合作正在进行中。

奇瑞汽车主要产业格局如图 2.67 所示。

（9）浙江吉利控股集团有限公司(简称吉利汽车)。吉利汽车始建于 1986 年，1997 年进入汽车领域，总部设在杭州，在浙江台州、宁波和兰州、湘潭、济南、成都等地建有汽

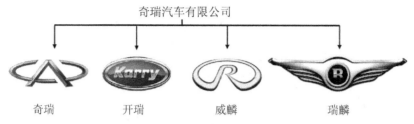

图 2.66　奇瑞汽车主要汽车品牌

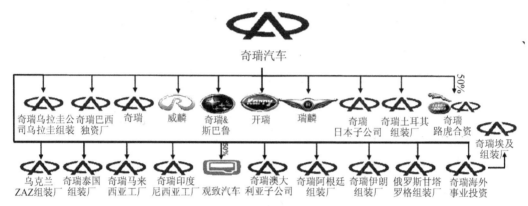

图 2.67　奇瑞汽车主要产业格局

车整车和动力总成制造基地,在澳大利亚拥有 DSI 自动变速器研发中心和生产厂,具有较强的整车、发动机、变速器和汽车电子电器的开发能力。2010 年,吉利完成对福特汽车公司旗下沃尔沃轿车公司的全部股权收购。

吉利汽车旗下品牌有吉利、帝豪、沃尔沃、英伦、全球鹰等,如图 2.68 所示。

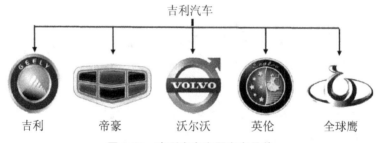

图 2.68　吉利汽车主要汽车品牌

吉利汽车在浙江杭州建有吉利汽车研究院;在西班牙的巴塞罗那、瑞典的哥德堡、美国的加州和中国的上海成立了设计造型中心,构建了全球造型设计体系;在瑞典哥德堡设立了中欧汽车技术中心(CEVT),打造具有全球竞争力的中级车平台。

(10) 安徽江淮汽车股份公司(简称江淮汽车)。江淮汽车成立于 1999 年,总部设在安徽合肥,是一家集商用车、乘用车及动力总成研发、制造、销售和服务于一体的综合型汽车大厂商。

江淮汽车主导产品有 6~12m 客车底盘,0.5~50t 重、中、轻、微卡车,星锐多功能商用车,6~12 座瑞风商务车(MPV),瑞鹰越野车(SRV),宾悦、和悦、同悦轿车。

(11) 比亚迪汽车工业公司(简称比亚迪汽车)。比亚迪汽车创建于 1995 年,2003 年进入汽车领域,总部设在深圳,在深圳、西安、北京、上海、长沙等地设有生产基地,主要产品包括轿车、SUV、MPV、新能源汽车等。比亚迪汽车坚持自主品牌、自主研发、自主发展的发展模式,以"打造民族的世界级汽车品牌"为产业目标,立志振兴民族汽车产业。

比亚迪汽车自主品牌是比亚迪。

(12) 长城汽车股份有限公司。长城汽车成立于 1984 年,总部设在河北省保定市,是中国最大的 SUV 和皮卡制造企业,产品涵盖 SUV、轿车、皮卡三大品类,拥有 4 个整车生产基地,具备发动机、变速器等核心零部件的自主配套能力。

长城汽车自主品牌有哈弗和长城。

长城汽车设有长城汽车技术中心和长城汽车工程院。

(13) 中国重型汽车集团有限公司(简称中国重汽)。中国重汽始建于 1958 年,总部设在济南,是我国最早研发和制造重型汽车的企业,产品覆盖各种载重汽车、特种汽车、客车、专用车、改装车、专用校车、发动机及机组、汽车零部件、专用底盘等。

中国重汽主要产业格局如图 2.69 所示。

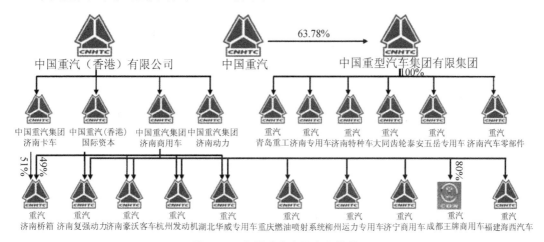

图 2.69 中国重汽主要产业格局

2. 主要汽车企业销售产量

2013 年全国汽车销量达 2198.41 万辆,与 2012 年相比增加 13.87%;其中乘用车销量 1792.89 万辆,同比增加 15.71%。排在前 10 名的企业销量见表 2-9。

表 2-9 2013 年国内十大汽车企业销量

排序	汽车		乘用车		商用车	
	企业名称	销量/万辆	企业名称	销量/万辆	企业名称	销量/万辆
1	上汽集团	507.33	上海通用	154.26	北汽福田	65.66
2	东风汽车	353.49	上海大众	152.50	东风汽车	55.92
3	一汽集团	290.84	一汽大众	151.29	江淮汽车	30.32

续表

排序	汽车		乘用车		商用车	
	企业名称	销量/万辆	企业名称	销量/万辆	企业名称	销量/万辆
4	长安汽车	220.33	上海通用五菱	142.56	金杯汽车	30.07
5	北汽集团	211.11	北京现代	103.08	一汽集团	26.95
6	广汽集团	100.42	东风日产	92.62	江铃汽车	21.49
7	华晨汽车	77.74	重庆长安	82.22	上海通用五菱	17.50
8	长城汽车	75.42	长安福特	68.27	中国重汽	16.52
9	吉利汽车	54.94	长城汽车	62.74	南京汽车	13.20
10	江淮汽车	51.43	一汽丰田	55.47	重庆长安	12.90
合计		1943.05		1065.01		290.53
所占比例		88.38%		59.40%		71.64%

2013年,汽车销量排名前10位的企业集团销量合计为1943.05万辆,比2012年增长15.8%;高于全行业增速2个百分点;占汽车销售总量的88.38%,比2012年提高1.4个百分点。

2014年,汽车销量排名前10位的生产企业集团分别是上汽集团、东风汽车、一汽集团、长安汽车、北汽集团、广汽集团、华晨汽车、长城汽车、奇瑞汽车和江淮汽车,分别销售558.37万辆、380.25万辆、308.61万辆、254.78万辆、240.09万辆、117.23万辆、80.17万辆、73.08万辆、48.61万辆和46.47万辆,上述10家企业累计销售2107.66万辆,占汽车总销量的89.72%。

2.2.3 国内主要汽车品牌

国内生产的汽车品牌分为合资品牌和自主品牌。

1. 汽车合资品牌

国内最受欢迎的汽车合资品牌如图2.70所示,2013年其销量见表2-10。

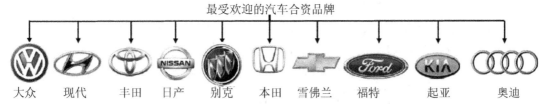

图2.70 国内最受欢迎的汽车合资品牌

表2-10 2013年销量前10位的乘用车合资品牌

排序	品牌	所属公司	销量/万辆	同比增长/(%)
1	大众	大众汽车公司	239.57	16.85
2	现代	现代起亚汽车集团	103.08	19.92

续表

排序	品牌	所属公司	销量/万辆	同比增长/(%)
3	丰田	丰田汽车公司	85.53	14.71
4	日产	日产汽车公司	82.28	12.18
5	别克	通用汽车公司	80.77	15.81
6	本田	本田汽车公司	72.79	30.01
7	雪佛兰	通用汽车公司	71.47	8.44
8	福特	福特汽车公司	67.9	66.23
9	起亚	现代起亚汽车集团	54.68	13.92
10	奥迪	大众汽车公司	49.2	21.2
合计			907.27	

2014年，国内销量前10位的乘用车合资品牌分别是大众、现代、丰田、别克、日产、福特、本田、雪佛兰、起亚、标致。

2013年，国内乘用车销量排在前20位的车型中，自主品牌只有吉利帝豪排在第14位，其余全是合资品牌。前10位的车型见表2-11。

表2-11 2013年销量前10位的乘用车车型

排序	所属公司	品牌	车型	销量/辆
1	上海大众	大众	大众朗逸	374056
2	上海通用	别克	别克凯越	291683
3	一汽大众	大众	大众速腾	271188
4	一汽大众	大众	大众捷达	263408
5	上海通用	雪佛兰	赛欧三厢	263163
6	东风日产	日产	日产轩逸	259545
7	上海通用	雪佛兰	科鲁兹	246890
8	一汽大众	大众	宝来	237156
9	上海大众	大众	帕萨特	227262
10	长安福田	福特	福克斯两厢	207376
合计				2641727

2014年，全国乘用车销量排在前20位的车型中，全是合资品牌。销量前10位的车型分别是大众朗逸、大众速腾、日产轩逸、大众捷达、别克凯越、大众桑塔纳、雪佛兰科鲁兹、现代朗动、雪佛兰赛欧三厢、大众宝来。吉利帝豪降至第21位。

2. 汽车自主品牌

国内最受欢迎的汽车自主品牌如图2.71所示，2013年其销量见表2-12。

图 2.71 国内最受欢迎的汽车自主品牌

表 2-12 2013 年销量前 10 位的汽车自主品牌

排序	品牌	所属公司	销量/万辆	同比增长/(%)
1	长城	长城汽车股份有限公司	62.74	28.72
2	吉利	浙江吉利控股集团	54.94	11.79
3	比亚迪	比亚迪股份公司	50.62	10.99
4	奇瑞	奇瑞汽车有限公司	42.32	−19.68
5	长安	重庆长安汽车股份有限公司	40.96	77.38
6	上海汽车	上海汽车集团股份有限公司	22.92	14.43
7	中华汽车	华晨汽车集团控股有限公司	21.36	28.13
8	东风风行	东风汽车有限公司	18.02	32.5
9	海马汽车	海马汽车集团股份有限公司	15.07	17.09
10	江淮汽车	安徽江淮汽车股份公司	14.92	0.54
	合计		343.87	

2014 年，国内销量排在前 10 位的自主车企分别是长城汽车、长安汽车、奇瑞汽车、比亚迪、吉利汽车、东风风行、北京汽车、上海汽车、一汽奔腾、海马汽车。其中长城汽车下降 2.38%，长安汽车增长 39.73%，奇瑞汽车增长 3.79%，比亚迪下降 13.26%，吉利下降 22.5%。

2013 年，国内乘用车销量排在前 10 位的自主品牌车型见表 2-13。

表 2-13 2013 年销量前 10 位的乘用车自主品牌车型

排序	所属公司	品牌	车型	销量/辆
1	浙江吉利控股集团	吉利	帝豪 EC7	193210
2	长城汽车股份有限公司	长城	长城 C30	126036
3	比亚迪股份公司	比亚迪	比亚迪速锐	123643
4	奇瑞汽车股份有限公司	奇瑞	奇瑞 QQ	121630
5	上海汽车集团股份有限公司	荣威	荣威 350	113033
6	中国第一汽车集团公司	夏利	夏利	101071
7	比亚迪股份公司	比亚迪	比亚迪 L3	99450
8	重庆长安汽车股份有限公司	长安	长安逸动	90743
9	比亚迪股份公司	比亚迪	比亚迪 F3	99450
10	重庆长安汽车股份有限公司	长安	长安悦翔 V3	76858
	合计			1145124

2014年，国内销量前 10 位的乘用车自主品牌车型分别是吉利帝豪 EC7、长安逸动、比亚迪 F3、荣威 350、吉利金刚、比亚迪速锐、奔腾 B50、长安瑞翔 V3、北汽 E 系列、奇瑞 E3。

2.3 汽车工业在国民经济中的作用

汽车工业是国民经济重要的支柱产业，在国民经济中发挥着重要作用，具体表现在以下几个方面。

1. 促进相关产业的发展

汽车产业链是以汽车制造企业为龙头，吸引为龙头企业配套的上、下游企业，相关的服务业，管理机构等形成动态联盟，共同完成产品的采购、生产、销售、服务等全生命周期的管理，如图 2.72 所示。

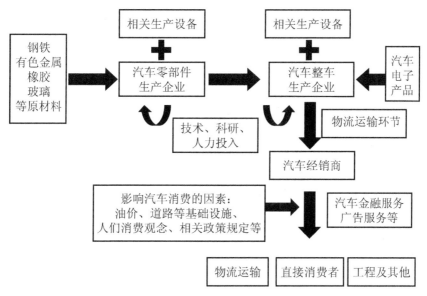

图 2.72 汽车产业链

汽车行业拥有较长的产业链条，上下游关系到 150 余个相关产业。汽车产业链上游主要是钢铁、机械设备、有色金属、电子元器件、橡胶、玻璃、纺织等行业，下游最终用户主要有私人/公商务乘用车用户和公路货运、城市/城乡物流、公路/旅游客运、城市公交、汽车租赁等行业，另外还带动金融保险、车展/汽车物流、培训、维修、加油站、餐饮等众多服务行业。

汽车行业不仅产业关联度高、规模效益明显，而且资金、技术密集。发达国家经验表明，汽车工业每增值一元，会给上游产业带来 0.65 元的增值，给下游产业带来 2.63 元的增值，汽车工业在经济方面的波及效应能达到本身产值的 3～5 倍。

汽车工业是我国重点用钢行业之一，近年来每年用于汽车制造的钢材占我国钢材消费总量的 6% 左右，远低于发达国家 10% 以上的平均水平和全世界 15% 左右的平均水平，所以汽车用钢在我国仍有较大的增长空间。

我国汽车保有量增加迅速,至 2014 年,我国汽车保有量为 1.54 亿辆,居世界第 2 位。预计到 2020 年,全国汽车保有量将达到 2.5 亿辆。汽车消费的快速增长导致石油消耗加速增长,中国机动车燃油消耗量占全国总油耗的 1/3 以上。据统计,目前汽车用汽柴油消费占全国汽柴油消费的比例已经达到了 55% 左右,每年新增石油消费量的 70% 以上被新增汽车所消耗。

贷款购车消费者呈现出了显著的年轻化趋势,其中 80 后消费者所占比例由 2010 年的 23.5% 提升至 2013 年的 43.9%,份额占比提升 20.4%,取代 70 后成为当前贷款购车主力军;而 90 后消费者所占比例由 2010 年的 0.4% 提升至 2013 年的 4.5%;汽车贷款购车消费者所占比例由 2010 年的 9.3% 增加到 2013 年的 17.4%。随着越来越多的 90 后走入社会,这个份额必将不断提升,汽车信贷在汽车产业大发展中逐步壮大。

除此之外,汽车工业还对有色金属、橡胶、塑料和玻璃等产业及提供装备的其他产业有巨大的促进作用,还对石油炼制、电子、汽车维修、销售、驾驶人培训、道路、运输、餐饮、旅居和保险等行业有不同程度的促进作用。

目前,我国 GDP 中 10% 左右是跟汽车产业相关的。

2. 促进科技技术进步

汽车智能化是大趋势,随着消费者对于汽车安全、便利、娱乐等方面提出更高需求,以及汽车电子技术的发展,未来单车电子产品的用量将持续增加,并逐渐从功能型汽车电子(传统动力总成控制、车身控制系统、汽车安全控制系统等),逐渐转向信息服务交互型汽车电子(智能导航、车载娱乐、信息处理、移动通信服务等)。

汽车是高新技术的结晶,汽车工业所涉及的新技术范围之广、数量之多,是其他产业难以相比的。众多高科技比如数控加工、机器人、信息、控制、节能、安全、环保、车联网等新技术在汽车产业中得到了广泛的应用,可以说,汽车产业是新技术应用的载体。汽车产业的发展势必推进新技术进步,不断扩大的汽车市场使得技术进步有着广阔的前景;汽车产业的发展,产业结构集中度的提高,使得单个汽车厂商的科技投入能力也得到提高,为技术进步提供了强劲的动力和经济上的支持;汽车产业依靠着其扩散效应,使得技术进步得以在其他行业传播。

3. 扩大就业

随着我国汽车工业及相关产业的快速发展,就业人数不断攀升,汽车工业及上下游产业从业人数占全国城镇就业人数的 10%~15%。目前,车辆工程专业成为十大热门就业专业之一。

4. 促进消费

2014 年,我国汽车销量为 2349.14 万辆,同比增长 6.86%,连续多年保持快速增长。汽车销量的增加,促进了国民消费的快速增加,同时拉动了汽车后市场的快速发展。汽车后市场在未来 10~15 年内,每年将保持两位数以上的高速增长,2015 年中国汽车后市场产值有望增至 7000 亿元,成为全球第一大汽车后市场。国民消费的快速增加无疑是我国经济发展的不竭动力。

纵观历史,20 世纪 20 年代美国经济的兴起,50 年代联邦德国、意大利、法国经济的起飞，60年代日本经济的发展，无不以汽车工业的高速增长为前导。汽车工业已经成为一些国家的支柱产业，汽车工业对我国经济快速发展起到了巨大的推动作用。

思 考 题

1. 国际汽车生产主要分布在哪几个国家？
2. 国际主要汽车企业有哪些？
3. 国际汽车豪华品牌有哪些？
4. 国内汽车生产主要分布在哪几个省(市)？
5. 国内主要汽车企业有哪些？
6. 国内汽车自主品牌主要有哪些？

第 3 章
汽车前沿技术

教学目标

通过本章的学习，读者可以初步掌握国内外汽车节能、环保和安全的标准要求及其控制技术，了解纯电动汽车、混合动力电动汽车和燃料电池电动汽车的基本知识，对汽车轻量化技术和智能化技术有较全面的认识，增强学习车辆工程专业的欲望。

教学要求

知识要点	能力要求	相关知识
汽车节能、环保和安全标准要求	了解并掌握国内外汽车节能、环保和安全的标准要求及控制技术	汽车节能标准，汽车环保标准，汽车安全标准
新能源汽车	了解纯电动汽车、混合动力电动汽车和燃料电池电动汽车的基本知识	电动汽车、混合动力电动汽车和燃料电池电动汽车的结构原理、特点等
汽车轻量化技术	理解汽车材料轻量化、设计轻量化和结构轻量化的内涵，对汽车轻量化的技术路径有一个初步认识	汽车轻量化——材料、设计与制造
汽车智能化技术	对汽车车载智能化技术、汽车无人驾驶技术和车联网技术有一个初步认识	汽车电子技术，车联网

汽车前沿技术 第3章

导入案例

汽车工业经过120多年的发展，汽车已经成为人们不可缺少的现代交通工具，给人们生活带来效率、便捷和舒适，使人们的生活更加丰富多彩，但同时也带来石油资源消耗过度、空气污染、交通拥堵、事故频发等严重的社会问题，如图3.1所示。如何从前沿技术上解决这些社会问题？未来汽车将如何改变人类的生活方式？通过本章的学习，读者可以获得答案。

图3.1 汽车带来的社会问题

节能、环保、安全、智能化技术是引领汽车发展的方向，互联网技术将深刻改变未来汽车行业形态。

3.1 汽车节能环保和安全标准

为了保证汽车产品的质量，特别是为了满足有关节约能源、环境保护和安全等方面的要求，促进汽车生产的系列化、通用化和标准化，各国都制定了一系列的汽车标准，汽车生产企业、销售商和使用者必须共同遵守。

汽车标准从等级上可以分为国家标准、行业标准和企业标准。国家标准是全国都应遵循的标准；行业标准用于汽车行业内部；企业标准则由各生产企业自行制定和执行。汽车标准的内容很多，主要包括：汽车及发动机的名词术语、连接尺寸、试验方法、各种涉及节约能源、环境保护和安全的强制性标准，整车、发动机、各部件的技术条件及有关产品设计、工艺、原材料及企业管理等方面的标准。

推动汽车前沿技术发展的动力主要是有关节能、环保和安全强制性标准的不断提高。

3.1.1 汽车节能标准

制定和实施汽车节能标准，可以提高汽车节能技术。

1. 主要汽车节能标准

随着汽车工业发展和汽车保有量的快速增长，汽车节能标准不断升级，目的是减少汽车燃料消耗量，缓解燃油供求矛盾，促进汽车产业技术进步和优化升级。目前，中国乘用车节能标准分为4个阶段，如图3.2所示。

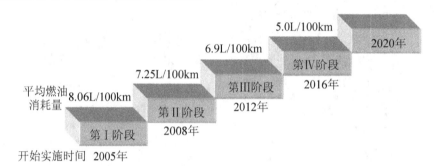

图 3.2　中国乘用车节能标准 4 个阶段

第Ⅰ阶段：GB 19578—2004《乘用车燃料消耗量限值》，于 2005 年开始实施。

第Ⅱ阶段：GB 19578—2004《乘用车燃料消耗量限值》，于 2008 年开始实施。

第Ⅲ阶段：GB 27999—2011《乘用车燃料消耗量评价方法及指标》，于 2012 年开始实施。

第Ⅳ阶段：标准已经完成评审，将于 2016 年开始实施。

第Ⅰ～第Ⅳ阶段的汽车燃料消耗量目标值见表 3-1。

整车整备质量 CM 是指汽车按出厂技术条件装备完整(如备胎、工具等安装齐备)、各种油水添满后的质量。

车型 2 是指具有下列结构特征之一的乘用车，否则为车型 1。

(1) 具有 3 排或 3 排以上座椅。

(2) 装有非手动挡变速器(生产日期在 2015 年 12 月 31 日以后的车辆不在适用)。

中国乘用车平均燃料消耗量第Ⅰ阶段为 8.06L/100km，第Ⅱ阶段为 7.25L/100km，第Ⅲ阶段为 6.9L/100km，第Ⅳ阶段为 5.0L/100km。要达到国家提出的 2020 年 5L/100km 的目标，"十三五"期间，汽车平均油耗需要每年下降约 5%，任务非常艰巨。目前国内汽车企业生产的乘用车在 2015 年几乎无法满足欧盟、日本甚至美国 2015 年的油耗标准。

2011 年美国公布了 2012—2016 年汽车油耗新标准，提出到 2025 年平均达到 5.2L/100km 的油耗目标。2012—2016 年汽车油耗标准见表 3-2。按照新标准，美国汽车制造业在 2017—2025 年期间，每年将燃油能效增长近 5%。

表 3-1 中国乘用车燃油消耗量标准

车型	车型1				车型2			
阶段	Ⅰ	Ⅱ	Ⅲ	Ⅳ	Ⅰ	Ⅱ	Ⅲ	Ⅳ
实施年份	2005	2008	2012	2016	2005	2008	2012	2016
整车整备质量 CM/kg	燃料消耗量目标值/(L/100km)							
$CM \leqslant 750$	7.2	6.2	5.2	3.9	7.6	6.6	5.6	对具有3排座且$CM \leqslant$1090kg，其值为车型1对应目标值乘以1.05；对具有3排及以上座椅，其值为对应目标值乘以1.03
$750 < CM \leqslant 865$	7.2	6.5	5.5	4.1	7.6	6.9	5.9	
$865 < CM \leqslant 980$	7.7	7.0	5.8	4.3	8.2	7.4	6.2	
$980 < CM \leqslant 1090$	8.3	7.5	6.1	4.5	8.8	8.0	6.5	
$1090 < CM \leqslant 1205$	8.9	8.1	6.5	4.7	9.4	8.6	6.8	
$1205 < CM \leqslant 1320$	9.5	8.6	6.9	4.9	10.1	9.1	7.2	
$1320 < CM \leqslant 1430$	10.1	9.2	7.3	5.1	10.7	9.8	7.6	
$1430 < CM \leqslant 1540$	10.7	9.7	7.7	5.3	11.3	10.3	8.0	
$1540 < CM \leqslant 1660$	11.3	10.2	8.1	5.5	12.0	10.8	8.4	
$1660 < CM \leqslant 1770$	11.9	10.7	8.5	5.7	12.6	11.3	8.8	
$1770 < CM \leqslant 1880$	12.4	11.1	8.9	5.9	13.1	11.8	9.2	
$1880 < CM \leqslant 2000$	12.8	11.5	9.3	6.2	13.6	12.2	9.6	
$2000 < CM \leqslant 2110$	13.2	11.9	9.7	6.4	14.0	12.6	10.1	
$2110 < CM \leqslant 2280$	13.7	12.3	10.1	6.6	14.5	13.0	10.6	
$2280 < CM \leqslant 2510$	14.6	13.1	10.8	7.0	15.5	13.9	11.2	
$2510 < CM$	15.5	13.9	11.5	7.3	16.4	14.7	11.9	

表 3-2 美国 2012—2016 年汽车燃油消耗量标准　　　　（单位：L/100km）

	2012 年	2013 年	2014 年	2015 年	2016 年
乘用车	7.7	7.1	6.7	6.5	6.2
轻卡	9.6	9.3	8.8	8.6	8.2
平均值	8.5	29.7	7.5	7.2	6.9

欧洲油耗新标准提出，2015 年和 2020 年乘用车平均燃油消耗量降至 5L/100km 和 4.7L/100km。

日本油耗新标准提出，2020 年乘用车平均燃油消耗量降至 4.9L/100km。

尽管各国乘用车保有结构和技术特征存在一定差别，对乘用车节能指标的要求也不同，但从整体来看，各国都在通过技术标准和法规不断提高乘用车燃料消耗量要求，整体趋势是到 2020 年乘用车新车平均燃料消耗量达到 5 L/100km 左右。

汽车燃油消耗量与汽车整备质量和发动机排量有很大关系，为了比较各国汽车的燃油消耗量，必须建立统一的汽车燃油消耗量评价方法。

在对2012年美国、日本、欧洲、中国销量前10名车型的参数进行分析后发现，美国畅销车型以大排量、高功率、高转矩车型为主，其畅销车平均油耗为10.5L/100km，整备质量为1730kg，平均排量达到了3.3L；日本畅销车型以低油耗的节能汽车为主，混合动力汽车广受欢迎，整备质量和排量也较低；欧洲畅销车型也普遍以低油耗、小排量车为主；中国畅销车型的油耗、整备质量均介于日本、欧洲和美国之间，分别为6.9L/100km和1310kg，平均排量和日本、欧洲相当，为1.6L。目前，中国、欧盟及日本的油耗标准都是基于车重，油耗标准随着车重增加而降低；美国标准是基于脚印面积（四车轮之间的面积），油耗标准随着车身变大而降低。由于中国车辆在车身、质量和功率方面远远小于美国轻型车，中国乘用车的平均油耗值仍然低于美国。如果将中国2015年燃油经济性标准换算成以车身尺度（脚印面积）为基础，则开始明显落后于美国2015年标准。欧盟将于2015年后开始向以脚印面积为基础的标准过度。

2. 汽车节能技术

汽车节能技术主要有发动机节能技术、汽车轻量化节能技术和新能源节能技术等，如图3.3所示。

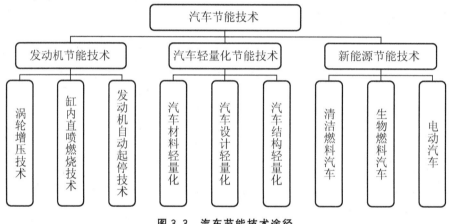

图3.3 汽车节能技术途径

（1）发动机节能技术。发动机节能技术主要有涡轮增压技术、缸内直喷燃烧技术和发动机自动起停技术等。

涡轮增压技术是利用发动机运转产生的废气驱动空气压缩机，提高发动机进气量，从而提升发动机功率与转矩，如图3.4所示。涡轮增压发动机依靠涡轮增压器为发动机增加约10倍的进气量，从而增加发动机的输出功率与转矩。在不增大发动机排量的情况下，可显著地增加发动机的输出功率和大幅度提高转矩，提高燃油经济性并降低尾气排放。数据显示，使用涡轮增压技术可以帮助汽油和柴油车辆在不降低性能的前提下分别节油20%和40%。涡轮增压车型将成为未来车市的主流，在没有更环保的替代燃料出现及更节能的发动机量产的情况下，涡轮增压发动机代表着未来一段时间的发展方向。

缸内直喷技术是指将高压喷油嘴设置在进排气门之间，高压燃油直接注入燃烧室平顺高效地燃烧，如图3.5所示。缸内直喷是通过均匀燃烧和分层燃烧实现了高负荷和低负荷下的燃油消耗降低，动力明显提升，缸内直喷将成为未来汽油机的发展趋势。

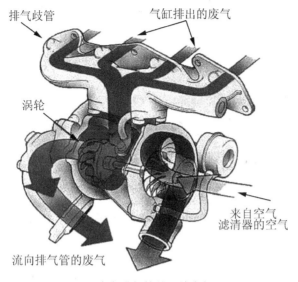

图 3.4　发动机涡轮增压技术

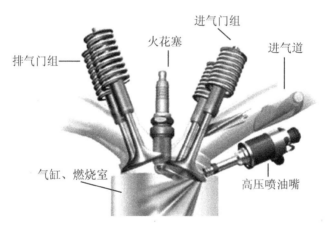

图 3.5　发动机缸内直喷技术

发动机自动起停技术就是指汽车在行驶过程中临时停车（如等红灯或交通堵塞）的时候，发动机自动熄火，当需要继续前进的时候，系统自动重启发动机的一套系统。具体使用方法是：对于手动挡汽车，当遇到红灯或塞车时，驾驶人制动使车辆停下来后，将挡位换入空挡并完全释放离合器踏板，这时控制系统会自动将发动机熄火，节省了怠速运转浪费的燃油；当绿灯放行后，驾驶人踩下离合器，发动机则自动重新起动，挂入挡位后即可前行。对于自动挡汽车，操作更为简单，驾驶人只要施加制动使车辆停止，发动机则自动熄火；在释放制动后，驾驶人加油，发动机将自动起动。

图 3.6 为德国博世公司提供的发动机自动起停系统，它由强型起动机、增强型电池、可控发电机、集成起动/停止协调程序的发动机 ECU，传感器等组成。强型起动机能快速、安静地自动恢复发动机运转，可降低起动时油耗。这种起停系统零件少，安装方便，而且系统的部件与传统部件尺寸保持一致，因此可直接配备至各种车辆上。

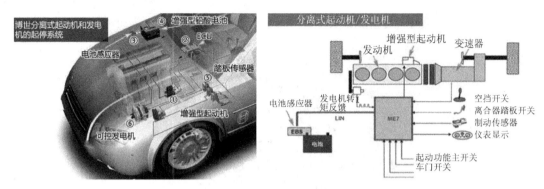

图 3.6 发动机自动起停系统

宝马、大众、奥迪、沃尔沃、奔驰、雪铁龙等主要汽车生产商都已经推出装备自动起停系统的车辆作为节油路径之一,相关研究显示,根据驾驶环境和系统的设计不同,仅靠起停系统能让车辆的油耗下降 3%~10%。有消息称,克莱斯勒将在 2017 年年底前将此技术应用于旗下 90% 的车型上;福特汽车计划在 2017 年实现旗下的 70% 车型配备自动起停系统;中国 2017 年自动起停系统的新车装备率将达 20%。

(2)汽车轻量化节能技术。轻量化是汽车节能的重要途径之一,实验证明,若汽车整车质量降低 10%,燃油效率可提高 6%~8%;汽车整备质量每减少 100kg,100km 油耗可降低 0.3~0.6L;汽车质量降低 1%,油耗可降低 0.7%。宝马汽车轻量化设计方案如图 3.7 所示。

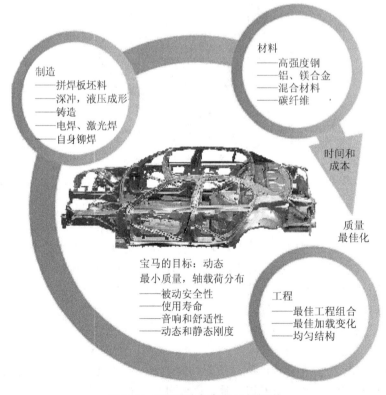

图 3.7 宝马汽车轻量化设计方案

（3）新能源节能技术。新能源节能技术是指利用新能源代替传统的石油能源驱动汽车行驶，从而达到节约燃油的目的。如天然气汽车、液化石油气汽车、乙醇燃料汽车、甲醇燃料汽车、生物燃料汽车、氢发动机汽车、太阳能汽车、超级电容汽车、纯电动汽车、混合动力电动汽车、燃料电池电动汽车等。

图 3.8 所示为利用太阳能为电动汽车充电，真正实现绿色环保。

图 3.8　太阳能为电动汽车充电

2014 年，盖世汽车网与全球涡轮增压技术领先者霍尼韦尔联合进行了关于汽车节能技术的调查。

问题 1：中国从第Ⅲ阶段节能目标发展到第Ⅳ阶段节能目标面临多大挑战？调查结果如图 3.9 所示，多达 76% 的参与者认为这是一个很大的挑战。资料显示，2006—2012 年，中国平均每年油耗只降低了 1.3%。为了达到工业和信息化部制定的油耗标准，2016—2020 年期间，各车企整体的燃油经济性平均每年需保持 6.7% 的增长率，高于 2012—2015 年要求的 2.8% 的年均增长率，甚至高于美国标准要求的轿车与轻型卡车 4.1% 的年均增长率，对于大多数国内车企而言，这无疑都是一个巨大的挑战。

问题 2：提升传统动力的节能技术是否仍是近期车企降低油耗均值最现实选择？调查结果如图 3.10 所示，多达 75% 的参与者认为提升传统动力的节能技术仍是近期车企降低油耗均值最现实的选择。理论上，大力推广新能源汽车可以大幅降低车企的平均油耗，但现阶段新能源汽车商业化环境不成熟，产业化仍需较长时间，这决定了短时间内新能源汽车对车企降低平均油耗的作用十分有限。数据显示，2013 年，中国市场汽车销量达到 2198.41 万辆。插电和纯电的新能源汽车销量也实现了较高的增速，但绝对量也仅仅 1.8 万辆左右，不足汽车总销量的 2‰。而与之相对应的传统汽车市场依然火爆，并且技术升级潜力广阔，如涡轮增压和起停技术等，通过传统汽油发动机的技术升级可以明显提高效率，节约燃油。

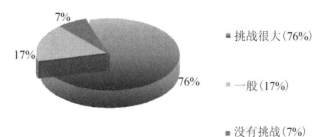

图 3.9　问题 1 调查结果

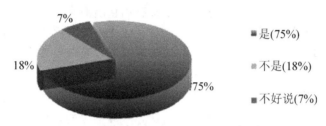

图 3.10 问题 2 调查结果

问题 3：传统动力节能技术中最有效和应普及的技术是什么？调查结果如图 3.11 所示，结果表明，轻量化、缸内直喷、起停系统等传统动力技术在节能方面的功效都值得肯定，但最行之有效且可以大规模推广的技术则是涡轮增压，支持涡轮增压技术的参与者占比达到 43%。

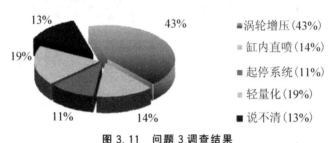

图 3.11 问题 3 调查结果

3.1.2 汽车环保标准

汽车行驶过程中从废气中排出的 CO（一氧化碳）、HC＋NO_x（碳氢化合物和氮氧化物）、PM（微粒）、炭烟等有害物质等，这些一次污染物还会通过大气化学反应生成光化学烟雾、酸沉降等二次污染物。为了抑制汽车排放有害气体的产生，并促使相关厂商注重产品技术的改进，已有许多国家制定了相关汽车环保排放标准（国际主流的有欧、美、日三大体系），中国汽车排放标准是借鉴了应用最为广泛的欧洲标准。

1. 主要汽车环保标准

汽车环保标准中最主要的是汽车排放标准。目前，中国轻型汽车排放标准分为 5 个阶段，如图 3.12 所示。

第Ⅰ阶段：GB 18352.1—2001《轻型汽车污染物排放限值及测量方法（Ⅰ）》，等同于欧Ⅰ，于 2001 年开始实施。

第Ⅱ阶段：GB 18352.2—2001《轻型汽车污染物排放限值及测量方法（Ⅱ）》，等同于欧Ⅱ，于 2004 年开始实施。

第Ⅲ阶段：GB 18352.3—2005《轻型汽车污染物排放限值及测量方法（中国Ⅲ、Ⅳ阶段）》，部分等同于欧Ⅲ，于 2007 年开始实施。

第Ⅳ阶段：GB 18352.3—2005《轻型汽车污染物排放限值及测量方法（中国Ⅲ、Ⅳ阶段）》，部分等同于欧Ⅳ，于 2010 年开始实施。

第Ⅴ阶段：GB 18352.5—2013《轻型汽车污染物排放限值及测量方法（中国第Ⅴ阶段）》，部分等同于欧Ⅴ和欧Ⅵ，将于 2018 年 1 月 1 日实施。

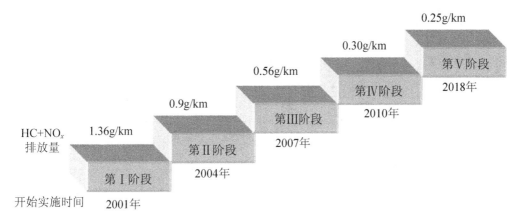

图 3.12 中国轻型汽车排放标准 5 个阶段

第Ⅰ和第Ⅱ阶段的汽车排放限值见表 3-3；第Ⅲ和第Ⅳ阶段的汽车排放限值见表 3-4；第Ⅴ阶段的汽车排放限值见表 3-5。

表 3-3 第Ⅰ和第Ⅱ阶段的汽车排放限值　　　　　　　　（单位：g/km）

阶段	车辆类型	基准质量 RM/kg	限值						
			CO		HC+NO$_x$			PM	
			PI	CI	PI	CI-FZ	CI-Z	CI-FZ	CI-Z
Ⅰ	第一类车	全部	2.72		0.97	1.36		0.14	0.20
	第二类车	$RM \leqslant 1250$	2.72		0.97	1.36		0.14	0.20
		$1250 < RM \leqslant 1700$	5.17		1.40	1.96		0.19	0.27
		$RM > 1700$	6.90		1.70	2.38		0.25	0.35
Ⅱ	第一类车	全部	2.2	1.0	0.5	0.7	0.9	0.08	0.10
	第二类车	$RM \leqslant 1250$	2.2	1.0	0.5	0.7	0.9	0.08	0.10
		$1250 < RM \leqslant 1700$	4.0	1.25	0.6	1.0	1.3	0.12	0.14
		$RM > 1700$	5.0	1.5	0.7	1.2	1.6	0.17	0.20

表 3-4　第Ⅲ和第Ⅳ阶段的汽车排放限值　　　　　　　　（单位：g/km）

阶段	车辆类型	基准质量 RM/kg	限值						
			CO		HC	NO$_x$		HC+NO$_x$	PM
			PI	CI	PI	PI	CI	CI	CI
Ⅲ	第一类车	全部	2.30	0.64	0.20	0.15	0.50	0.56	0.050
	第二类车	$RM \leqslant 1305$	2.30	0.64	0.20	0.15	0.50	0.56	0.050
		$1305 < RM \leqslant 1760$	4.17	0.80	0.25	0.18	0.65	0.72	0.070
		$RM > 1760$	5.22	0.95	0.29	0.21	0.78	0.86	0.100

续表

阶段	车辆类型	基准质量 RM/kg	限值 CO		HC	NO_x		$HC+NO_x$	PM
			PI	CI	PI	PI	CI	CI	CI
Ⅳ	第一类车	全部	1.00	0.50	0.10	0.08	0.25	0.30	0.025
	第二类车	$RM \leqslant 1250$	1.00	0.50	0.10	0.08	0.25	0.30	0.025
		$1250 < RM \leqslant 1700$	1.81	0.63	0.13	0.10	0.33	0.39	0.040
		$RM > 1700$	2.27	0.74	0.16	0.11	0.39	0.46	0.060

表 3-5 第 Ⅴ 阶段的汽车排放限值

车辆类型	基准质量 RM/kg	限值								
		CO		THC	NMHC	NO_x		$THC+NO_x$	PM		PN
		(g/km)									(个/km)
		PI	CI	PI	PI	PI	CI	CI	PI	CI	CI
第一类车	全部	1.00	0.50	0.100	0.068	0.060	0.180	0.230	0.0045	0.0045	6×10^{11}
第二类车	$RM \leqslant 1305$	1.00	0.50	0.100	0.068	0.060	0.180	0.230	0.0045	0.0045	6×10^{11}
	$1305 < RM \leqslant 1760$	1.81	0.63	0.130	0.090	0.075	0.235	0.295	0.0045	0.0045	6×10^{11}
	$RM > 1760$	2.27	0.74	0.160	0.108	0.082	0.280	0.350	0.0045	0.0045	6×10^{11}

上述表中，第一类车是指包括驾驶座位在内座位数不超过 6 座、并且最大总质量不超过 2500kg 的载客汽车；第二类车是指除第一类车以外的其他所有汽车；基准质量是指汽车整备质量加上 100kg；CO 代表一氧化碳；HC 代表碳氢化合物；THC 代表总碳氢化合物；NMHC 代表非甲烷基碳氢化合物；NO_x 代表氮氧化物；PM 代表颗粒物质量；PN 代表颗粒物个数；PI 代表点燃式发动机；CI 代表压燃式发动机；CI-FZ 代表非直喷压燃式发动机；CI-Z 代表直喷压燃式发动机。

欧洲排放标准最严格，欧盟国家对本地生产及进口汽车的污染物排放量，特别是氮氧化物和颗粒物排放量的控制将日益严格。

欧 Ⅴ 标准于 2009 年 9 月 1 日开始实施。根据这一标准，柴油轿车的 CO 排放量不应超过 500mg/km；NO_x 排放量不应超过 180mg/km，比欧 Ⅳ 标准规定的排放量减少了 28%；颗粒物排放量则比欧 Ⅳ 标准规定的减少了 80%，所有柴油轿车必须配备颗粒物滤网。汽油轿车的 CO 排放量不应超过 5g/km；NO_x 排放量不应超过 60mg/km。

相对于欧 Ⅴ 标准，于 2014 年 9 月实施的欧 Ⅵ 标准更加严格。根据欧 Ⅵ 标准，柴油轿车的 NO_x 排放量不应超过 80mg/km，与欧 Ⅴ 标准相比，欧 Ⅵ 标准对人体健康的益处将增加 60%~90%。

二氧化碳是造成全球变暖的重要因素之一，2013 年，欧洲议会通过一项法律草案，从 2020 年开始，在欧盟境内出售的乘用车平均二氧化碳排放量将由目前的 130g/km 减少到 95g/km，到 2025 年，欧盟新车二氧化碳排放量可以降低到 68~78g/km。

2. 汽车排放控制技术

汽车排放控制技术主要有机前排放控制技术、机内排放控制技术和机外排放控制技术。

（1）机前排放控制技术。机前排放控制技术主要是通过提高燃油品质、使用替代燃料和新能源，减少污染物的排放，如图3.13所示。

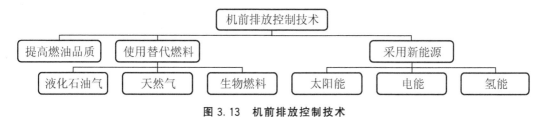

图3.13 机前排放控制技术

（2）机内排放控制技术。机内排放控制技术主要是通过对发动机本身的结构、性能和形式的改善，减少污染物的生成，如图3.14所示。

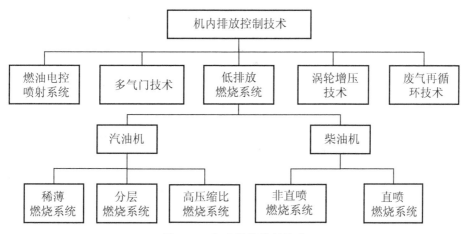

图3.14 机内排放控制技术

发动机技术先进与否，有很多衡量指标，其中，气缸与气门数是其中之一。汽车发动机常用气缸数有3、4、5、6、8、10、12缸。排量1L以下的发动机常用3缸，1~2.5L一般为4缸发动机，3L左右的发动机一般为6缸，4L左右为8缸，5.5L以上用12缸发动机。一般来说，在同等缸径下，缸数越多，排量越大，功率越高；在同等排量下，缸数越多，缸径越小，转速可以提高，从而获得较大的提升功率。

同等排量情况下，气门越多，进排气效率越好。排量较大、功率较大的发动机要采用多气门技术（图3.15）。最简单的多气门技术是三气门结构，即在一进一排的二气门结构基础上再加上一个进气门。近年来，世界各大汽车公司新开发的轿车大多采用四气门结构。四气门配气机构中，每个气缸各有两个进气门和两个排气门。四气门结构能大幅度提高发动机的吸气、排气效率，新款轿车大都采用四气门技术。当然，大众汽车多采用五气门技术。达到或超过六气门不仅使配气结构过于复杂，还会导致发动机寿命缩短，效率下降。因此，四气门技术目前使用最为普遍。

废气再循环技术是把发动机排出的部分废气回送到进气管，并与新鲜混合气一起再次

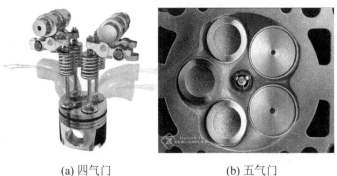

(a) 四气门　　　　　　　(b) 五气门

图 3.15　多气门技术

进入气缸，如图 3.16 所示。由于废气中含有大量的 CO_2，而 CO_2 不能燃烧却吸收大量的热，使气缸中混合气的燃烧温度降低，从而抑制 NO_x 的生成量。

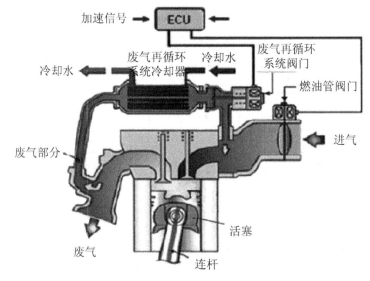

图 3.16　废气再循环原理

（3）机外排放控制技术。机外排放控制技术主要是指发动机燃烧生成的废气排出发动机排气门后，但还未排入到大气环境之前所采取的净化技术，如图 3.17 所示。

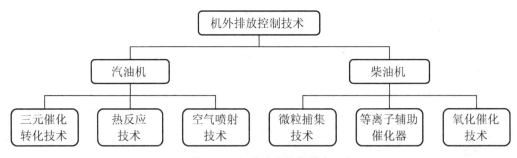

图 3.17　机外排放控制技术

三元催化转化装置是安装在汽车排气系统中最重要的机外净化装置，它可将汽车尾气排出的 CO、HC 和 NO_x 等有害气体通过氧化和还原反应转变为无害的 CO_2、H_2O 和 N_2，如图 3.18 所示。

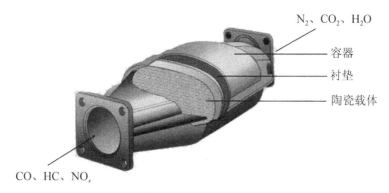

图 3.18 三元催化转换装置

3.1.3 汽车安全标准

目前，中国交通事故造成的死亡人数每年 10 万人左右，是世界交通事故死亡人数最多的国家。制定和实施汽车安全标准法规，可以提高汽车安全性。

1. 我国汽车安全标准

汽车安全标准是保障道路交通安全的重要技术基础，它涉及一般安全、主动安全和被动安全的标准。截至 2014 年 3 月底，中国已制定发布汽车安全国家标准 93 项，其中主动安全技术标准 34 项，被动安全技术标准 29 项，一般安全技术标准 30 项。为了提高汽车安全性，汽车安全标准数量将逐渐增加。

中国于 2005 年开始正式启动 NCAP(New Car Assessment Program，新车评价程序)汽车碰撞测试，NCAP 碰撞测试包括正面碰撞和侧面碰撞。正面碰撞速度为 64km/h，侧面碰撞速度为 50km/h。碰撞测试成绩则由星级(★)表示，共有 5 个星级，星级越高表示该车的碰撞安全性能越好。图 3.19 所示为某汽车在做 NCAP 汽车碰撞测试。

图 3.19 NCAP 汽车碰撞测试

★★★★★称为五星级，分数 33～40 分，表示乘员严重伤害的概率小于或等于 10%；★★★★称为四星级，分数 25～32 分，表示乘员严重伤害的概率为 11%～20%；★★★称为三星级，分数 17～24 分，表示乘员严重伤害的概率为 21%～35%；★★称为二星级，分数 9～16 分，表示乘员严重伤害的概率为 36%～45%；★称为一星级，分数 1～8 分，表示乘员严重伤害的概率等于或大于 46%。

2. 汽车安全技术

汽车安全技术分为主动安全技术和被动安全技术，如图 3.20 所示。汽车主动安全技术是指预防汽车发生事故、避免人员受到伤害而采取的技术，如汽车制动防抱死系统（ABS）、汽车驱动防滑系统（ASR）、汽车自适应巡航控制（ACC）系统、汽车电子稳定控制（ESC）系统、胎压监测系统等，随着安全要求的提高和技术的发展，会有更多的主动安全技术将被开发并得到应用。汽车被动安全技术是指交通事故发生后，减轻人员伤害和货物损失的技术，如安全带、安全气囊、安全座椅、吸能车体、事故自动报警系统等。

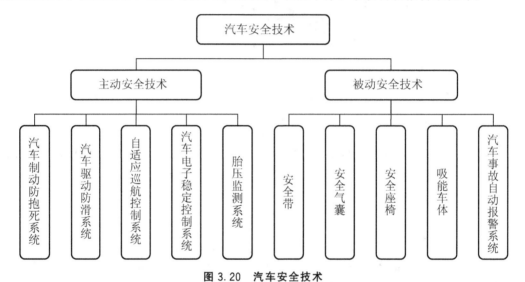

图 3.20 汽车安全技术

（1）汽车制动防抱死系统。汽车制动防抱死系统（Antilock Braking System，ABS）是汽车主动安全装置的代表，其作用是在制动过程中防止车轮抱死，提高汽车在制动过程中的方向稳定性、转向控制能力和缩短制动距离，使汽车制动更为安全有效。汽车制动防抱死系统结构原理如图 3.21 所示。目前，汽车制动防抱死系统已成为乘用车的标准配置。

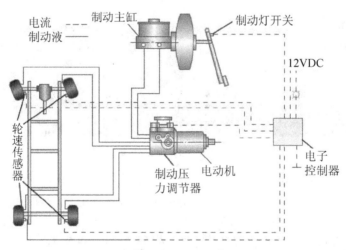

图 3.21 汽车制动防抱死系统结构原理

（2）汽车驱动防滑系统。汽车驱动防滑系统（Anti-slip Regulation，ASR）是 ABS 技术的延伸和扩展，可根据汽车的行驶行为使汽车驱动轮在恶劣路面或复杂路面条件下得到最佳纵向驱动力，能够在驱动过程中，特别在起步、加速、转弯等过程中防止驱动车轮发生过渡滑转，使得汽车在驱动过程中保持方向稳定性和转向操纵能力及提高加速性能等。汽车驱动防滑系统结构原理如图 3.22 所示。

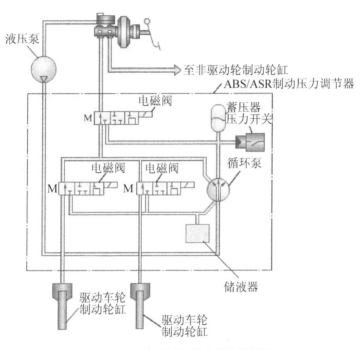

图 3.22　汽车驱动防滑系统结构原理

（3）自适应巡航控制系统。自适应巡航控制（Adaptive Cruise Control，ACC）系统可通过 ASR 的节气门开度调节和主动制动调节的方法调节车速，保持安全车距行驶，避免或减小追尾事故，如图 3.23 所示。

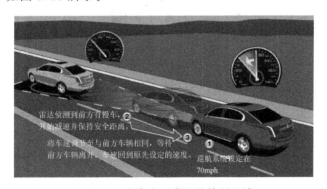

图 3.23　汽车自适应巡航控制系统

汽车 ABS/ASR/ACC 集成系统是一个新的汽车主动安全行驶的发展方向。

（4）汽车电子稳定控制系统。汽车电子稳定控制系统很多品牌的汽车都有，只是各厂家的叫法不同而已，比如大众称其为电子稳定程序（ESP）、本田叫车辆稳定辅助系统

(VSA)、丰田叫车辆稳定控制(VSC)，日产叫车辆动态控制(VDC)，广义上的电子稳定控制系统称为 ESC 才严谨。

汽车电子稳定控制系统是汽车新型的主动安全系统，是汽车 ABS 和 ASR 功能的进一步扩展，并在此基础上，增加了车辆转向行驶时横摆率传感器、侧向加速度传感器和转向盘转角传感器，通过 ECU 控制前后、左右车轮的驱动力和制动力，确保汽车行驶的侧向稳定性，如图 3.24 所示。

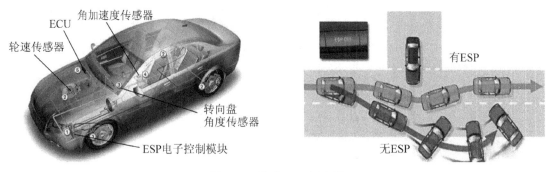

图 3.24　汽车 ESP 示意图

（5）胎压监测系统。汽车高速行驶时轮胎故障是驾驶人最难以预料的危险，轮胎故障造成了大量的交通事故。胎压监测系统能实时针对轮胎胎压过低、胎压过高、快速漏气、胎温过高等故障进行自动监测与报警，保持足够的胎压，预防爆胎事故的发生，增加驾驶汽车的安全性，减少因胎压不足所额外产生的油耗，并延长轮胎的使用寿命。胎压监测系统如图 3.25 所示。

图 3.25　胎压监测系统

（6）安全带。安全带作为主要的乘员约束保护装置，是目前最有效的被动安全装置，其单独使用可以减少 45% 左右的死亡率，图 3.26 所示为安全带测试。

驾驶人经历了长时间驾驶后都会处于疲惫、困乏的状态。疲劳驾驶容易导致驾驶人打瞌睡，十分危险。近日，国外推出了一种可以检测驾驶人是否犯困的智能安全带（图 3.27），这种智能安全带由纤维及毛线制成，它能够更敏感地通过侦测驾驶人的心跳和呼吸频率，来检测驾驶人是否处于疲惫状态。当智能安全带感应到驾驶人打瞌睡时，能立即发出警告来防止意外发生。

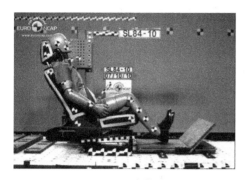 

图 3.26　安全带测试　　　　　　　　图 3.27　智能安全带

传统安全带系上以后会勒紧全身,让驾驶人和乘坐者能明显感到一种压迫感,这也是绝大多数驾驶人不愿意主动系安全带的原因之一。国内某公司发明了一种智能安全带,使用这种智能安全带,人体与织带接触的所有部位均无丝毫压迫感,给人带来松弛、自由、舒适的全新感受。当出现危险紧急减速或碰撞时,织带会有力、迅速收紧,给驾乘者最及时的安全保护;当碰撞发生后,紧勒在身上的织带在阻尼状态下会再自然释放出 25mm,以缓冲织带对身体的冲击,大大减轻因安全带瞬间强制锁紧,造成锁骨、肋骨断裂致内出血的致命伤害。

(7) 安全气囊。安全气囊的功能是当车辆发生碰撞事故时减轻乘员的伤害程度,避免乘员发生二次碰撞。如果发生碰撞,充气系统可在不到 1s/10 的时间内迅速充气,气囊在膨胀时将冲出转向盘或仪表板,从而使车内人员免受正向碰撞所产生作用力的冲击,大约在 1s 后,气囊就会收缩(气囊上有许多小孔),因此不会妨碍车内人员的行动。安全气囊由 3 部分组成:气囊、传感器和充气系统。安全气囊一般设置在车内前方(正副驾驶位),侧方(车内前排和后排)和车顶 3 个方向。图 3.28 所示为安全气囊测试。

智能安全气囊(图 3.29)就是在普通型的基础上增加传感器,以探测出座椅上的乘员是儿童还是成年人,他们系好的安全带以及所处的位置是怎样的高度,通过采集这些数据,由电子计算机软件分析和处理控制安全气囊的膨胀,使其发挥最佳作用,避免安全气囊出现无必要的膨胀,极大地提高其安全作用。

图 3.28　安全气囊测试　　　　　　　　图 3.29　智能安全气囊

(8) 安全座椅。安全座椅就是一种专为不同体重(或年龄段)的儿童设计,安装在汽车内,能有效提高儿童乘车安全的座椅。在汽车碰撞或突然减速的情况下,可以减少对儿童的冲压力和限制儿童的身体移动从而减轻对他们的伤害。儿童汽车安全座椅在欧洲普及率已经达到99%,而在中国仅不到1%。国家标准GB 27887—2011《机动车儿童乘员用约束系统》于2012年7月1日起已经实施,该标准规定了约束系统在车辆上的安装及固定要求、约束系统的结构以及对约束系统的性能要求和试验方法。

图3.30所示为儿童安全座椅碰撞测试,测试车速为48~50km/h。

图3.30 儿童安全座椅碰撞测试

在儿童安全座椅碰撞试验内容方面,德国汽车协会(ADAC)的碰撞测试采用的汽车行驶速度为70km/h,比欧洲ECER44/04测试标准(测试车速50km/h)更严苛。除了速度上的高要求外,ADAC碰撞测试内容还包括了强度碰撞、安全座椅的侧面防护系统及安全座椅的材质环保无毒等方面,其在儿童安全座椅的测试项目堪称是世界上最严格的,其测试结果也是最权威的。

(9) 吸能车体。为了在发生碰撞时更好地保护车内乘客的安全,轿车车身的前后均应设计吸能区,以便保证在发生碰撞时,轿车车身的变形能够按照预先设计的方向逐渐变形直至停车,从而尽量减小传递到乘客舱和乘客身体的冲击,减小乘客舱的变形,保障车内乘客安全。设计变形吸能区时,需要在车身上设计一些强度比较小的区域。在发生碰撞时这些区域会断裂或者发生折叠,而不会向乘客舱方向挤压。经过精确设计变形吸能区的轿车,可以准确预测在发生碰撞时车身的变形方向和程度。图3.31所示为一种吸能车体。

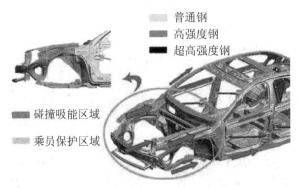

图3.31 吸能车体

(10) 汽车事故自动报警系统。汽车事故自动报警系统(图3.32)是在汽车后视镜内安装了一个与移动电话和撞车传感器相连的微型摄像机,与全球卫星自动定位系统相配合,一旦汽车失事,将自动向有关安全管理部门和医疗急救部门报警,提供汽车所在位置、事故严重程度、车载人员数、戴安全带人数和人员受伤的大致程度等信息,并保持联络,使事故人员得到及时救护。汽车事故自动报警系统将是今后汽车必备的安全系统。

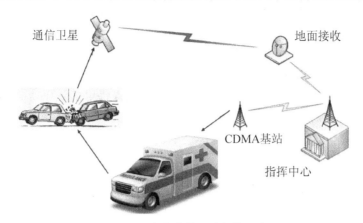

图 3.32 汽车事故自动报警系统

3.2 新能源汽车

新能源汽车是指采用非常规的车用燃料作为动力来源(或使用常规的车用燃料、采用新型车载动力装置),综合车辆的动力控制和驱动方面的先进技术,形成的技术原理先进、具有新技术、新结构的汽车。

新能源汽车包括的范围较广,各国分类也不相同,没有统一标准。新能源汽车主要包括纯电动汽车、混合动力电动汽车、燃料电池电动汽车、其他新能源汽车等。其他新能源汽车类型很多,也没有统一标准。生物燃料汽车、氢发动机汽车、太阳能汽车及使用超级电容器、飞轮等高效储能器的汽车都属于其他新能源汽车。有人把天然气汽车、液化石油气汽车、乙醇燃料汽车、甲醇燃料汽车等也划分为新能源汽车。

新能源汽车路线如图 3.33 所示,燃料电池电动汽车是新能源汽车的终极目标。

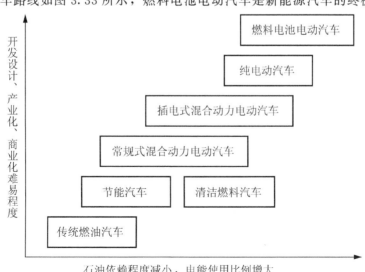

图 3.33 新能源汽车路线图

中国目前正在大力推广的新能源汽车主要是指纯电动汽车、混合动力电动汽车和燃料电池电动汽车。

3.2.1 纯电动汽车

纯电动汽车(Blade Electric Vehicles，BEV)是一种采用单一蓄电池作为储能动力源的汽车，它利用蓄电池作为储能动力源，通过电池向电机提供电能，驱动电动机运转，从而推动汽车行驶。

1. 纯电动汽车的结构原理

燃油汽车主要由发动机、底盘、车身和电气四大部分组成，纯电动汽车的结构与燃油汽车相比，主要增加了电动机驱动单元、控制单元、动力电池和充电接口，而取消了发动机，如图3.34所示。

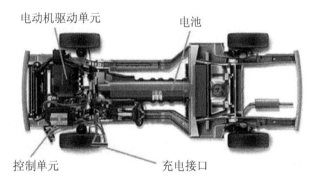

图3.34 纯电动汽车的结构

当汽车行驶时，由蓄电池输出电能(电流)通过控制单元驱动电动机运转，电动机输出的转矩经传动系统带动车轮前进或后退。电动汽车续驶里程与蓄电池容量有关，蓄电池容量受诸多因素限制。要提高一次充电续驶里程，必须尽可能地节省蓄电池的能量。

电动汽车用动力电池类型如图3.35所示，电动汽车用驱动电动机类型如图3.36所示。

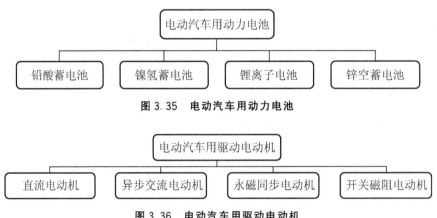

图3.35 电动汽车用动力电池

图3.36 电动汽车用驱动电动机

2. 纯电动汽车的特点

纯电动汽车与燃油汽车相比,其特点如图 3.37 所示。

图 3.37 纯电动汽车的特点

3. 电动汽车的关键技术

发展电动汽车必须解决好 3 个方面的关键技术,即动力电池系统、电动机驱动系统和电控系统,如图 3.38 所示。

图 3.38 电动汽车的关键技术

(1)动力电池系统。动力电池是电动汽车的动力源,也是一直制约电动汽车发展的关键因素。要使电动汽车能与燃油汽车相竞争,关键就是要开发出比能量高、比功率大、使用寿命长、成本低的高效电池。但目前还没有任何一种电池能达到纯电动汽车普及的要求。电池系统性能直接影响整车的加速性能、续驶里程及制动能量回收的效率等。电池的成本和循环寿命直接影响汽车的成本和可靠性,所有影响电池性能的参数必须得到优化。电动汽车的电池在使用中发热量很大,电池温度影响电池的电化学系统的运行、循环寿命和充电可接受性、功率和能量、安全性和可靠性等。所以,为了达到最佳的性能和寿命,需将电池包的温度控制在一定范围内,减小包内不均匀的温度分布以避免模块间的不平衡,以此避免电池性能下降,而且可以消除相关的潜在危险。

(2)电动机驱动系统。电动汽车的驱动电动机属于特种电动机,是电动汽车的关键部件。要使电动汽车有良好的使用性能,驱动电动机应具有较宽的调速范围及较高的转速,足够大的起动转矩,体积小、质量轻、效率高且有动态制动强和能量回馈的性能。电动汽车所用的电动机正在向大功率、高转速、高效率和小型化方向发展。随着电动机及驱动系统的发展,控制系统趋于智能化和数字化。变结构控制、模糊控制、神经网络、自适应控制、专家系统、遗传算法等非线性智能控制技术,都将各自或结合应用于电动汽车的电动机控制系统。它们的应用将使系统结构简单、响应迅速、抗干扰能力强，参数变化具有鲁棒性，可大大提高整个系统的综合性能。

（3）电控系统。电动汽车的电控系统是电动汽车的大脑，由各个子系统构成，每一个子系统一般由传感器、信号处理电路、电控单元、控制策略、执行机构、自诊断电路和指示灯组成。在不同类型的电动汽车上，电控系统存在一些区别，但总体来说一般都包括能量管理系统、再生制动控制系统、电动机驱动控制系统、电动助力转向控制系统及动力总成控制系统等。各个子系统功能不是简单的叠加，而是综合各子系统功能来控制电动汽车。

4. 纯电动汽车车型实例

特斯拉 Model S 是由美国 Tesla 汽车公司制造的全尺寸高性能电动轿车。它把电动汽车最前沿的技术进行了实际应用，集成多功能的大尺寸液晶显示屏，多样化的电池选择，支持太阳能充电，最大 502km 的续驶里程等。

特斯拉 Model S 车身尺寸为 4978mm×1964mm×1435mm，轴距为 2595mm，最小离地间隙为 152mm；整备质量为 2108kg；乘坐 5 人。

特斯拉 Model S 提供 3 种不同配置供消费者选择。特斯拉 Model S60 配置的电动机最大功率为 222kW，最大转矩为 440N·m，电池容量为 60kW·h，最高车速为 190km/h，最大续驶里程为 390km，0～100km/h 加速时间为 6.2s；特斯拉 Model S85 配置的电动机最大功率为 270kW，最大转矩为 440N·m，电池容量为 85kW·h，最高车速为 200km/h，最大续驶里程为 502km，0～100km/h 加速时间为 5.6s；特斯拉 Model SP85 配置的电动机最大功率为 310kW，最大转矩为 600N·m，电池容量为 85kW·h，最高车速为 200km/h，最大续驶里程为 502km，0～100km/h 加速时间为 4.4s。

充电方式上，特斯拉 Model S 可以选择传统插座充电和充电站充电两种方式。此外，特斯拉 Model S 还支持太阳能充电，对于容量为 85kW·h 的电池，仅需 1h 就可将电量充满。

特斯拉 Model S 纯电动汽车如图 3.39 所示。

图 3.39 特斯拉 Model S 纯电动汽车

特斯拉在北京建设的首个光伏超级充电站如图 3.40 所示。该光伏超级充电站由一个充电机带两个充电桩组成，采用电网电能和太阳能联合供电方式，并备有电池组储电。所谓超级，即高压大电流，可实现快速充电。交流输入电压为 380V，电流 192A；直流输出功率为 125kW，给电动汽车充电。以电力用尽的特斯拉 Model S85 为例，20min 充电

50%，40min 充电 80%，80min 充电 100%。

图 3.40　特斯拉光伏超级充电站

3.2.2　混合动力电动汽车

混合动力电动汽车（Hybrid Electric Vehicle，HEV）是指驱动系统由两个或多个能同时运转的单个驱动系联合组成的车辆，车辆的行驶功率依据实际的车辆行驶状态由单个驱动系统单独或共同提供。混合动力电动汽车一般又分为常规混合电动动力汽车和插电式混合动力电动汽车。

1. 混合动力电动汽车的结构原理

混合动力电动汽车是在传统燃油车的基础上增加电动机、蓄电池、电控而成，电动机与发动机共同驱动车轮。电机驱动车轮的时候充当电动机，不驱动车轮给蓄电池充电的时候充当发电机，其结构如图 3.41 示。

图 3.41　混合动力电动汽车的结构

2. 混合动力电动汽车的特点

混合动力电动汽车是将发动机、电动机、能量存储装置（蓄电池）等组合在一起，它们之间的良好匹配和优化控制，可充分发挥内燃机汽车和电动汽车的优点，避免各自的不足，是当今最具实际开发意义的低排放和低油耗汽车，其特点如图 3.42 所示。

车辆工程专业导论

图 3.42　混合动力电动汽车的特点

3. 混合动力电动汽车的关键技术

混合动力电动汽车以先进控制技术为纽带，是传统燃油汽车与纯电动汽车的一种过渡性车型，其关键技术涵盖机电工程、电力电子、电化学、控制工程、汽车电子和车辆工程等多学科。混合动力电动汽车的关键技术除动力电池系统、电驱系统和电控系统外，还包括如何把发动机、电动机和变速器集成一个动力总成系统，以及燃油驱动模式和电驱动模式的自动切换控制等，如图 3.43 所示。

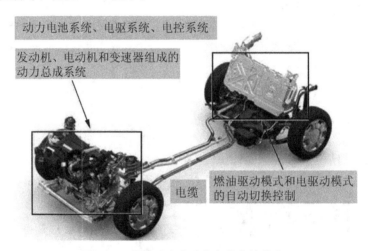

图 3.43　混合动力电动汽车的关键技术

4. 混合动力电动汽车车型实例

丰田普锐斯是世界上首款量产的混合动力电动汽车，自 1997 年正式投放市场以来，截至 2014 年 6 月，丰田普锐斯混合动力电动汽车在全球范围内的销量已经突破 700 万辆，目前已推出 3 代普锐斯混合动力电动汽车，第 4 代正在开发之中。普瑞斯有两种形式，一种属于常规混合动力电动汽车，另一种属于插电式混合动力电动汽车，如图 3.44 所示。

第 1 代、第 2 代和第 3 代普锐斯混合动力电动汽车的发动机和电动机参数变化如图 3.45 所示。

3.2.3　燃料电池电动汽车

采用燃料电池作电源的电动汽车称为燃料电池电动汽车(Fuel Cell Electric Vehicle，FCEV)。燃料电池电动汽车一般以质子交换膜燃料电池作为车载能量源。

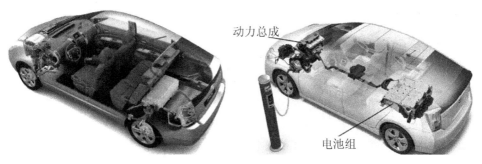

图 3.44　普锐斯混合动力电动汽车

图 3.45　普锐斯混合动力电动汽车的发动机和电动机参数变化

1. 燃料电池电动汽车的结构原理

燃料电池电动汽车是利用氢气和空气中的氧在催化剂的作用下，在燃料电池中经电化学反应产生的电能，并作为主要动力源驱动的汽车。燃料电池电动汽车实质上是纯电动汽车的一种，主要区别在于动力电池的工作原理不同。一般来说，燃料电池是通过电化学反应将化学能转化为电能，电化学反应所需的还原剂一般采用氢气，氧化剂则采用氧气，因此最早开发的燃料电池电动汽车多是直接采用氢燃料，氢气的储存可采用液化氢、压缩氢气或金属氢化物储氢等形式。燃料电池电动汽车的结构如图 3.46 所示。

2. 燃料电池电动汽车的特点

燃料电池电动汽车与传统汽车和纯电动汽车相比，其特点如图 3.47 所示。

燃料电池的工作过程是化学能转化为电能的过程，不受卡诺循环的限制，能量转换效率较高，可以达到 30% 以上，而汽油机和柴油机汽车整车效率分别为 16%～18% 和 22%～24%；采用燃料电池系统作为能量源，克服了纯电动汽车续驶里程短的缺点，其长途行驶能力及动力性已经接近传统汽车；燃料电池没有燃烧过程，以纯氢作燃料，生成物只有水，属于零排放。采用其他富氢有机化合物用车载重整器制氢作为燃料电池的燃料，生产物除水之外还可能有少量的 CO_2，接近零排放；可以从水中制取氢，来源广泛。

燃料氢需要高压、低温和防护的特种储存罐，导致体积庞大，辅助设备复杂；氢气制

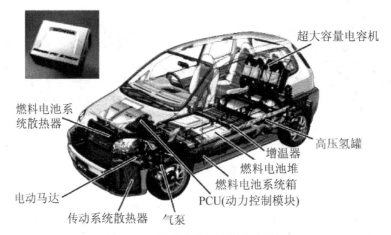

图 3.46　燃料电池电动汽车的结构

图 3.47　燃料电池电动汽车的特点

取、存储和运输困难；汽车行驶受到振动或者冲击时，各种管道的连接和密封的可靠性需要进一步的提高，以防止泄漏，降低效率，严重时引发安全事故；燃料电池电动汽车的制造成本和使用成本过高，限制了推广应用。

3. 燃料电池电动汽车的关键技术

燃料电池电动汽车的关键技术如图 3.48 所示。

图 3.48　燃料电池电动汽车的关键技术

(1) 燃料电池系统。燃料电池是燃料电池汽车发展的最关键技术。车用燃料电池系统核心是燃料电池堆。燃料电池堆技术发展趋势可用耐久性、低温启动温度、净输出比功率及制造成本 4 个要素来评判。燃料电池堆研究正在向高性能、高效率和更高耐久性方向努力。

降低成本也是燃料电池堆研究的目标，控制成本的有效手段是减少材料（电催化剂、电解质膜、双极板等）的费用，降低（膜电极制作、双极板加工和系统装配等）加工费。但是如何在材料价格与系统性能之间做一个平衡，依然需要继续研究。以电催化剂为例，非铂催化剂体系虽然在降低成本上有潜力，但是其性能却远远无法达到车用燃料电池系统的要求。人们一直努力降低铂的使用量，但即使是膜电极中有高负载量（如 Pt 担载量为 $1mg/cm^2$），其性能也不能满足车用功率的需求。如何更有效地利用电催化剂的活性组分，使活性组分长期保持高活性状态，延长催化剂使用寿命是催化剂研究应该考虑的重点。

另外，作为车用燃料电池系统还需要攻克许多工程技术壁垒，包括系统启动与关闭时间、系统能量管理与变换操作、电堆水热管理模式及低成本高性能辅助设施（包括空气压缩机、传感器和控制系统）等。

(2) 车载储氢系统。储氢技术是氢能利用走向规模化应用的关键。目前，常见的车载储氢系统有高压储氢、低温储存液氢和金属氢化物储氢 3 种基本方案。对于车载储氢系统，美国能源部提出在续驶里程与标准汽油车相当的燃料电池汽车车载储氢目标是质量储氢密度为 6%、体积储氢密度为 $60kg/m^3$。纵观现有储氢方案，除了低温储存液氢技术，其他技术都不能完全达到以上指标。而低温储存氢气的成本与能耗很大，作为车载储氢并不是最佳选择。

如何有效减小储氢系统的质量与体积，是车载储氢技术开发的重点。一个比较理想的方案是，采用储氢材料与高压储氢复合的车载储氢新模式，即在高压储氢容器中装填质量较轻的储氢材料，这种装置与纯高压储氢方式（大于 40MPa）相比，既可以降低储氢压力（约 10MPa）又可以提高储氢能力。复合式储氢模式的技术难点是如何开发吸、放氢性能好，成型加工性良好，质量轻的储氢材料。

(3) 整车热管理系统。燃料电池电动汽车整车热管理有两方面特性需要关注。燃料电池发动机自身的运行温度为 60～70℃，实际的散热系统工作温度大致可以控制在 60℃，这样一来与整车运行的环境温度相比，温差不大，造成燃料电池电动汽车无法像传统汽车一样依赖环境温差散热，转而必须依赖整车动力系统提供额外的冷却动力为系统散热，这样从动力系统效率角度出发是不经济的，二者之间的平衡将是在热管理开发方面必须关注的。

目前整车各零部件的体积留给整车布置回旋的余地很小，造成散热系统设计的改良空间不大，无法采用通用的解决方案应对，必须开发专用的零部件（如特殊构造或布置的冷凝器、高功率的冷却风扇等），这样就要求丰富的整车散热系统的基础数据以支持相关开发设计，而这点正好是目前国内整车企业欠缺的。

另外，与整车散热系统密切相关的车用空调系统开发也是整车企业必须关注的。由于没有传统的汽油发动机，传统空调的压缩机动力源发生了颠覆性变化，改用纯电动压缩机作为空调系统的动力源。这样在做整车散热系统需求分析时，空调系统性能需求作为整车散热系统的"负载"因素也成为散热系统开发的技术难点。

4. 燃料电池电动汽车车型实例

在 2014 年北京国际汽车展上，上海汽车集团股份有限公司推出了荣威 950 插电式燃料电池电动汽车。该车搭载有动力蓄电池和氢燃料电池双动力源系统。新车行驶以氢燃料电池为主,动力蓄电池为辅,基于车载的 On-board 蓄电池充电器,新车可通过市网电力系统为动力蓄电池充电。氢燃料电池方面,新车搭载有两个 700bar(1 bar = 10^5 Pa)氢气瓶,其氢气储量可达 4.34kg,最大续驶里程为 400km。此外,通过优化车辆起动系统,即便是在零下 20℃ 的环境中,新车依旧可以正常起动与行驶。荣威 950 燃料电池电动汽车如图 3.49 所示。

图 3.49　荣威 950 燃料电池电动汽车

3.3　汽车轻量化技术

汽车轻量化是一个完整的概念,是指汽车在保持原有的行驶安全性、耐撞性、抗振性及舒适性等性能不降低,并且汽车本身造价合理的前提下,有目标地减轻汽车自身的质量。汽车轻量化是设计、材料和先进的加工制造技术的优势集成。汽车轻量化实际上是汽车性能提高、质量降低、结构优化、价格合理四方面相结合的一个系统工程。

有试验表明,汽车质量每减轻 10%,油耗下降 6%~8%,排放量下降 4%。同时汽车轻量化直接提高汽车的比功率,使汽车的动力性能提高。因此,汽车轻量化技术是有效降低油耗、减少排放和提升安全性的重要技术措施之一,汽车的轻量化已经成为世界汽车发展的潮流。

目前,汽车轻量化主要包括材料轻量化、设计轻量化、结构轻量化相结合的方式,如图 3.50 所示。

3.3.1　汽车材料轻量化

汽车轻量化材料分为金属材料和非金属材料。轻量化金属材料主要有高强度钢、铝合金、镁合金、钛合金等;非金属材料包括高分子材料、陶瓷材料、复合材料等。

1. 铝合金

铝合金是以铝为基加入其他元素组成的合金。铝合金密度为 2.7g/cm³,约是钢密度的 1/3。铝合金在成本、制造技术、机械性能、可持续发展(地壳中金属元素铝含量最多,占 8.1%)等方面综合性能好,是现在及将来汽车工业中的首选轻金属材料。

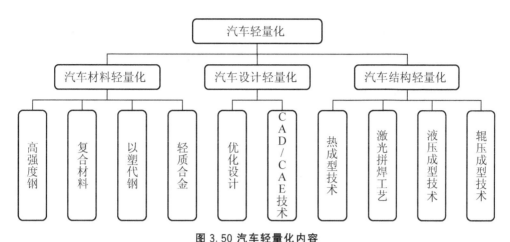

图 3.50 汽车轻量化内容

随着铝合金技术的发展及汽车节能减排的需要,铝合金在汽车上的应用将快速增加。图 3.51 所示为铝合金在汽车上的应用实例。

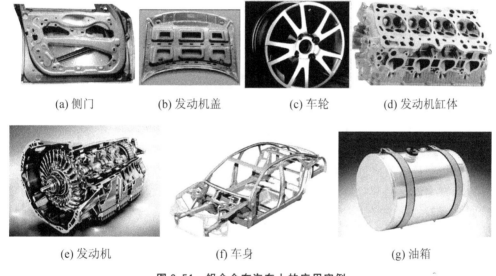

图 3.51 铝合金在汽车上的应用实例

2. 镁合金

镁合金是以镁为基加入其他元素组成的合金。其特点是密度小,约为铝合金的 2/3,比强度高,弹性模量大,消振性好,承受冲击载荷能力比铝合金大,耐有机物和碱的腐蚀性能好。

镁合金大部分以压铸件的形式在汽车上应用,镁压铸件的生产效率比铝高 30%～50%。新开发的无孔压铸法可生产出没有气孔且可热处理的镁压铸件。镁铸件在汽车上使用最早的实例是车轮轮辋。在汽车上试用或应用镁合金的实例还有离合器壳体、离合器踏板、制动踏板固定支架、仪表板骨架、座椅、转向柱部件、转向盘轮芯、变速器壳体、发动机缸体和气缸盖等。

图 3.52 所示为镁合金在汽车上的应用实例。

(a) 轮毂　　　　　(b) 转向盘轮芯　　　　(c) 变速器壳体

图 3.52　镁合金在汽车上的应用实例

表 3-6 是部分汽车零部件采用镁合金材料后的轻量化效果。

表 3-6　部分汽车零部件采用镁合金材料后的轻量化效果

汽车零部件	原用材料	原质量/kg	镁合金质量/kg	减重效果/(%)
发动机缸体	铝合金	22	19	14
变速器壳体	铝合金	21.5	15	30
油底壳	铝合金	3	2	33
轮毂	铝合金	23	18	22
框架	铝合金	14.4	7.3	50
转向盘	钢	4	0.9	78
脚踏板	钢	5	1.1	72
阀体零件	铝合金	2.5	0.7	72

镁合金以其显著的减重效果、良好的铸造和尺寸稳定性、优良的抗振性及可回收再生等特性，已成为汽车制造业最具潜力的结构材料。特别是大力提倡发展低碳经济的今天，镁合金是汽车轻量化中取代钢铁及部分铝合金的首选材料，各国也把单车镁合金用量作为汽车先进性的标志之一。

3. 钛合金

钛合金是以钛为基础加入其他元素组成的合金。钛的密度为 $4.5g/cm^3$，具有比强度高、高温强度高和耐腐蚀等优点。由于钛的价格昂贵，至今只在赛车和个别豪华车上少量应用。尽管如此，对钛合金在汽车上应用的试验研究工作却不少。例如，用 $\alpha+\beta$ 系钛合金制造的发动机连杆，强度相当于 45 钢调质的水平，而质量可以降低 30%；β 系钛合金经强冷加工和时效处理，强度可达 2000MPa，可用来制造悬架弹簧、气门弹簧和气门等，与拉伸强度为 2100MPa 的高强度钢相比，钛弹簧可降重 20%。

图 3.53 是钛合金在汽车上的应用实例。

4. 碳纤维

碳纤维是一种纤维状复合材料，含碳量超过 90%，具有碳材料的固有本征特性，又兼备纺织纤维的柔软可加工性，是新一代增强纤维。它的强度比钢大，密度比铝小，具有极好的电学、热学和力学性能。碳纤维和碳纤维增强复合材料作为 21 世纪的新材料，具有

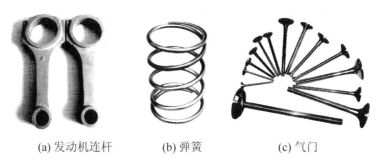

(a) 发动机连杆　　　　(b) 弹簧　　　　(c) 气门

图 3.53　钛合金在汽车上的应用实例

强度高、质量轻、耐腐蚀等优势，多年前便应用于赛车领域，目前已开始逐步应用到民用汽车领域。特别是在新能源汽车上，有着广泛的应用前景。

由于碳纤维增强复合材料有足够的强度和刚度，是制造汽车车身和底盘等主要结构件的最轻材料。预计碳纤维复合材料的应用可使汽车车身、底盘减轻质量40%～60%，相当于钢结构质量的1/6～1/3。未来兰博基尼几乎所有的新车型车身都将使用碳纤维材料，大幅降低车身质量。

图 3.54 所示为碳纤维在汽车上的应用实例。

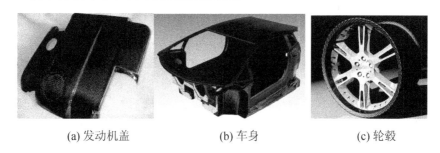

(a) 发动机盖　　　　(b) 车身　　　　(c) 轮毂

图 3.54　碳纤维在汽车上的应用实例

2014 年 FSAE 中国大学生方程式汽车大赛中，哈尔滨工业大学制造的赛车，车身和轮辋全部采用碳纤维，如图 3.55 所示。

图 3.55　碳纤维制造的 F1 赛车

表 3-7 是汽车零部件采用碳纤维增强复合材料轻量化的例子。

虽然对于汽车来说，碳纤维复合材料具有更高的安全性、轻量化等众多优点，但是现阶段它还仅限于高档轿车的应用，这主要是因为碳纤维的价格较高。据分析，当碳纤维价格降至每千克 16.5 美元以下时，碳纤维与钢材相比就有竞争性了。而降低碳纤维价格的

表3-7 汽车零部件采用碳纤维增强复合材料轻量化

零件名称	钢/kg	碳纤维增强复合材料/kg	质量减轻/kg
车身	209	94	115
车架	128	94	34
前端	44	13	31
发动机罩	22	8	14
罩盖	19	6	13
保险杠	56	20	36
车轮	42	23	19
车门	71	28	43
其他	31	16	15
合计	622	302	320

途径之一就是应用大丝束碳纤维。因为大丝束碳纤维制备属于低成本生产技术，售价只有小丝束碳纤维的50%～60%。

3.3.2 汽车设计轻量化

汽车设计轻量化也就是结构优化设计，即通过采用先进的优化设计方法和技术手段，在满足结构强度、刚度、模态、碰撞安全性、疲劳寿命、NVH（振动噪声）、生产成本等诸多方面的性能要求，以及相关的法律、法规、标准的前提下，通过优化结构参数，提高材料的利用率，去除零部件冗余部分，同时又使部件薄壁化、中空化、小型化、复合化以减轻质量，实现轻量化。

汽车结构的轻量化设计与优化主要包括以下几方面。

（1）通过CAD来优化设计汽车结构，减少结构质量和材料厚度，使部件薄壁化、中空化、小型化及复合化达到轻量化目的，采用CAE技术计算汽车强度和刚度，确保减重整车的性能。

（2）开发设计车体和部件更趋合理化的中空型结构。主要途径就是在结构上采用"以空代实"，即对于承受以弯曲或扭转载荷为主的构件，采用空心结构取代实心结构，同时优化结构布局，使之更加紧凑，这样既可以减轻质量，节约材料，又可以充分利用材料的强度和刚度。

（3）在轻量化与材料特性、工艺性、生产批量、成本及其他制约因素中找到一个最佳的结合点，实现多材料组合的轻量化结构，强调合适的材料用于合适的部位，借以CAD/CAE计算机辅助技术，使结构轻量化设计与优化融入开发前期，缩短开发周期，降低成本，确保了汽车轻量化的效率和质量。

图3.56所示为是某汽车结构件采用以塑代钢和轻量化优化技术，可实现单车累计减重60kg以上。

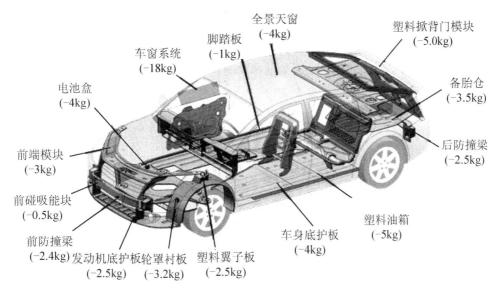

图 3.56 汽车设计轻量化实例

3.3.3 汽车结构轻量化

对于材料一定,减重的主要方法是设计和制造出合理的轻体结构。

先进成型制造技术包括热冲压成型、液压成型、激光拼焊成型等,成型材料包括高强度钢板、铝合金、碳纤维等。

热冲压成型技术广泛应用于国外汽车上的各类强度高达 1500MPa 的汽车前后保险杠、保安件和碰撞件的加强件,为汽车轻量化和提高安全性做出了突出贡献。

液压成形技术主要用来加工管件,使之成形为具有异型截面的构件,用来代替实心构件,在不提高材料成本的前提下,既可减轻质量又可充分利用材料的强度和刚度。目前应用液压成形技术的汽车零部件主要有发动机系统零件,如进气支管、排气支管、发动机托架、涡轮增压系统元件等;悬吊系统零件,如发动机支承架、传动轴元件等;车身结构件,如底盘、车顶支架、侧门横梁等;其他类,如座椅框架及散热器支架等。图 3.57 所示为液压成形的典型汽车零部件。

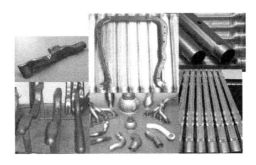

图 3.57 液压成形的典型汽车零部件

激光拼焊成形是将不同厚度或不同材质及不同表面状态的板材剪裁成一定的尺寸和形状,用激光拼焊成一块整体板,在冲压制造后,与其他零件一起装配汽车。据统计,在汽车制造中采用激光拼焊板材后,可使零件质量相对减轻24%,零件数量减少19%,焊点下降49%,生产效率提高21%。图3.58是激光拼焊成形的前围板,它是由上部分0.8mm厚270MPa钢板与下部分1.2mm厚590MPa高强度钢板激光拼焊而成,不仅能降低制造成本和减轻汽车质量,还能抑制发动机舱部件向乘员舱侵入,减轻A柱形变的压力使得在关键时刻最大限度地保护乘客的生命安全。

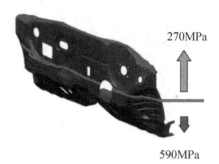

图3.58 激光拼焊成形的前围板

辊压成型工艺主要是靠材料的塑性移动滚压加工成各种形状复杂的轴杆、阀门芯和特殊紧固件等产品,如汽车保险杠本体、防撞杆、门槛件、座椅轨等。

另外,还有半固态成形、高真空压铸、等温挤压、等温锻造等,每种成型制造技术都通过计算机仿真设计极大地改善轻合金的精确高效成形性能,可实现高精度、高效率的精确成形制造,获得预期的材料组织性能与成形质量。为此,设置有材料成型与控制工程专业。

3.3.4 汽车轻量化的技术路径

汽车轻量化技术的实施首先是设定工程目标:汽车的最小质量,汽车的轴荷分布及动态和静态刚度,声学特性和舒适性,被动安全性和满足法规目标,使用寿命等。基于这些目标,在实施轻量化工程中,具体采用以下措施。

(1) 对部件的优化设计主要包括最优的承载路径、均匀化的结构和优化的几何形状。

(2) 在制造工艺方面主要是采用激光拼焊板、深拉延件和液压成形、轻量化的铸件,先进的点焊和激光拼焊等连接技术,以及铝合金板材的自铆技术和翻边连接技术,热成形与液压成形技术及滚压成形技术;解决高强度零件的成形,减少零件数量,减少结构的焊点,提高零件的性能。

(3) 在材料技术方面,采用高强度钢和先进高强度钢、铝合金与镁合金、不同材料的复合应用技术、纤维增强复合材料的应用等,最终达到开发时间最短、成本最低和白车身性价比最佳化的目标。

在轻量化工程实施时,运用计算机优化设计是有效手段,可实现几何形状、加载路径的优化预测成形性和疲劳寿命,从而减少试制时间和缩减实验次数;并可对被动安全性、撞击时的载荷路径和变形进行模拟,从而可以优化选材和制造工艺以及使用先进的成形技术。

3.4 汽车智能化技术

汽车技术的发展趋势已经越来越趋向于智能化，智能化技术能提高汽车动力性、安全性和驾驶方便性等。

3.4.1 汽车车载智能化技术

围绕汽车安全和驾驶方便，不断推出各种汽车车载智能化系统，如图3.59所示。

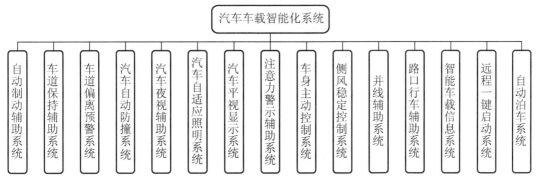

图3.59 汽车车载智能化系统

1. 自动制动辅助系统

自动制动辅助系统(Automatic Braking Assistance，AEB)目前市面上有两种，一种是汽车停止后，电脑会发出指令自动拉起驻车制动，防止溜车；另一种是防撞自动制动，即汽车以一定车速行驶时，如果雷达侦测到前方突然出现障碍物，车载电脑会对汽车进行制动。

自动制动辅助系统在不同厂商中名称会有所不同，目前常见的有沃尔沃的城市安全(City Safety)自动制动系统，以及奔驰的Brake Assist PLUS制动辅助系统。安装了自动制动辅助系统的汽车在监测到将要发生碰撞时，不仅仅是简单的通过声音、视频警示驾驶人，而是强制自动制动来避免碰撞。自动制动辅助系统一般安装在较高档的车型上面，该配置能够将事故发生率降低27%。

沃尔沃的城市安全自动制动系统是利用风窗玻璃顶部的传感器来探测与前方障碍物的距离，如果汽车发现与前方障碍物距离快速缩短，而此时驾驶人并没有及时采取减速措施，为了主动预防事故，汽车自己会进行干预制动。在车速低于30km/h时，它可以使用全部的制动力，而当车速高于30km/h时，为了保证不被后面车辆追尾，它最多只会用50%的制动力来主动减速。沃尔沃的城市安全自动制动系统如图3.60所示。

奔驰的Brake Assist PLUS制动辅助系统(图3.61)是通过安置于前保险杠扫描幅度达80°的30m短程雷达和150m长程雷达，预先察觉前方可能的撞击意外时，系统将以40%的制动力预先进行制动作动，以避免撞击的发生概率。

欧盟规定，自2014年起，所有欧盟市场销售的新车都要配备自动制动辅助系统。没有配备该系统的汽车都不能获得E-NCAP(欧洲新车安全评鉴协会)五星级的安全认证。

图 3.60 沃尔沃的城市安全自动制动系统

图 3.61 奔驰的 Brake Assist PLUS 制动辅助系统

2. 车道保持辅助系统

车道保持辅助系统是对汽车行驶时借助摄像头识别车道标线将汽车保持在车道上的系统。奥迪车道保持辅助系统如图 3.62 所示,当车速超过 60km/h 时,奥迪车道保持辅助系统利用安装在车内后视镜前的摄像头检测车道标记,摄像头可覆盖汽车前方超过 50m 的距离及约 40°视场的道路范围,每秒提供 25 幅高清晰图像。车载软件负责从这些图像中监测出车道标记及在两条车道标记中的车道。如果在没有打转向灯的情况下汽车偏向某一侧车道标记,该系统将通过对电子机械式转向系统进行微小而有效的干预帮助汽车驶回"正道"。驾驶人可以确定这个干预行为的反应速度,以及是否要结合转向盘振动进行警示。如果驾驶人选择早期干预,系统可保持汽车一直在车道的中央行驶。

图 3.62 奥迪车道保持辅助系统

3. 车道偏离预警系统

车道偏离预警系统是指一种通过报警的方式辅助驾驶人避免或者减少车道偏离事故的系统，分为纵向和横向车道偏离警告两个主要功能，如图 3.63 所示。纵向车道偏离警告系统主要用于预防那种由于车速太快或方向失控引起的车道偏离碰撞，横向车道偏离警告系统主要用于预防由于驾驶人注意力不集中以及驾驶人放弃转向操作而引起的车道偏离碰撞。

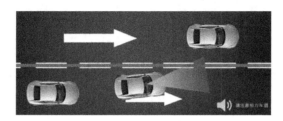

图 3.63　车道偏离预警系统

4. 汽车自动防撞系统

汽车自动防撞系统是防止汽车发生碰撞的一种智能装置，它能够自动发现可能与汽车发生碰撞的车辆、行人或其他障碍物体，发出警报或同时采取制动或规避等措施，以避免碰撞的发生。汽车自动防撞系统包括雷达、立体摄像机、近距离红外线发射器等装置，可以感知前方车辆、行人或其他障碍物体。图 3.64 所示为某汽车自动防撞系统示意图。

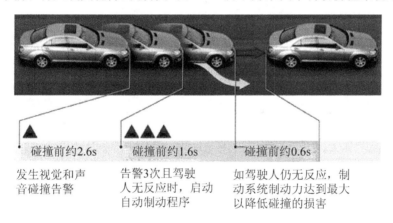

图 3.64　汽车自动防撞系统

5. 汽车夜视辅助系统

有调查显示，60%的交通事故都发生在夜间及天气不好的情况下，主要是因为驾车的视线比较差，汽车速度比较高引起的。尤其是夜间在没有路灯的道路上行驶，受汽车前照灯照射距离的限制，夜间行车会有安全隐患。

汽车夜视辅助系统主要使用的是热成像技术，也被称为红外线成像技术，其原理是任何物体都会散发热量，不同温度的物体散发的热量不同。人类、动物和行驶的车辆与周围环境相比散发的热量要多。夜视系统就能收集这些信息，然后转变成可视的图像，把本来在夜间看不清的物体清楚的呈现在眼前，增加夜间行车的安全性。奥迪汽车夜视辅助系统如图 3.65 所示。

图 3.65　奥迪汽车夜视辅助系统

汽车夜视辅助系统是全天候的电子眼，在雨雪、浓雾天气公路上的物体及路旁的一切也都能尽收眼底，大大提高汽车行驶的安全性。

6. 汽车自适应照明系统

汽车自适应照明系统（Adaptive Front Lighting System，AFS）是指一种照明装置，提供具有不同特征的光束，能自动适应近光和远光（若使用）在不同使用条件下的需要，扩大有效照明范围，如图 3.66 所示。

图 3.66　汽车自适应照明系统

汽车自适应照明系统有助于缓解夜间行车疲劳并提高夜间行驶安全性，尤其在不熟悉的连续弯路当中行驶时。

7. 汽车平视显示系统

汽车平视显示系统就是可以将车辆行驶速度、导航等各种信息以投影方式显示在风窗玻璃上或约 2m 远的前方、发动机罩尖端的上方，阅读起来非常舒适，同时还可以显示来自各个驾驶辅助系统的警告信息，如车道偏离警告、来自带行人识别功能的夜视系统的行人避让警告等。宝马汽车平视显示系统如图 3.67 所示。

汽车平视显示系统对于行驶安全具有很好的辅助作用。

8. 注意力警示辅助系统

驾驶人注意力警示辅助系统是在车速达到某一区间（如 80～180km/h）时被自动激活，并持续监测、自动判断驾驶人是否处于疲劳或者走神的状态，系统一旦判定驾驶人的状态

图 3.67 宝马汽车平视显示系统

让行车安全降低,即会发出声频警示信号,并在仪表板显示屏上闪现"请休息片刻"的提示信息,图 3.68 所示为奔驰公司开发的驾驶人注意力警示辅助系统,咖啡杯的出现说明驾驶人需要休息了。

图 3.68 驾驶人注意力警示辅助系统

9. 车身主动控制系统

车身主动控制系统是通过位于风窗玻璃上的立体摄像机,探测到汽车前方凹凸不平的路面,然后通过调整减振器的阻尼来保持车身平衡,让车子如履平路,如图 3.69 所示。

10. 侧风稳定控制辅助系统

侧风稳定控制辅助系统可以通过汽车稳定行驶系统传感器,在汽车迎风侧车轮上进行制动干预,以抵消强风的影响,降低汽车偏离车道的可能性,提高强风行驶安全,如图 3.70 所示。

11. 并线辅助系统

并线辅助系统也称盲区监测,它能够通过安装的电子控制系统,在左右两个后视镜内或者其他地方提醒驾驶人后方安全范围内有无障碍物或来车,从而消除视线盲区,提高行车安全。

目前有代表性的并线辅助系统有以下 3 类。

(1) 奔驰汽车并线辅助系统。该系统是通过汽车两侧安装的传感器探知两侧后方是否有车辆,并将信息通过电脑系统控制,在左右两个后视镜内或者其他地方提醒驾驶人后方的来车。在奔驰 E 级车上,当两边后方有来车时,如果不打转向灯会以黄色警示提醒,如

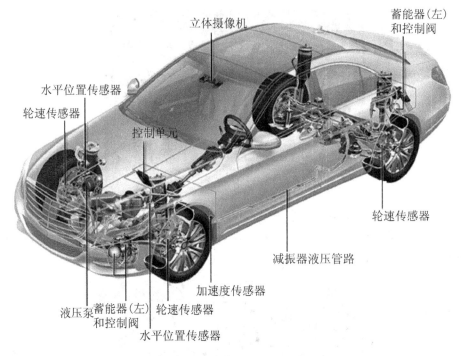

图 3.69 车身主动控制系统

图 3.70 汽车侧风稳定性控制辅助系统

果打转向灯则会以红色闪烁提醒驾驶人后方有来车,这时并线会发生危险,如图 3.71 所示。

(2) 沃尔沃汽车的并线辅助系统也称为盲点信息监测系统。位于外后视镜根部的摄像头会对距离 3m 宽、9.5m 长的一个扇形盲区进行 25 帧/秒的图像监控,如果有速度大于 10km/h 且与车辆本身速度差在 20~70km/h 的移动物体(车辆或者行人)进入该盲区,系统对比每帧图像,当系统认为目标进一步接近时,A 柱上的警示灯就会亮起,防止出现事故。沃尔沃汽车盲点信息监测系统在左右两个反光镜下面内置有两个摄像头,将后方的盲区影响反馈到行车电脑的显示屏幕上,并在后视镜的支柱上有并线提醒灯提醒驾驶人注意以此消除盲区,如图 3.72 所示。

(3) 奥迪汽车的并线辅助系统也叫侧向辅助系统。这套系统会在车速超过 60km/h 时介入,依靠传感器的帮助,可以探测到侧后方最远 50m 处的车辆,若此时并线有潜在危险,后视镜上就会亮起警示灯。如果驾驶人在警示灯亮了之后仍打转向灯,警示灯会增加

图 3.71　奔驰汽车并线辅助系统

图 3.72　沃尔沃汽车盲点信息监测系统

亮度并开始闪烁。侧向辅助系统和奔驰的系统类似，都是在反光镜里面内置了一个小灯，以提醒驾驶人，但探测范围更大，如图 3.73 所示。

12. 路口行车辅助系统

路口行车辅助系统旨在防止意外发生，或至少减轻事故的后果。路口辅助系统利用两个雷达传感器和一个广角摄像头扫描汽车正面和两侧区域。其中，雷达传感器数据发挥主要作用，摄像头提供参考数据。如果传感器探测到有汽车从侧面驶来，系统会以不同等级向驾驶人发出警告和通知。路口行车辅助系统原理如图 3.74 所示。

13. 智能车载信息系统

如今的汽车不仅拥有出色的动力性、乘坐舒适性，同时还为乘客提供各种各样的多媒体娱乐服务及信息交互功能。智能车载信息系统是指除了 GPS、车载电话等基本功能之外具备上网、实时资讯检索、资讯娱乐内容个性定制、SNS 车友社群和车载移动通信等多种功能的系统。为数众多的车载智能系统各具特色，并可以按照不同标准进行区分，例如按照汽车市场所在地域可以划分为美式、欧式、日式等。由于存在地域性差异，各大品牌的车载智能信息系统在功能上也各有所长。例如，在高速公路四通八达、地广人稀，汽车在野外发生事故时急需帮助的北美地区，以通用 Onstar 为代表的车载智能系统多以车辆安

图 3.73 奥迪汽车侧向辅助系统

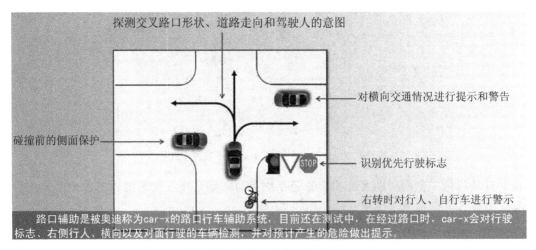

图 3.74 路口行车辅助系统原理

全、诊断为主导;而在城市人口密集、紧急救援需求旺盛的日本地区,以丰田 G-book 为代表的车载智能系统则以导航、救援为主导。

最近,美国媒体评选出了市面上十大优秀车载信息系统,分别是:克莱斯勒 Uconnect、宝马 i Drive、奔驰 COMAND、奥迪 MMI、雪佛兰 My Link、英菲尼迪 In Touch、马自达 Connect、起亚 UVO、凯迪拉克 CUE、福特 My Foed。

克莱斯勒 Uconnect 智能车载信息系统界面简洁明快,信息列表井然有序,触摸屏响应迅速。该系统除了传统的智能导航、广播、紧急救援、娱乐功能之外,还增加了一些特别的功能,如用户可以用蓝牙连接,实现手机、平板电脑和车载系统的互动,也可以透过指尖的触碰,在触摸屏上调节包括座椅加热、转向盘加热在内的多项车控功能,还可以将车作为 WiFi 热点,无线上网。Uconnect 系统还有一个最特别的功能,即无线充电。另外,通过在手机上下载克莱斯勒的官方应用程序并成功适配相应车辆后,用户可以直接通过手机远程获取车况报告、远程锁闭或打开车门、启动汽车或闪灯。克莱斯勒 Uconnect

智能车载信息系统界面如图 3.75 所示。

图 3.75 克莱斯勒 Uconnect 智能车载信息系统界面

通用的安吉星是通用汽车研发的一套汽车安全信息服务系统，中国是北美之外首个导入安吉星系统的市场，安吉星主要为车主提供碰撞自动求助、紧急救援、安全保障、导航、车况检测和全音控免提电话及最新推出的手机应用等几个大项的功能。

14. 远程一键启动系统

远程一键启动系统是一项无钥匙控制汽车点火系统启闭的智能技术，如图 3.76 所示。它不仅具有实用性，同时，体现在汽车的高端技术领域，是一种对生活品质的追求。这一系统除了能实现自动启动和自动熄火的功能，还与车载电脑相互融合，实现了起动前和熄火后一系列自动巡检和自动启闭功能。如在汽车空调器开启的状态下，自动点火后的汽车会自动打开空调，实现车内环境的预冷和预热。如果用户熄火离车时，门窗都未关闭，远程一键启动系统会首先启动电脑检索，自动地关窗闭门，再自动落锁，巧妙地实现了实用性和安全性的融合。如果用户有微启车窗的个人习惯，一键启动后的电脑，也会启动对全车状态的记忆，自动地将车窗降至用户泊车时习惯微启的位置，非常人性化。

图 3.76 汽车远程一键启动系统

15. 自动泊车系统

在倒车雷达几乎成为汽车标配之后，自动泊车系统渐渐成为另一项风行的汽车技术。自动泊车系统就是不用人工干预，自动停车入位的系统，它包括环境数据采集系统、中央处理器和车辆策略控制系统。环境数据采集系统包括图像采集系统和车载距离探测系统，可采集图像数据及周围物体距车身的距离数据，并通过数据线传输给中央处理器；中央处理器可将采集到的数据分析处理后，得出汽车的当前位置、目标位置及周围的环境参数，依据这些参数做出自动泊车策略，并将其转换成电信号；车辆策略控制系统接收电信号后，依据指令做出汽车的行驶如角度、方向及动力支援方面的操控。

自动泊车系统原理：遍布车辆周围的雷达探头测量自身与周围物体之间的距离和角度，然后通过车载电脑计算出操作流程配合车速调整转向盘的转动，驾驶人只需要控制车速即可。奥迪 A3 自动泊车系统如图 3.77 所示。

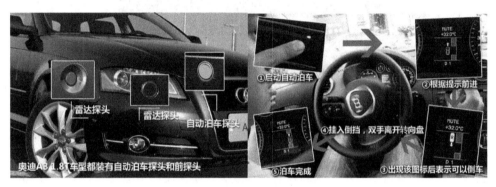

图 3.77　自动泊车系统

随着汽车技术和智能技术的发展，汽车车载智能系统将不断增多。

3.4.2　汽车无人驾驶技术

无人驾驶汽车是通过车载传感系统感知道路环境、自动规划行车路线并控制车辆到达预定目标的智能汽车。它是利用车载传感器来感知车辆周围环境，并根据感知所获得的道路、车辆位置和障碍物信息等，控制车辆的转向和速度，从而使车辆能够安全、可靠地在道路上行驶。无人驾驶汽车技术是传感器、计算机、人工智能、通信、导航定位、模式识别、机器视觉、智能控制等多门前沿学科的综合体，成为汽车智能化的终极目标。

1. 汽车无人驾驶系统组成

汽车无人驾驶系统是由智能感知系统和智能控制系统两部分组成，其中智能感知系统一般由激光测距仪、摄像机、各种传感器和雷达等硬件设备组成；智能控制系统由多个系统组成，如 GPS 导航系统、自适应巡航控制系统、智能制动辅助系统及车道偏离系统、自动泊车系统等，由各企业自行确定。图 3.78 所示为某公司的汽车无人驾驶系统组成，激光测距仪能够及时准确地绘制出车辆周边 200m 之内的 3D 地形图并上传至车载电脑中枢；视频摄像机用以侦测交通信号灯，以及行人、自行车骑行者等车辆行驶路线上遭遇的移动障碍；各种传感器用以检测车辆行驶信号；雷达用以检测较远处的固定障碍；电脑资料库存储了每条道路的限速标准和出入口位置，供导航系统使用。

2. 汽车无人驾驶技术发展阶段

美国道路交通安全局按无人驾驶汽车自动化程度将无人驾驶技术分为 4 个等级，即驾驶人辅助阶段、半自动驾驶阶段、高度自动驾驶阶段和完全自动驾驶阶段。

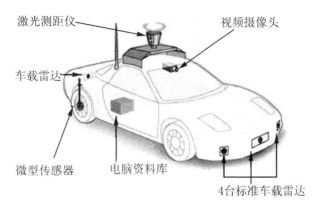

图 3.78　汽车无人驾驶系统组成

　　(1) 驾驶人辅助阶段。在这一阶段中，驾驶人拥有车辆全部的控制权。驾驶人负责车辆的一切驾驶与操作，一些基础的车辆辅助控制技术，在特定情况下，通过对车辆运行状况及运行环境的检测，提示驾驶人驾驶相关的信息或警告驾驶人驾驶中可能出现的危险，方便驾驶人在接到提示或警告后及时做出反应。这一阶段的技术有倒车影像与倒车雷达、车道偏离警告系统、正面碰撞警告系统、定速巡航系统及盲点信息监测系统等。相对于其他发展阶段，这一阶段的发展已很成熟，相关技术在一些中高档汽车上也已有了普遍的配备。在未来几年的时间中，这些技术，将会通过降低其实现成本，逐步应用在中低档汽车上。

　　(2) 半自动驾驶阶段。在这一阶段，驾驶人和车辆共享对汽车的控制权。驾驶人在任何时候负责有能力驾驶汽车，驾驶辅助控制系统将实时监控车辆的运行，在特定情况下，一定程度上协助驾驶人控制车辆。这一阶段的技术有自适应巡航控制系统、车道保持辅助系统、陡坡缓降系统、自动泊车系统等，很多也已运用到量产车型上。这一阶段也是当前处于并在快速发展的阶段，未来几年中，将有更多的驾驶辅助控制系统应用在量产车上。

　　(3) 高度自动驾驶阶段。在这一阶段，驾驶人和车辆共享对汽车的控制权。在特定的交通环境下，系统有完全的自动驾驶控制权，驾驶人有能力偶尔控制车辆。现阶段已经提出的高度自动驾驶技术有堵车辅助系统、高速公路自动驾驶系统和泊车引导系统。目前，高度自动驾驶的技术尚未应用在量产车型上，在未来几年的时间，部分技术的量产将会实现。

　　(4) 完全自动驾驶阶段。在这一阶段，系统具有完全的车辆控制权，整个驾驶过程无需驾驶人参与。完全自动驾驶的实现将意味着自动驾驶汽车真正驶入了人们的生活，也将使驾驶人从根本上得到解放。不过，完全自动驾驶还要受到政策、法律等相关条件的制约，真正量产还任重而道远。

　　德国联邦公路研究院则将无人驾驶技术发展划分为 3 个阶段，即部分自动驾驶、高度自动驾驶及最终的完全自动驾驶。

　　(1) 部分自动驾驶阶段。在这一阶段，驾驶人还是需要持续监控车辆自动辅助系统的提示，车辆无法做出自主动作。

　　(2) 高度自动驾驶阶段。在这一阶段，驾驶人不再需要对系统持续监控了，电子辅助系统可以在某些状态下暂时代替驾驶人做出一定的动作，并且能由驾驶人随时接管对车辆的操控。

（3）完全自动驾驶。在这一阶段，真正实现"无人驾驶"的状态。

3．无人驾驶汽车关键技术

按照无人驾驶汽车的职能模块，无人驾驶汽车的关键技术包括环境感知、导航定位、路径规划、决策控制等技术，如图3.79所示。

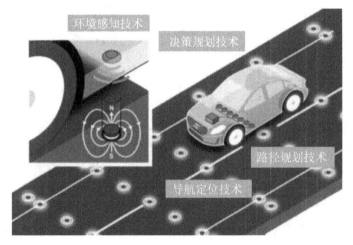

图 3.79　无人驾驶汽车的关键技术

（1）环境感知技术。环境感知模块相当于无人驾驶汽车的眼和耳，无人驾驶汽车通过环境感知模块来辨别自身周围的环境信息，为其行为决策提供信息支持。环境感知包括无人驾驶汽车自身位姿感知和周围环境感知两部分。无人驾驶汽车自身位姿信息主要包括车辆自身的速度、加速度、倾角、位置等信息。这类信息测量方便，主要用驱动电动机、电子罗盘、倾角传感器、陀螺仪等传感器进行测量。无人驾驶汽车周围环境感知以雷达等主动型测距传感器为主，被动型测距传感器为辅，采用信息融合的方法实现。因为激光、雷达、超声波等主动型测距传感器相结合更能满足复杂、恶劣条件下，执行任务的需要，最重要的是处理数据量小，实时性好。同时进行路径规划时可以直接利用激光返回的数据进行计算，无需知道障碍物的具体信息。而视觉作为环境感知的一个重要手段，虽然目前在恶劣环境感知中存在一定问题。但是在目标识别、道路跟踪、地图创建等方面具有其他传感器所无法取代的重要性，而在野外环境中的植物分类、水域和泥泞检测等方面，视觉也是必不可少的手段。

（2）导航定位技术。无人驾驶汽车的导航模块用于确定无人驾驶汽车其自身的地理位置，是无人驾驶汽车的路径规划和任务规划的支撑。导航可分为自主导航和网络导航两种。自主导航技术是指除了定位辅助之外，不需要外界其他的协助，即可独立完成导航任务。自主导航技术在本地存储地理空间数据，所有的计算在终端完成，在任何情况下均可实现定位，但是自主导航设备的计算资源有限，导致计算能力差，有时不能提供准确、实时的导航服务。

网络导航能随时随地通过无线通信网络、交通信息中心进行信息交互。移动设备通过移动通信网与直接连接于Internet的Web GIS服务器相连，在服务器执行地图存储和复杂计算等功能，用户可以从服务器端下载地图数据。网络导航的优点在于不存在存储容量的限制、计算能力强;能够存储任意精细地图,而且地图数据始终是最新的。

(3) 路径规划技术。路径规划是无人驾驶汽车信息感知和智能控制的桥梁,是实现自主驾驶的基础。路径规划的任务就是在具有障碍物的环境内按照一定的评价标准,寻找一条从起始状态包括位置和姿态到达目标状态的无碰路径。路径规划技术可分为全局路径规划和局部路径规划两种。全局路径规划是在已知地图的情况下,利用已知局部信息如障碍物位置和道路边界,确定可行和最优的路径,它把优化和反馈机制很好地结合起来。局部路径规划是在全局路径规划生成的可行驶区域指导下,依据传感器感知到的局部环境信息来决策无人平台当前前方路段所要行驶的轨迹。全局路径规划适用于周围环境已知的情况,局部路径规划适用于环境未知的情况。

(4) 决策控制技术。决策控制模块相当于无人驾驶汽车的大脑,其主要功能是依据感知系统获取的信息来进行决策判断,进而对下一步的行为进行决策,然后对车辆进行控制。决策技术主要包括模糊推理、强化学习、神经网络和贝叶斯网络等技术。决策控制系统的行为分为反应式、反射式和综合式3种方案。反应式控制是一个反馈控制的过程,根据车辆当前位姿与期望路径的偏差,不断地调节转向盘转角和车速,直到到达目的地;反射式控制是一种低级行为,用于对行进过程中的突发事件做出判断,并迅速做出反应;综合式控制在反应层中加入机器学习模块,将部分决策层的行为转化成基于传感器的反应层行为,从而提高系统的反应速度。

4. 无人驾驶汽车实例

目前,国外沃尔沃、奔驰、宝马、奥迪、福特、通用、丰田和IT行业的巨头谷歌公司,以及国内一汽、上汽、广汽、吉利和比亚迪等均在着手汽车无人驾驶技术研发工作,如图3.80所示,并且研发进程十分迅速,不少车型已接近量产。

图3.80 全球竞相研发无人驾驶技术

1) 谷歌公司的无人驾驶汽车

谷歌公司研发的无人驾驶汽车如图3.81所示,它主要由激光测距仪、雷达、摄像机、GPS、惯性测试单元、车轮编码器、感应器、车载计算机等组成。无人驾驶汽车行驶时不需要人来操控,这意味着转向盘、加速踏板、制动踏板等传统汽车必不可少的配件,在谷歌无人驾驶汽车上都看不到,软件和传感器取代了它们。

谷歌无人驾驶汽车的核心是车顶上的激光测距仪,该设备在高速旋转时向周围发射64束激光,激光碰到周围的物体并返回,便可计算出车体与周边物体的距离;计算机系统再根据这些距离数据描绘出精致的3D地形图,然后跟高分辨率地图相结合,生产不同的数据模型供车载计算机使用。此外,在汽车前后保险杠上有4个雷达,用于探测周边情况;

图 3.81 谷歌公司的无人驾驶汽车

后视镜附近有一个摄像机,以检测红绿灯情况;还有一个 GPS、一个惯性测试单元、一个车轮编码器,用来确定车辆位置,跟踪其运动情况。车身内部也有一系列感应器,通过感应器,车辆可以清晰地看到周围物体,清楚掌握它们的大小、距离,时刻对周围环境保持360°无死角关注。所有上述设备采集到的数据都将输入到车载计算机,并由谷歌开发的无人驾驶系统在极短时间内做出判断,是该加速、制动或转向。

谷歌估计,无人驾驶汽车最快也需要到 2018 年才能投入商用。

2) 沃尔沃公司的无人驾驶汽车

沃尔沃对无人驾驶技术的研发始终未终止过,在 2005 年便推出第一款盲点警报系统,该系统可检测到"闯入"驾驶人盲点的行人或车辆并发出警报。目前,第一阶段的辅助驾驶和第二阶段半自动驾驶已在沃尔沃量产车中使用,最终真正意义上的无人驾驶将在 2020 年实现。

沃尔沃无人驾驶汽车如图 3.82 所示,搭载技术主要有自适应巡航、车道保持辅助、堵车辅助驾驶、追尾预警、行人识别、盲区提示、自动泊车辅助、自动紧急制动等技术。

图 3.82 沃尔沃公司的无人驾驶汽车

3) 宝马公司的无人驾驶汽车

宝马公司研发的无人驾驶技术以交通安全化、智能化、舒适化、高效化为主要目标,通过无人驾驶技术来辅助驾驶人。

宝马公司以 5 系轿车作为试验车型,并在该车搭载新型自适应巡航系统(CDC),如图 3.83 所示。通过 GPS、雷达、超声波、激光探测器、摄像头等探测设备的数据,监控到车辆周围所有事物,基于车道偏离系统、具有停车/起步功能的自适应巡航控制系统对车辆进行自动驾驶控制。此外 CDC 不仅能像智能巡航控制系统一样保持车辆定速行驶,还能控制车辆在车速130km/h下完成超车。另外，该车还搭载了车道保持辅助系统、自动驾驶系统、紧急停车辅助系统等最新技术，但对于实现宝马无人驾驶的推出，依然还需要等待很长的一段时间。

图3.83 宝马公司的无人驾驶汽车

4）奔驰公司的无人驾驶汽车

奔驰公司是在美国内华达州获得公共道路测试无人驾驶汽车许可证的三家企业之一。

无人驾驶的实现方法有很多种，奔驰公司关于无人驾驶的设想则不仅是依靠车和车之间的通信和路车间的通信，更多考虑的是基于可应用于汽车的高精度影像地图的自主驾驶，即完全依靠影像地图实现定位，再通过各类传感器掌握周边环境，从而辅助和修正车辆行驶的无人驾驶。奔驰公司的无人驾驶汽车如图3.84所示。

图3.84 奔驰公司的无人驾驶汽车

5）奥迪公司的无人驾驶汽车

继谷歌之后，奥迪成为第2家在美国内华达州获得公共道路测试无人驾驶汽车许可证，也是第1家获许可的汽车制造厂商。2014年，奥迪公司推出了全球最快的无人驾驶汽车——奥迪RS7自动驾驶概念车，最高车速达240 km/h，如图3.85所示。

奥迪RS7自动驾驶概念车是奥迪探索最具动力的自动驾驶可能性的技术平台。该技术平台采用路面定位的专用纠正GPS信号，这种细微差异的GPS数据可精确至厘米，依据汽车标准通过无线局域网传输至汽车，冗余部分通过高频无线电传输。与此同时，还将3D相机图片与车载保存的图表信息进行实时对比。该系统可搜索用于数百种已知功能的各种图片，如建立道路模式，它接着可用作新增的定位信息。在操控限制条件下对汽车的控制是奥迪RS7自动驾驶概念车的另一项突出功能。综合的车载网络结合对驾驶相关各种因素的高精度控制使该技术平台能在实际限制条件下驾驶。奥迪工程师对操控限制条件

图 3.85　奥迪公司的无人驾驶汽车

下的自动驾驶开展了广泛的探索，在各种路面上对这种技术平台开展数千次的千米测试。

6）福特公司的无人驾驶汽车

福特公司是较早涉及无人驾驶技术研发的厂商，在 1999 年经过大量的研究和试验后，福特推出了世界上第一款基于雷达技术的自适应巡航控制和制动系统，并搭载到捷豹 XKR 车型中，而该技术目前也成了无人驾驶系统的核心技术，对于无人驾驶起着举足轻重的作用。

福特公司的无人驾驶汽车已经搭载了自适应巡航控制、车道偏离预警系统、盲点信息监测系统、智能制动辅助系统、自动泊车系统等，如图 3.86 所示。

图 3.86　福特公司的无人驾驶汽车

7）通用公司的无人驾驶汽车

通用汽车公司在旗下豪华品牌凯迪拉克所生产的部分车型中已搭载自适应巡航控制系统、智能制动辅助系统、前方碰撞预警系统、车道偏离预警系统等自动驾驶技术，该技术由丰富的感应配置及辅助驾驶系统组成，已达到半自动驾驶水平，如图 3.87 所示。

图 3.87　通用公司的无人驾驶汽车

8) 丰田公司的无人驾驶汽车

丰田公司认为，目前研究无人驾驶汽车的主要目的是通过利用智能辅助驾驶汽车技术提高安全驾驶系数。丰田公司利用其高端奢侈品牌雷克萨斯研发无人驾驶汽车，如图 3.88 所示，该车配备了一系列的传感器和自动控制系统，其中包括 GPS、立体摄像机、雷达及激光测距仪，搭载了协调适应巡航系统和车道追踪控制两项新技术，使得无人驾驶在城市公路和弯道上成为可能，向真正实现无人驾驶迈出一步。

图 3.88　丰田公司的无人驾驶汽车

9) 一汽集团的无人驾驶汽车

早在 2003 年一汽集团与国防科技大学联合研制出中国首辆配备无人驾驶技术的红旗轿车。在 2011 年这款自主研发的红旗 HQ3 无人驾驶汽车首次在复杂路况下公开进行无人驾驶测试，并完成了从长沙至武汉 286km 的高速路段，如图 3.89 所示。这辆配备无人驾驶技术的红旗 HQ3 汽车整个途中自主超车 67 次，遇到雾霾、降雨等复杂天气，依然顺利完成整个测试路段，这也标志着一汽集团已具备研制智能化汽车的能力。

图 3.89　一汽集团的无人驾驶汽车

上汽集团在 2013 年 8 月与中国航天科工飞航技术研究院签署了战略合作协议，双方将在无人驾驶等多个领域展开合作。双方将先从主动安全系统领域着手，进行自适应巡航、自动泊车、智能制动辅助等技术的快速普及，为无人驾驶技术奠定基础，随后在环境感知、智能识别等技术领域进行共同研究。

广汽集团股份有限公司汽车工程研究院与中科院合肥物质科学研究院先进制造所已签订相关合作事项，未来双方将共同研发无人驾驶技术并应用于新能源车型。此次合作双方将汽车行业发展的两个重要方向"新能源"和"自动驾驶"相结合，通过车载传感器感知外部环境，进行自主智能决策，以实现新能源汽车的自动驾驶。

吉利依托沃尔沃，比亚迪携手新加坡科技研究局通讯研究院开始共同研发自动驾驶技术。

3.4.3 车联网技术

车联网(Internet of Vehicle,IOV)是以车内网、车际网和车载移动互联网为基础,按照约定的通信协议和数据交互标准,在车－X(X:车、路、行人及互联网等)之间,进行无线通信和信息交换,以实现智能化交通控制、智能动态信息服务和车辆智能化控制的一体化网络,是物联网技术在智能交通系统领域的延伸,如图 3.90 所示。车内网是指通过应用成熟的总线技术建立一个标准化的整车网络;车际网是指基于特定无线局域网络的动态网络;车载移动互联网是指车载终端通过 3G/4G 等通信技术与互联网进行无线连接。

图 3.90 车联网示意图

车联网技术主要面向道路交通,为交通管理者提供决策支持,为车—车提供协同控制,为交通参与者提供信息服务。

1. 车联网系统架构

车联网系统架构如图 3.91 所示,它由感知层、网络层、应用层构成。

(1) 感知层。感知层相当于车联网的感觉神经末梢,主要通过视频检测、传感器、RFID 等终端设备,采集与获取车辆的智能信息,感知行车状态与环境。

(2) 网络层。网络层相当于车联网的神经中枢,主要功能是整合、处理、传输数据,建立相应的网络协议模型,解决车与车(V2V)、车与路(V2R)、车与网(V2I)、车与人(V2H)等的互联互通,实现车辆自组网及多种异构网络之间的通信与漫游。

(3) 应用层。应用层相当于车联网的大脑,主要通过应用服务器和车载计算机终端等设备进行数据加工,从而为车联网用户提供智能交通、运程诊断监控、车载娱乐、事故处理、紧急救援等服务,提供的具体服务内容取决于车辆网供应商。

2. 车联网关键技术

车联网关键技术如图 3.92 所示。

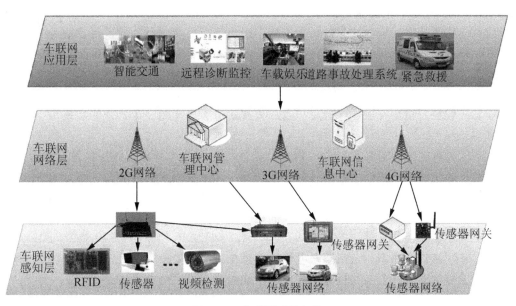

图 3.91　车联网系统架构

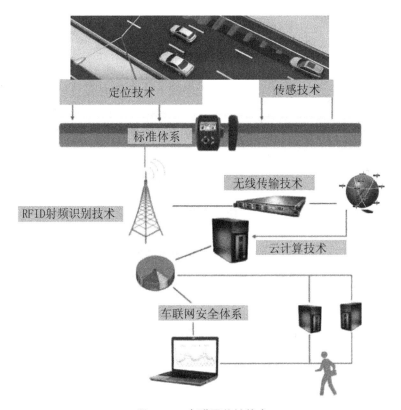

图 3.92　车联网关键技术

（1）RFID 射频识别技术。车联网使用 RFID 技术结合已有的网络技术、数据库技术、中间件技术等，构建一个由大量联网的 RFID 终端组成比互联网更为庞大的物联网，因此

RFID 技术是实现车联网的基础技术。

(2) 传感器技术。利用传感器采集车辆、道路等交通基础设施的运行参数等。传感器技术需要根据不同的运行参数进行定制，如车需要油耗、制动、发动机等运行参数，而桥梁需要压力、老化程度等参数。传感技术是实现车联网数据采集的关键技术。

(3) 无线传输技术。无线传输技术是将传感器采集到的数据发送至服务器或其他终端，或者接收控制指令完成物体远程控制。只有通过无线传输技术，才能实现信息的交换和共享。

(4) 云计算技术。对采集获取的物体数据进行综合加工分析，并提供各类综合服务。车联网系统通过网络以按需、易扩展的方式获得云计算所提供的服务。

(5) 车联网标准体系。标准是一个产业兴起的重要标志。车联网只有建立一套易用、统一的标准体系，才能实现不同物体之间的相互通信，不同车联网系统的融合，才能带动汽车、交通产业的快速发展。

(6) 车联网安全体系。包括车联网物体信息化之后的安全度、传输器安全度、传输技术安全及服务端安全，安全是保障车联网系统能够快速推广的前提。

(7) 定位技术。通过 GPS、无线定位技术等提高当前车联网中物体的位置精度。通过定位精度的提高，将准确获取车辆行驶位置，提高实时路况精准度、交通事件定位精确度。

3. 车联网在智能交通领域的应用

车联网成为智能交通主要方向，其具体应用主要包括：通过碰撞预警、电子路牌、红绿灯警告、网上车辆诊断、道路湿滑检测等为驾驶人提供即时警告，提高驾驶的安全性；通过城市交通管理、交通拥塞检测、路径规划、公路收费、公共交通管理，改善人们的出行效率，缓解交通拥堵；为人们提供餐厅、拼车、社交网络等娱乐与生活信息，提高民众生活的便捷性和娱乐性。

国内某公司提出的基于车联网技术的智能交通解决方案，是以汽车为基点，集成各类型传感器，将汽车的各项静态及动态参数以无线通信的方式建立 M2M 互联，采集人-车-路的实时数据，建立空间数据模型，实现感知与通信的无缝对接，使车载单元的信息和道路监控系统、交通管理系统、停车库系统、汽车 4S 店服务系统、保险系统、道路医疗救援系统等并网组成一个强大的汽车物联网，并以汽车和驾驶人为目标客户群，借助强大的后台空间数据库，进行定向分析和行为分析，开展衍生相关服务及应用的专业系统解决方案，以促进智能交通的实现，如图 3.93 所示。

该智能交通系统具有以下功能。

1) 实时信息采集、处理及发布

(1) 道路状况信息。通过道路及周边设施加装道路交通电视监控系统和信息桩，后平台可以实时与之进行交互，获得采集的路况、气象信息；同时将采集来的信息汇合从其他服务提供商(SP)及内容提供商(CP)处获得道路建筑、路况、气象等信息进行整合、分析，最后发布到 TSP 平台、门户端、车载终端、手机端、信息桩上，供用户查询。

(2) 车辆状况信息。通过 CAN 总线、LIN 总线等车辆总线技术整合实时车况数据，将其汇总发送至终端平台，平台将获得的车况信息进行筛选、整理、分析，最终提炼出有价值的车辆数据，并衍生服务及解决方案提供给驾驶人、交管部门、4S 店等。

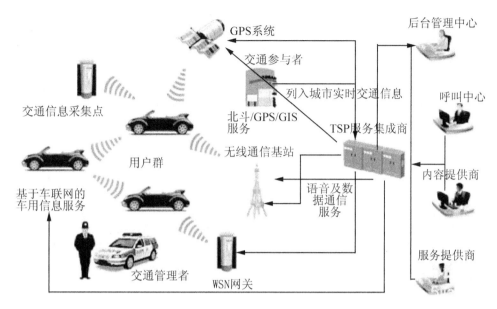

图 3.93 基于车联网技术的智能交通解决方案

(3) 驾驶行为信息。通过记录驾驶人的驾驶行为数据，通过比对正常驾驶行为，为驾驶人提供优化建议，以提高车辆使用效率，避免不必要的浪费与安全隐患。

(4) 驾驶环境信息。通过车载终端内植的传感器，实时监测车内外环境，如温度、湿度、有害气体含量等，并进行智能分析，在车内环境异常时，会提醒驾驶人做出相应的行为，以确保驾驶人有个健康、安全的驾驶环境。

(5) 驾驶人状况信息。通过在车载终端加装的智能传感器，并通过有线及无线通信使之与车载终端和车辆本身形成一个车内局域网络，传感器实时监控车内酒精含量、驾驶人头部发热量、表情等，通过智能分析判定驾驶人当前驾驶状况，协助驾驶人应对不同状况。

2) 智能行车诱导

通过驾驶人从后平台发布的实时信息了解当前时段及区域的路况、天气、建筑及景点等信息，根据自身需求，优化行车路线，提高车辆通行率；通过对道路及周边设施加装信息桩，后平台可以与之进行交互，实时获取或更新道路建筑、路况、风景名胜等信息，当车辆进入信息桩覆盖范围后，即可获得该区域相关信息，供用户参考选择。

3) 智能停车诱导

通过在停车场内加装停车感应传感器，停车场的停车位管理系统可以实时获得场内停车位信息，并可将此信息发布至智能车载服务平台上，用户可以通过远程服务提前预订停车位，智能车载服务系统会为您提供精准到停车位的导航服务。

4) 特种车辆优先通行

通过对道路信号灯的改造，以实现特种车辆与道路信号灯的交互，从而达到远程预约信号等，实现车辆无障碍通行的功能。同时定制专属后平台也可以通过远程调整信号灯状态，规划信号灯时序。

5) 事故紧急救援

通过在车辆上加装智能车载服务系统终端，设备会实时获取车辆运行状况，当车辆发生故障或事故时,设备会主动呼叫后服务平台,后服务平台收到紧急救援呼叫后会根据实际情况,为用户联系110、120、4S店等机构,以求将事故后的人身财产损失降到最低。

4. 车联网在现代物流领域的应用

车联网在现代物流领域具有广泛的应用前景,某公司开发的冷链车物流管理系统(CCMS),是一种车联网的应用技术,它集成了智能化、电子化、信息化等尖端科技,以海量数据挖掘、3G无线物联与智能远程控制为核心手段,为冷链车量身定制的整合"人、车、线、货"四大要素的新一代智能运营管理工具。

CCMS网络总体框架如图3.94所示,车联网在CCMS中的功能如图3.95所示。

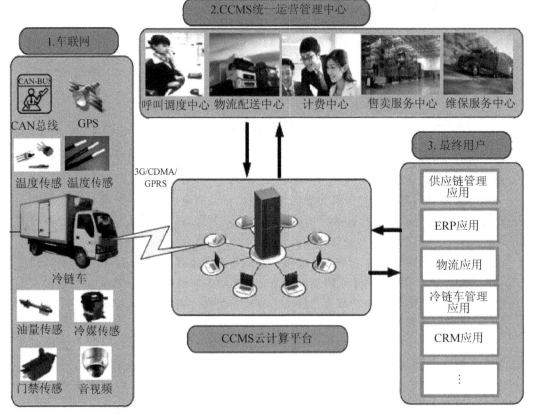

图 3.94 CCMS 网络总体框架

车联网使车辆由单一的运输工具拓展为一个高效的、移动的信息共享和发现平台,使车辆更加智能化和自动化,在提高行车安全的同时也为各种丰富的扩展应用提供了平台支撑,具有广阔的发展前景。

车联网的发展,需要产业链上相关企业的共同协作。车联网产业链主要包括最终用户、感知技术提供商、移动通信运营商、导航系统提供商、电子地图提供商、GIS引擎提供商、整车厂商、车载终端提供商、内容提供商、服务提供商、应用平台运营商、固话运营商、卫星运营商、GPS平台运营商等,如图3.96所示。其中用户在整个产业链中处于最末端,车载终端提供商和导航系统提供商则位于核心位置。某个厂商可能位于一个环节,也可能同时位于多个环节。

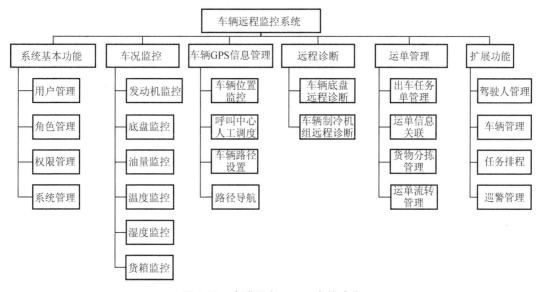

图 3.95　车联网在 CCMS 中的功能

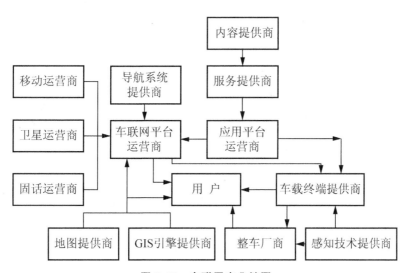

图 3.96　车联网产业链图

车联网平台运营商是车联网平台的建设者和维护者，是整个产业链的核心环节。它利用定位平台获得用户的三维位置信息，然后使用电子地图和 GIS 引擎将其转换成对应的地理位置。借助于移动运营商的移动网络，定位平台运营商可以为用户实现车载终端与监控中心之间的信息传递。此外，它还可以通过固话运营商的 Web 网络，使行业用户分布式地进行监控。

感知技术与产品提供商主要提供车联网各种传感器、RFID、红外、蓝牙、视频感知、电磁感知等各种感知技术产品，为汽车智能控制系统提供各类电子产品，为汽车感知和检测路况、行车标志、前后车辆检测、行人检测、行车车道检测等提供感知支持。感知产品主要提供给车厂；部分后装产品如 RFID 等则提供给车载终端或用户。

移动运营商主要是将用户的请求传递给导航平台、信息平台、联网监控平台等运营商，以及将平台运营商的反馈结果传递给用户。它提供的是车载终端与平台运营商之间信息传递的通道。

卫星运营商主要提供定位功能。由于目前国内大都通过美国的 GPS 卫星实现定位，而 GPS 平台对民用是免费的，所以在中国目前的汽车导航产业链中，卫星运营商的地位与电信行业中运营商的地位不可同日而语。我国自己建造的北斗定位平台主要面向行业用户和安全部门。

固话运营商的作用是为用户提供分布式监控功能。使用 Web 网络，用户可以远程地对车载终端进行控制。

应用平台运营商在定位平台的基础上建设并运营特定的应用平台，该平台直接面对服务提供商，从而降低服务提供商进入位置服务行业的门槛，并可缩短它们开发应用的周期。

服务提供商是服务的提供者，其所提供应用的好坏直接影响最终用户对服务的使用，这也就要求该环节必须按照最终用户的需要为最终用户提供服务。

内容提供商主要为服务提供商生产文本、图像、音频、视频或多媒体信息，而服务提供商的应用会使用到这些信息。

车载终端提供商为定位平台运营商提供所需的硬件、软件或整体解决方案，是导航平台的制造者。

GIS 引擎提供商为导航平台运营商或用户提供 GIS 引擎。前者通常放置在单独的 GIS 服务器上，为导航平台运营商实现地理信息与地理位置之间的转化；后者则直接内置在导航仪中，为个人用户提供自导航服务。

地图提供商为汽车导航提供专用的电子地图。在汽车导航领域通常将这种地图称为导航图。导航图与普通电子地图的区别在于，它不但记录各条道路自身的位置信息，还考虑了各条道路之间的相互关系、拓扑结构等。在汽车导航领域，目前我国尚没有厂商可以提供通用的 GIS 引擎和导航图。业内通用的做法是使用自己制造的 GIS 引擎和导航图。

最终用户可以分为个人用户和行业用户两类。在国内，现阶段的最终用户主要是行业用户。最终用户是汽车导航业务发展的支持者，因而用户的满意是此项业务良性发展的关键。只有用户愿意为所使用的服务支付相应的费用，产业链上其他环节的收益才有保证，这也就要求产业链上各环节通力合作，深入了解消费者的需求，开发出令消费者满意的应用。

车联网发展路线如图 3.97 所示，国内目前还是以信息服务为主，处于初级阶段。

思 考 题

1. 国内外实施的汽车油耗和排放标准有何区别？汽车节能技术和排放控制技术有哪些？
2. 汽车安全技术有哪些？
3. 新能源汽车有哪些类型？各有什么特点？
4. 汽车轻量化的内涵是什么？汽车轻量化的技术途径有哪些？
5. 汽车车载智能化技术有哪些？

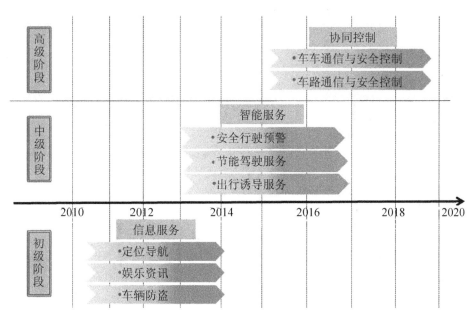

图 3.97 车联网发展路线

6. 目前汽车无人驾驶技术处于什么状态？
7. 车联网技术可以给人类带来什么？

第4章 车辆工程专业人才类型和岗位需求

 教学目标

通过本章的学习，读者了解车辆工程专业毕业生类型和汽车行业人才需求类型，对汽车产品设计岗位、生产岗位和销售岗位有较全面的认识，为学好车辆工程专业和适应就业岗位奠定基础。

 教学要求

知识要点	能力要求	相关知识
车辆工程专业人才类型	了解学校类型与人才培养的关系，汽车企业类型和对人才的要求，以及汽车工程师的类型	高等学校类型，汽车企业类型
汽车产品设计岗位	了解汽车产品开发流程，以及汽车设计工程师、汽车分析工程师和汽车测试工程师的工作内容和能力要求	汽车产品开发过程
汽车产品生产岗位	了解汽车产品生产流程，以及汽车工艺工程师和汽车质量工程师的工作内容及能力要求	汽车产品生产过程
汽车产品销售岗位	了解汽车产品销售渠道，以及汽车销售工程师和汽车技术支持工程师的工作内容及能力要求	汽车产品销售过程

导入案例

我国高校应届毕业生 2013 年达到 699 万，2014 年达到 727 万，再加上海归潮，造成就业难的现象，如图 4.1 所示。造成这种现象的原因是多方面的，不仅与我们的教育模式、大学生的就业理念有关，而且企业需求和学校供给之间存在严重矛盾，企业求才若渴，大学毕业生求职艰难，这种矛盾必须解决，才能缓解大学生就业难问题。对于车辆工程专业的大学生，必须了解企业需要什么样的人才，企业招聘岗位工作内容是什么，对应聘人员的能力有什么要求，通过本章的学习，读者可以获得答案，并为做好自己的就业规划奠定基础。

图 4.1 大学生毕业现象

目前，高等学校培养的大学生的方向及大学生所应该学习的内容和社会的实际需求出现脱节，大学生对社会实际需求不了解，特别是以产品命名的车辆工程专业，实践性强，技术更新快。为了培养适应社会需求的高素质人才，必须做好人才培养目标定位，了解企业主要招聘岗位对人才能力的要求。

4.1 车辆工程专业人才类型

高等学校培养的人才类型与学校类型密切相关。

4.1.1 车辆工程专业毕业生类型

车辆工程专业毕业生类型一方面与高等学校定位有关，另一方面要满足汽车工业对技术人才的需求，各高等学校应根据自己的定位和服务的领域等，确定具有特色的人才培养类型。

1. 高等学校类型

目前我国具有普通高等学历教育资格的高校大约 2700 余所。由于学校之间在办学层次、办学水平、隶属关系、办学体制等方面的不同，普通高校就具有了不同的类别。

国家对高等学校没有明确的分类标准。社会上对学校的分类有很多,如图4.2所示。按学科结构划分,可以分为综合性大学与多科性大学、单科性专业技术学院、应用型专科学校等;按办学层次划分,可分为本科院校和高职(专科)院校等;按办学体制划分,可分为公办高校和民办高校(新体制独立学院);按行政隶属关系分,可分为教育部直属高校、中央其他部门所属高校、省(区、市)所属高校及行业所属高校等;按办学水平划分,可分为"985工程"大学、"211工程"大学等国家重点建设的大学和一般大学;按人才培养目标划分,可分为研究型大学、教学研究型大学、教学型大学等。

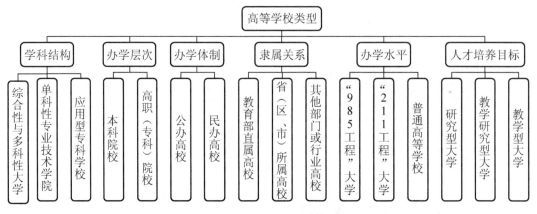

图4.2 高等学校类型

2. 高等学校类型与人才培养

不同类型的高等学校应根据国家和经济社会发展对人才的不同需求,以及各高校的自身条件,在履行高校职能中找准自己的办学定位、发展目标、办学性质和服务方向,确定人才培养的目标、规格,构建合理的知识、能力、素质结构。将本科教育作为高校的办学的基础和重点,努力培养面向基层的高质量的创新型、复合型、开放型和应用型人才。

1) 研究型大学

研究型大学是指提供全面的学士学位计划,致力于硕士研究生到博士研究生的教育,把研究放在首位的大学,研究生教育占到50%左右。如北京大学、清华大学、浙江大学、中国科学技术大学、上海交通大学、复旦大学、西安交通大学、武汉大学、中国人民大学、南京大学、吉林大学、中山大学、哈尔滨工业大学、华中科技大学、四川大学、南开大学、山东大学、中南大学、厦门大学等。

研究型大学是一个国家或地区高等教育发展成就的最佳标志,作为一个国家和区域最高层次人才培养和最新前沿科技研发的中心,承担着高层次人才培养和高水平科学研究、关键技术研发并为国家和区域创新体系建设做出重大贡献的责任和使命。

研究型大学应当是国家高层次人才培养的重要基地,是国家知识创新和技术创新的中心,承担着高层次人才培养和高水平科学研究、关键技术研发并为国家和区域创新体系建设做出重大贡献的责任和使命。通过培养众多的高层次人才和创造的重大科研成果,提高国家科技创新能力,推动国家经济持续发展。

在人才培养模式上,研究型大学对学生的知识、能力和素质的结构的构建与实现的方式上要有自己的特色。

从知识和能力的构建上，研究型大学以培养高素质通识型、研究创新型的精英人才为目标，重视通识文化教育，加强基础学科、基础理论课程和学科交叉的课程模块的建构，力图实现学生的知识体系精深、广博与学科交叉的协调统一，本科生与研究生课程学习的有机统一和衔接，培养理论基础厚、综合能力强、人文修养底蕴深厚的复合型人才。

在素质和能力培养上，研究型大学应把本科教育与研究生教育有机结合，突出强调本科教育的基础地位；在人才培养目标和专业课程设置上，以培养基础知识宽厚、创新意识强烈、具有良好自学、自主研究能力和动手能力的创新型人才为目标，实施通识教育基础上的宽口径专业教育。

2）教学研究型大学

教学研究型大学是介于研究型和教学型之间的大学，主要任务是培养有研究潜力，具有一定的复合知识，以技术应用、技术创新为主的高级人才；在培养的层次上，以本科教育为主，研究生教育与本科教育并重；学科门类以多科性和综合性为主，学历教育一般都涵盖博士、硕士和学士完整的层次，在校研究生比例应超过15％。

如何找准本科教育的人才培养定位，使教学研究型大学形成各自不同的人才培养特色。各高校根据各自的办学定位、发展目标、办学性质和服务方向，将本科教育作为教学研究型高校的办学重点，努力探索面向基层的高质量的具有创新思维、复合型、开放型和应用型人才。

教学研究型大学在人才培养的模式构建中，必须适合社会对人才知识面宽、应变能力强、开拓能力强、具备多种素质特征的要求，培养的人才既要具有共性，又要具有个性，具有较强的知识基础、创新精神和实践能力。因此，构建人才培养模式中应当以通识教育为基础，以传授知识、培养能力和提高素质作为构建人才培养模式的主线。

3）教学型大学

教学型大学是指以本科教育为主体的全日制大学，它以招收本科层次的学生为主体，主要履行人才培养和教育教学研究的职能，培养技术应用型高级专门人才，拥有学士学位授予权和少量的硕士、博士学位授予权。与研究型大学相比，教学型大学具有自己鲜明的个性特征，突出表现在以本科教育为主体，主要承担高等教育大众化的任务，社会适应性强，重视复合型人才的培养，区域化优势明显，办学效益显著。

技能教学型高职高专承担的是高等职业教育，它既是高等教育的重要组成部分，在人才培养模式中必须为学生构建与高等教育相适应的知识、能力和素质；同时它又具有强烈的职业教育的属性，必须针对职业岗位所必需的技能，构建学生的知识、能力和素质结构，并通过创新实现结构的方式来实现人才培养的目标。

在人才培养模式的构建上必须把握教学型本科高校与技能教学型高职高专的区别。主要体现在如下几方面。

在培养目标上，本科教育培养的是具有创新潜力的技术和技术开发的应用型人才，体现为以通识为基础的技术应用人才；高职高专培养的是掌握职业（或专业）所需要的基础知识和专门知识，具有从事职业（或专业）的综合素质和职业能力的技能型人才。

在知识的构建上，本科教育是为学生搭建可塑性的知识框架，对学生掌握知识的要求较高，强调知识体系的完整、系统和科学性，强调以通识为基础的深厚专业理论基础、宽广的专业知识面和较强的科学创造能力；高职高专是为学生搭建定性强的技能模块，在知识构建上以"够用"和"实用"为限，以构建学生掌握职业岗位技能和技术的操作性要求的知识为依据，以培养学生具有扎实的职业技能、专深的岗位业务知识、较强的技术再现能力为目标。

在素质和能力培养上，本科教育重视的是知识和技术的应用能力培养，同时要为学生构建应用知识进行技术创新和技术的二次开发的能力，强调的是综合素质的培养；高职高专是以成熟的技术和规范为基础，培养学生胜任某种职业岗位的职业技能、技艺和运用能力，强调学生职业能力和职业素质的培养。

在人才培养模式的实现方式上，本科教育虽然也重视技术应用能力的培养，重视实践教学，但更加重视理论教学；高职高专则是以实践教学为基础和主要内容，培养学生的职业能力、技术应用能力，体现高等职业教育人才培养的技能性和实用性特点。

3. 专业技术人才的类型

专业技术人才是指从事科学研究和专业技术工作的人员，可以分为学术型人才和应用型人才，其中应用型人才又包括工程型人才、技术型人才和技能型人才，如图4.3所示。

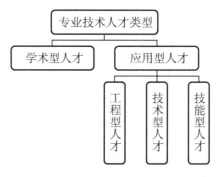

图 4.3 专业技术人才类型

学术性人才是发现和研究客观规律的人才，以学术研究为导向，偏重理论和研究，为学校或科研单位培养教学或科研人员；应用型人才是把已经发现的一般自然规律转化为应用成果的人才，以专业实践为导向，偏重实践和应用，为企业培养高层次专门人才。随着科学技术的迅速发展及学科分化与综合水平的不断提升，各专业之间、各岗位之间的交叉渗透也日益增多，因此社会对未来人才知识能力的复合性要求日趋强烈，相应地出现了许多复合型人才。

工程型人才主要依靠所学专业基本理论、专门知识和基本技能，将科学原理及学科知识转化为设计方案或设计图纸；技术型人才主要从事产品开发、生产现场管理、经营决策等活动，将设计方案与图纸转化为产品；技能型人才则主要依靠熟练的操作技能来具体完成产品的制作，把决策，设计、方案等变成现实，转化为不同形态的产品。

不同类型大学职能不同决定了其培养目标会有所区别，研究型大学主要培养学术型人才和工程型人才；教学研究型大学主要培养工程型人才和技术型人才，教学型大学主要培养技术型人才；高等职业教育学校主要培养技能型人才，如图4.4所示。

4. 车辆工程专业毕业生类型

车辆工程专业培养层次有博士研究生、硕士研究生、本科生和高职生，如图4.5所示。

博士研究生应掌握本专业坚实宽广的理论基础、系统深入的专业知识及实践技能，深

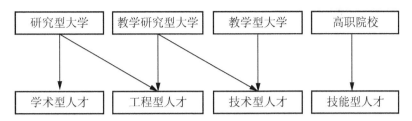

图 4.4 高等学校类型与专业技术人才培养的关系

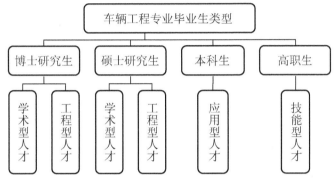

图 4.5 车辆工程专业毕业生类型

刻了解本专业跨学科的特点和前沿发展方向，熟悉车辆工程中所涉及的关于设计和制造方面的理论与技术，具有独立从事科学研究的能力，能胜任高等学校、科研院所和企事业单位教学、科研或技术开发等工作。博士研究生的培养应以学术型为主，兼顾工程研究型。

按照培养目标和培养方式，硕士研究生可分为学术型和专业学位两种，工学硕士属于学术型学位，工程硕士属于专业学位。专业学位与学术型学位处于同一层次，培养规格各有侧重，在培养目标上有明显差异。专业学位和学术学位都是建立在共同的学科基础之上的，攻读两类学位者都需要接受共同的学科基础教育，都需要掌握学科基本理论和基础知识与技术。专业学位和学术学位的本质区别在于人才培养目标、知识结构、培养模式及人才质量标准不同，高等教育越成熟，两个体系的划分越明晰，目前，很多学校两种硕士的培养本质上差别并不大。学术型学位主要面向车辆工程学科专业需求，培养在高校和科研机构从事教学和研究的专业人才，其目的重在学术创新，培养具有原创精神和能力的研究型人才；专业学位主要面向汽车产业部门需求，培养汽车工业从事新技术、新工艺、新材料和新产品开发的高级专门人才。

本科生是培养具备现代汽车设计和制造方面的理论知识与应用能力，本专业培养具有现代汽车设计和制造方面的理论知识与应用能力，能从事汽车产品设计、制造、试验及生产、经营、管理等方面工作的高级应用型工程技术人才。

高职生是培养掌握汽车结构、原理、性能等方面理论知识，具备汽车检测、诊断、维修技术，能够在汽车生产企业及其配套行业、从事汽车生产、销售、维修等方面工作的高级技能型人才。

学校定位不同，所在区域不同，服务企业范围不同，培养学生的标准也会有差异。各学校应该根据自己的实际情况，确定具有独自特色的培养方案。

4.1.2 汽车行业人才需求类型

汽车行业人才需求类型与企业性质密切相关。

1. 汽车企业类型

我国汽车企业类型如图4.6所示。在我国汽车行业开发过程中产生了3类汽车企业，即国有企业、合资企业和民营企业。国有汽车企业一直是国家重点管理的对象，但现有国有汽车企业核心部分基本都中外合资化，如一汽、东风、上汽、长安、广汽、北汽；合资企业是我国汽车产业利用外资的主要形式，虽然政府为避免市场被跨国公司控制，规定合资企业的中方所占股比不得低于50%，但在实际运行中，股权比例的安全并不等于实际控股权的分配，合资企业对合资双方相关资源依赖性的强弱决定了合资双方的实际控股权，汽车合资企业实际控股权在外方，中方没有产品开发主动权，如一汽大众、一汽丰田、东风本田、东风日产、东风标致、东风雪铁龙、上海大众、上海通用、长安福特、长安铃木、长安马自达、广汽丰田、广汽本田、广汽菲亚特、北京奔驰、北京现代等；民营企业从事汽车行业，必须搞产品开发，创造自主品牌，如比亚迪、奇瑞、吉利等。

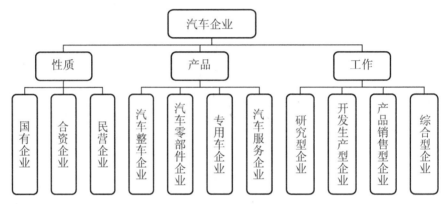

图4.6 我国汽车企业类型

汽车行业又分为整车企业、零部件企业、专用车企业、汽车服务企业等。整车企业主要从事汽车整车及其零部件的开发、设计、生产制造和销售；零部件企业以汽车零部件为对象，进行开发、设计、生产制造和销售，技术实力强的零部件企业在行业中的某类零部件或某领域中具有主导和领导地位，如德国博世公司是全球第一大汽车技术供应商，一般零部件企业只是整车企业的制造基地，我国汽车零部件企业绝大多数属于这类企业；专用车企业主要从事专用车及其零部件的开发、设计、生产制造和销售；汽车服务企业主要是指汽车后市场，包括汽车销售、汽车维修等。

我国汽车工业发展水平不平衡，企业千差万别，从技术层面考虑，可以分为研究型、开发生产型、产品销售型和综合型企业等。研究型企业主要是指汽车和相关领域的科研机构，主要从事汽车理论和原理、标准研究，为国家产业政策制定提供理论依据，如中国汽车技术研究中心；开发生产型企业主要从事汽车产品开发研究、样机试制及工程化生产；产品销售型企业主要从事汽车及相关产品的销售等服务；综合型企业包含基础研究、技术开发、生产制造、产品销售等两类及以上业务。我国汽车行业主要以开发生产制造为主的综合型企业为主。

2. 汽车企业对人才的需求

汽车企业类型不同，对人才需求也不同，如图4.7所示。研究型企业需要研究型或学术型人才，要求其基础理论扎实，专业知识深厚，具有继续学习、探索未知和创新能力，该类人才主要以研究生为主，由研究型大学和教学研究型大学的重点学科培养；开发生产型企业中的技术开发需要应用型工程技术人才，要求具有扎实的本专业学科理论知识，一定广度的相关专业知识信息，以知识应用为主，强调应用和借鉴，具有引进、学习、借鉴、应用和应用创新的能力，该类人才主要以硕士研究生和本科生为主，由研究型大学和教学研究型大学的重点学科培养；开发生产型企业中的产品生产制造和产品销售型企业需要应用技术型人才和应用技能型人才，要求具有本专业一定专业知识和技能，了解相关学科知识和信息，掌握一技之长，该类人才主要以本科生和高职生为主，由教学型大学和高职院校培养。

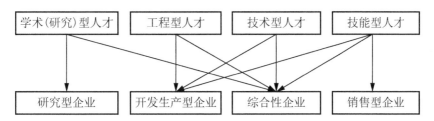

图4.7 不同类型汽车企业对人才的需求

目前，国内大型汽车企业都属于综合型企业，对人才需求是多层次、多样化的，其岗位主要有技术研究、产品开发、产品生产、产品销售等，许多岗位都需要大量的本科生。

3. 汽车工程师类型

汽车工程师分为汽车设计工程师、汽车分析工程师、汽车工艺工程师、汽车质量工程师、汽车测试工程师、汽车销售工程师、汽车技术支持工程师等，如图4.8所示。

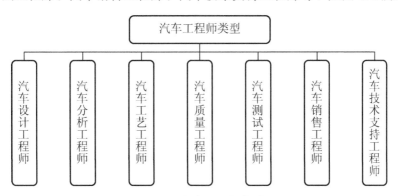

图4.8 汽车工程师类型

汽车设计工程师又分为汽车总体设计工程师、汽车造型设计工程师、汽车发动机设计工程师、汽车底盘设计工程师、汽车零部件设计工程师、汽车车身结构设计工程师、汽车内外饰设计工程师、汽车电器设计工程师等，如图4.9所示。

汽车总体设计工程师的工作主要是进行新车开发中的整车总布置设计，以保证各部件设计工作协调进行，实现整车总布置的持续改善与优化。图4.10为某汽车三视图。

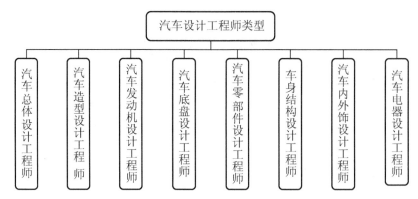

图 4.9 汽车设计工程师类型

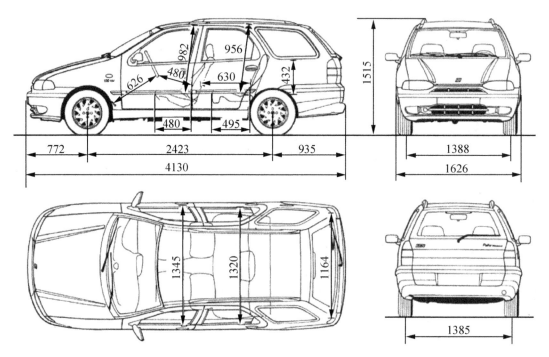

图 4.10 汽车三视图

汽车造型设计工程师主要是对目标市场和车型的定位，能够提出具有市场竞争力的产品造型方案。图 4.11 是某汽车造型效果图。

汽车发动机设计工程师主要是对发动机及其零部件进行设计开发并解决相关技术问题。图 4.12 为发动机三维图。

汽车底盘设计工程师主要负责底盘系统及其零部件的设计，并跟踪试制的全过程，对所发生的问题提供技术支持以及改进建议和措施。图 4.13 为汽车底盘三维图。

汽车零部件设计工程师主要负责汽车零部件的设计和改进，并指导汽车零部件的试制，以及解决在批量生产中出现的问题。图 4.14 为汽车制动器三维图。

汽车车身结构设计工程师主要负责车身结构及车身的金属结构件、门盖系统及其附件（如门锁、摇窗机和密封条等）的设计和改进工作。图 4.15 为汽车车身结构三维图。

图 4.11 汽车造型效果图

图 4.12 发动机三维图

图 4.13 汽车底盘三维图

图 4.14 汽车制动器三维图

图 4.15 汽车车身结构三维图

汽车内外饰设计工程师主要负责对汽车内外饰件进行设计、开发、模具制作和检测等。图 4.16 是汽车内饰设计效果图。

汽车电器设计工程师主要负责汽车电器与电路的设计、开发等。图 4.17 为车灯设计三维图。

图 4.16 汽车内饰设计效果图

图 4.17 汽车车灯设计三维图

4.2 汽车产品设计岗位

汽车产品设计岗位是我国汽车企业最重要的岗位之一,从业人员涉及汽车设计工程师、汽车分析工程师和汽车测试工程师等。

4.2.1 汽车产品开发流程

汽车产品开发设计是一个多学科平行、协同过程,不仅要考虑产品的设计工程,同时需要考虑产品的制造工程。在汽车行业,整车开发流程是界定一辆汽车从概念设计经过产品设计、工程设计到制造,最后转化为商品的整个过程中各业务部门责任和活动的描述,整车产品开发流程是构建汽车研发体系的核心,直接体现研发模式的思想。

汽车整车企业都有自己的产品开发流程,独资企业、合资企业和民营企业,其产品开发流程是不尽相同的。汽车整车开发设计流程主要包括 5 个阶段,即产品策划阶段、概念设计阶段、工程设计阶段、样车试制试验阶段、投产启动阶段,如图 4.18 所示。

1. 产品策划阶段

一个车型的开发风险非常大,如果不经过周密调查研究与论证,盲目启动新项目,会造成产品先天不足,投产后问题成堆;造成产品不符合消费者需求,没有市场竞争力。因此,在进行产品策划时必须进行市场调研和可行性分析研究,确定设计方案。

汽车市场调研包括市场细分、目标市场选择、产品定位等几个方面。通过市场调研对

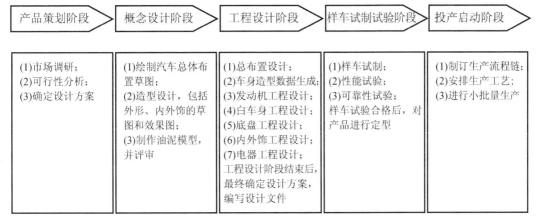

图 4.18　汽车整车开发流程

相关的市场信息进行系统的收集、整理、记录和分析，可以了解和掌握消费者的汽车消费趋势、消费偏好和消费要求的变化，确定顾客对新的汽车产品是否有需求，或者是否有潜在的需求等待开发，然后根据调研数据进行分析研究，总结出科学可靠的市场调研报告，为企业决策者的新车型研发项目计划，提供科学合理的参考与建议。

项目可行性分析是在市场调研的基础上进行的，根据市场调研报告生成项目建议书，进一步明确汽车形式及市场目标。可行性分析包括外部的政策法规分析及内部的自身资源和研发能力的分析，包括设计、工艺、生产及成本等方面的内容。

在完成可行性分析后，就可以对新车型的设计目标进行初步的设定，设定的内容包括车辆形式、动力参数、底盘各个总成要求、车身形式及强度要求等。将初步设定的要求发放给相应的设计部门，各部门确认各个总成部件要求的可行性以后，确认项目设计目标，编制最初版本的产品技术描述说明书，将新车型的一些重要参数和使用性能确定下来。项目策划阶段的最终成果是一份符合市场要求、开发可行性能够保证得到研发各个部门确认的新车型设计目标大纲。该大纲明确了新车型的形式、功能及技术特点，描述了产品车型的最终定位，是后续研发各个过程的依据和要求，是一份指导性文件。

2．概念设计阶段

概念车设计阶段的任务主要包括总体布置草图设计、造型设计和制作油泥模型。

（1）总体布置草图设计。绘制汽车总体布置草图是汽车总体设计和总布置的重要内容，其主要任务是根据汽车的总体方案及整车性能要求提出对各总成及部件的布置要求和特性参数等设计要求；协调整车与总成间、相关总成间的布置关系和参数匹配关系，使之组成一个在给定使用条件下的使用性能达到最优并满足产品目标大纲要求的整车参数和性能指标的汽车。而总体布置草图确定的基本尺寸控制图是造型设计的基础。

总体布置草图的主要布置内容包括车厢及驾驶室的布置，主要依据人机工程学来进行布置，在满足人体的舒适性的基础上，合理的布置车厢和驾驶室；发动机与离合器及变速器的布置、传动轴的布置、车架和承载式车身底板的布置、前后悬架的布置、制动系统的布置、油箱、备胎和行李箱等的布置、空调装置的布置。图 4.19 是手绘的某汽车总体布置草图。

（2）造型设计。在进行了总体布置草图设计以后，就可以在其确定的基本尺寸的基础

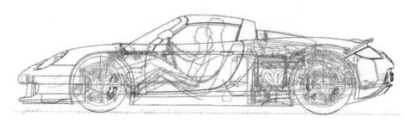

图 4.19　手绘的某汽车总体布置草图

上进行造型设计了。汽车的造型设计现在已经成为汽车研发中至关重要的环节,包括外形和内饰设计两部分。设计阶段包括设计草图和设计效果图两个阶段,设计草图是设计师快速捕捉创意灵感的最好方法,最初的设计草图都比较简单,它也许只有几根线条,但是能够勾勒出设计造型的神韵,设计师通过设计大量的草图来尽可能多地提出新的创意,这个车到底是简洁、还是稳重,是复古、还是动感都是在此确定的。草图选中后,利用绘图软件设计效果图,以便看到更加清晰的设计表现效果,保证以后的模型能够更好地与设计师的设计意图相一致。图 4.20 是某汽车外形设计的草图和效果图,图 4.21 是某汽车内饰设计的草图和效果图。

(a) 草图　　　　　　　　　　　(b) 效果图

图 4.20　某汽车外形设计的草图和效果图

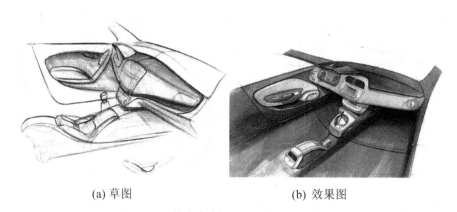

(a) 草图　　　　　　　　　　　(b) 效果图

图 4.21　某汽车内饰设计的草图和效果图

(3) 制造油泥模型。效果图制作完后,进行 1∶5 的油泥模型制作,并进行评审,综合考虑美学、工艺、结构等各种因素,如果评审通过,进行 1∶1 的油泥模型制作。图 4.22 为某汽车油泥模型。

图 4.22　某汽车油泥模型

3. 工程设计阶段

在完成造型设计后,开始进入工程设计阶段,工程设计是一个对整车进行细化设计的过程,各个总成分发到相关部门分别进行设计开发,各部门按照开发计划规定的时间节点分批提交零部件的设计方案。工程设计阶段主要包括以下几个方面。

(1) 总布置设计。在前面总布置草图的基础上,深入细化总布置设计,精确地描述各部件的尺寸和位置,为各总成和部件分配准确的布置空间,确定各个部件的详细结构形式、特征参数、质量要求等条件。主要的工作包括发动机舱详细布置图、底盘详细布置图、内饰布置图、外饰布置图及电器布置图。图 4.23 为某汽车三维总布置图。

图 4.23　某汽车三维总布置图

(2) 车身造型数据生成。车身或造型部门在油泥模型完成后,使用专用三维测量仪器对油泥模型进行测量,测量的数据包括外形和内饰两部分。测量生成的数据称为点云,工程师根据点云使用汽车三维设计软件来构建汽车的外形和内室模型。在车身造型数据完成以后,通常要使用这些数据来重新铣削一个模型,目的是验证车身数据是否正确。图 4.24 为车身点云数据,图 4.25 为 CATIA 软件制作的车身表面。

(3) 发动机工程设计。一般新车型的开发都会选用原有成熟的发动机动力总成,发动机部门的主要工作是针对新车型的特点及要求,对发动机进行布置(图 4.26),并进行发动机匹配,这一过程一直持续到样车试验阶段,与底盘工程设计同步进行。

(4) 白车身工程设计。白车身是指车身结构件及覆盖件的焊接总成,包括发动机罩、翼子板、侧围、车门及行李箱盖在内的未经过涂装的车身本体,是保证整车强度的封闭结构。白车身由车身覆盖件、梁、支柱及结构加强件组成,该阶段的主要工作任务就是确定

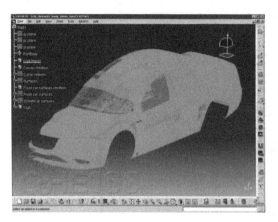 

图 4.24 某汽车车身点云数据　　　　图 4.25 CATIA 软件制作的车身表面

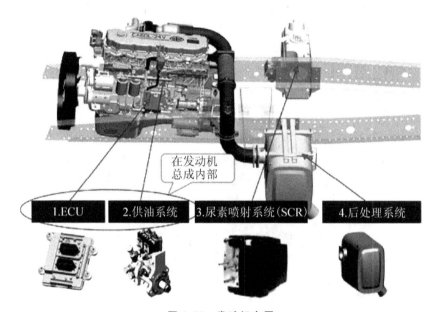

图 4.26 发动机布置

车身结构方案,对各个组成部分进行详细设计,使用 UG、CATIA 工程软件完成三维数模构建,并进行工艺性分析,完成装配关系图及车身焊点图。图 4.27 是用 CATIA 设计的白车身。

(5) 底盘工程设计。底盘工程设计是对底盘的传动系统、行驶系统、转向系统及制动系统进行详细的设计,传动系统的主要设计内容为离合器、变速器、驱动桥;行驶系统的主要设计内容为悬架设计;转向系统的主要设计内容为转向器及转向传动机构的设计;制动系统的主要设计内容为制动器及 ABS 的设计。其主要工作包括对各个系统零部件进行包括尺寸、结构、工艺、功能及参数等方面的定义;根据定义进行结构设计以及计算,完成三维数模;零部件样件试验;完成设计图和装配图。图 4.28 是某汽车底盘装配图。

(6) 内外饰工程设计。汽车内外饰包括汽车外装件及内饰件,外装件的主要设计包括前后保险杠、玻璃、车门防撞装饰条、进气格栅、行李架、天窗、后视镜、车门机构及附

图 4.27　用 CATIA 设计的某汽车白车身

图 4.28　汽车底盘装配图

件和密封条；内饰件主要设计包括仪表板、转向盘、座椅、安全带、安全气囊、地毯、侧壁内饰件、遮阳板、扶手、车内后视镜等。图 4.29 是某汽车仪表板三维设计图。

图 4.29　汽车仪表板三维设计图

（7）电器工程设计。电器工程负责全车的所有电器设计，包括刮水器系统、空调系统、各种仪表、整车开关、前后灯光及车内照明系统等，图 4.30 是某轿车电子冷却风扇系统电路图。

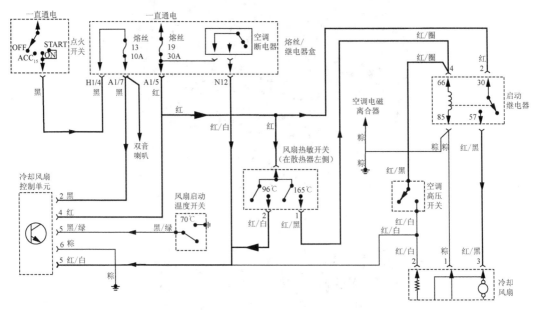

图 4.30 某轿车电子冷却风扇系统电路图

经过以上各个总成系统的设计，工程设计阶段完成，最终确认整车设计方案；开始绘制产品零件图、部件装配图和总装配图；编写产品零件、标准件明细表，外购件、外协件目录；编写文件目录和图样目录；进行标准化审查和工艺性审查，为样车试制做准备。

4. 样车试制试验阶段

样车的试制由试制部门负责，根据工程设计的数据和试验需要制作各种试验样车。样车的试验包括性能试验和可靠性试验，性能试验是验证设计阶段各个总成及零部件经过装配后能否达到设计要求，及时发现问题，做出设计修改完善设计方案；可靠性试验是验证汽车的强度及耐久性。试验应根据国家制定的有关标准逐项进行，不同车型有不同的试验标准。根据试制、试验的结果进行分析总结，对出现的各种问题进行改进设计，再进行第二轮试制和试验，直至产品定型。

汽车的试验形式主要有试验场测试、道路测试、风洞试验、碰撞试验等。

（1）试验场测试。很多汽车企业都有自己的试验场，试验场的不同路段分别模拟不同路况，有沙石路、雨水路、搓板路、爬坡路等。

（2）道路测试。道路测试是样车试验最重要的部分，通常要在各种不同的区域环境中进行，在我国北到黑龙江南到海南岛都要进行道路测试，以测定在不同气候条件下车辆的行驶性能以及可靠性。路试是比较复杂的，包括各种条件下的路试（高速路、沙尘路、水泥路、冰雪路等）。

（3）风洞试验。在油泥模型阶段就已进行初步的试验了，这个涉及空气动力学方面的科学；样机制作好后会进行进一步测试。

（4）碰撞试验。碰撞试验主要测试汽车的结构强度，在新车上市前，企业要经过 N 多次测试，测试主要是利用人体模型，通过各种传感器考察碰撞对人体模型的伤害，并有针对性地进行加强设计。

各个汽车企业根据实际情况进行汽车试验。图 4.31 所示为襄樊汽车试验场，图 4.32 所示为汽车在卵石路上进行测试，图 4.33 所示为汽车进行风洞试验，图 4.34 所示为汽车进行碰撞试验。

图 4.31　襄樊汽车试验场

图 4.32　汽车在卵石路上进行测试

图 4.33　汽车风洞试验

图 4.34　汽车碰撞试验

试验阶段完成以后，新车型的性能得到确认，产品定型。

5. 投产启动阶段

投产启动阶段的主要任务是进行投产前的准备工作，包括制订生产流程链，各种生产设备到位、生产线铺设等。在试验阶段就同步进行的投产准备工作包括模具的开发和各种检具的制造。投产启动阶段大约需要半年的时间，在此期间要反复地完善冲压、焊装、涂装及总装生产线，在确保生产流程和样车性能的条件下，开始小批量生产进一步验证产品的可靠性，确保小批量生产 3 个月产品无重大问题的情况下，正式启动量产。

4.2.2　汽车设计工程师

汽车设计工程师是汽车企业产品开发最重要的技术岗位。

1. 汽车设计工程师岗位描述

汽车设计工程师主要负责整车总体设计、总成设计和零件设计，其任务是使所设计的产品达到设计任务书所规定的整车参数和性能指标的要求，并将这些整车参数和性能指标分解为有关总成的参数和功能。

汽车设计工程师的工作内容如图 4.35 所示。

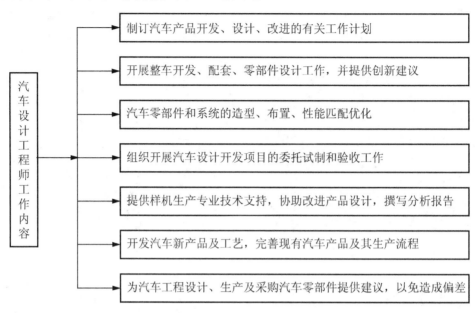

图 4.35　汽车设计工程师工作内容

2. 汽车设计工程师岗位要求

汽车设计工程师岗位要求如图 4.36 所示。

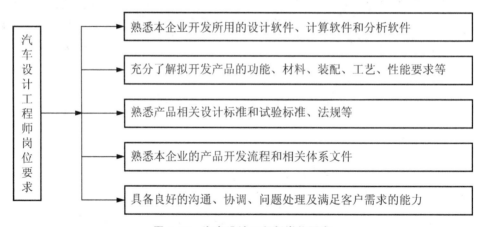

图 4.36　汽车设计工程师岗位要求

4.2.3　汽车分析工程师

汽车分析工程师包括碰撞安全分析工程师和 NVH 分析工程师等。

1. 汽车碰撞安全分析工程师

汽车碰撞被动安全性开发流程如图 4.37 所示。

(1) 参照车结构解析。参照车结构解析包括：参照车碰撞被动安全性总体方案解析、参照车碰撞被动安全性总体标准等级解析、参照车碰撞被动安全性分解到各分总成的分项

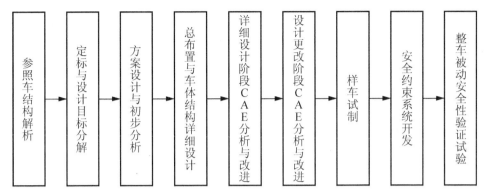

图 4.37 汽车碰撞被动安全性开发流程

标准等级解析、参照车碰撞被动安全性总体结构措施解析等。通过参照车 CAE 分析进行结构性能解析,可以分析出参照车在满足碰撞被动安全性方面,车身强度刚度等各个结构性能方面,采取哪些结构措施,这些措施的具体参数,一些重要件采用了何种材料等,作为车辆碰撞安全性设计时的参考。

(2)定标与设计目标分解。要保证设计车辆最终的总的设计目标,需要将总的设计目标分解细化。如整车安全性总目标为达到 NCAP 四星以上标准,需要细化到车体、座椅、转向管柱、安全带、安全气囊各个系统相应的设计目标。而这些系统的设计目标,如车体,又需要更进一步分解到车门、乘员舱、发动机舱等各总成、各个部位的目标。分解后的设计目标值是设计过程中的目标值,是设计过程控制参数,并不是产品的最终验收目标值。这些分解目标值很难通过参照车试验得到,而通过参照车 CAE 分析则比较方便得到。

(3)方案设计与初步分析。方案设计与初步分析包括被动安全性总体技术方案设计,以及对初步设计的结构断面、总体布置方案、内外观造型等的合理性进行分析,该阶段工作配合造型与总布置工作同步进行。

(4)总布置与车体结构详细设计。对于主机厂,在碰撞被动安全性方面,最重要的工作是设计一个具有高耐撞性、高强度的车体与满足被动安全性的总体布置,主要包括针对碰撞被动安全性总布置设计的发动机舱、乘员舱、底盘、车体结构等。

(5)详细设计阶段 CAE 分析及结构改进与优化设计。CAE 分析作为设计阶段的设计验证手段与优化设计手段,对详细设计阶段所得的每个版本车身与整车 3D 数据,进行 CAE 分析,目的为:其一,验证设计是否满足性能要求;其二,以 CAE 分析结果为依据,针对各性能进行结构改进设计与结构优化设计,确保工程化设计完成后的车身与整车 3D 数据、材料选择、焊点设计满足规定的性能设计要求。这个阶段 CAE 与结构改进优化工作一直持续到数模冻结。

(6)设计更改阶段 CAE 分析及结构改进与优化设计。设计更改主要指数模冻结以后,因工艺、成本等各种原因引起的设计更改。对每一次设计更改后的车身与整车 3D 数据,完成相应性能项目 CAE 分析,以验证设计是否满足性能要求;并针对各性能进行结构改进设计与结构优化设计,确保每一次设计更改后的车身与整车 3D 数据、材料选择、焊点设计满足规定的性能要求。这个阶段 CAE 与结构改进优化工作一直持续到产品上市正式销售。

(7)样车试制。设计阶段实物样车制造,采用快速成型模具、简易组装式夹具等简易工装制造车身，底盘等机械部件也采用开发样件。该样车主要有两个目的：其一，用于车体结构碰撞安全性设计要求的验证试验；其二，用于安全气囊、安全带等约束系统开发的匹配试验。

（8）安全约束系统开发。安全气囊、安全带等约束系统开发，主要包括约束系统零部件设计、零部件工装设计与制造、与整车装配设计、各控制程序设计与控制参数匹配、目标性验证试验。

（9）整车被动安全性验证试验。整车被动安全性验证试验包括采用设计样车完成的以验证车体结构碰撞安全性设计要求为目的设计阶段验证试验；采用设计样车完成的约束系统开发的匹配试验；采用工装样车完成的产品整车被动安全性定型验证试验；以国家公告要求为目的整车被动安全性公告性法规要求试验。

图4.38所示为某汽车碰撞仿真与试验对比。

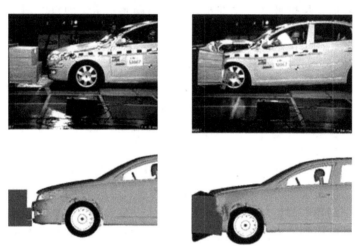

图4.38 汽车碰撞仿真与试验对比。

汽车碰撞安全分析师主要是应用相关分析软件进行结构子系统、乘员约束系统及整车的碰撞分析工作，并依据相关分析结果向工程设计提供有效解决方案，其工作内容如图4.39所示。

汽车碰撞安全分析师岗位要求如图4.40所示。

2. 汽车NVH分析工程师

NVH是指Noise(噪声)、Vibration(振动)和Harshness(声振粗糙度)，由于以上三者在汽车中是同时出现且密不可分，因此常把它们放在一起进行研究。汽车NVH根据问题产生的来源又可分为发动机NVH、车身NVH和底盘NVH三大部分，进一步还可细分为空气动力NVH、空调系统NVH、道路行驶NVH、制动系统NVH、内饰NVH等。NVH控制是企业的核心技术之一，NVH的好坏是顾客购买汽车的重要因素之一，在所有顾客不满意的问题中，约1/3与NVH有关，约1/5的售后服务与NVH有关，所以，汽车NVH分析师是汽车设计中非常重要的岗位。

汽车NVH设计主要分为以下几个阶段。

（1）对客户需求调研，建立用户需求定义库。汽车NVH设计是以改善汽车乘坐舒适

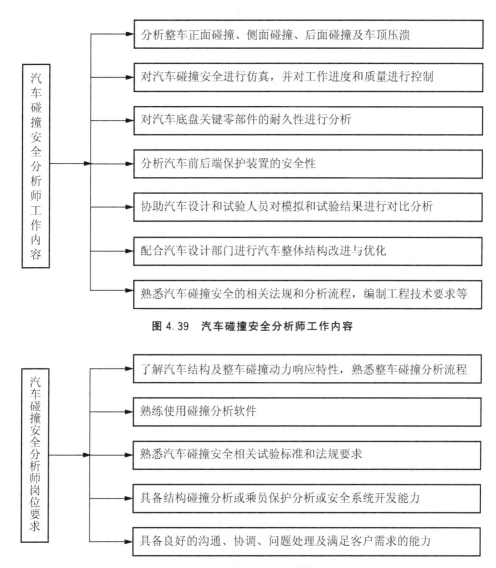

图 4.39 汽车碰撞安全分析师工作内容

图 4.40 汽车碰撞安全分析师岗位要求

性,提高客户满意度为最终目标。为达到这一目标,首先必须对客户需求进行调研,并对主观的要求和评价作出客观的表述,建立需求定义库。

(2) 测试汽车 NVH 性能参数,总结优化对象。对市场上同类型竞争对手的汽车和本公司优化目标汽车的 NVH 性能参数在各种运行工况下进行充分的测试,得出各种主、客观评价指标,包括振动参数、噪声参数、声振粗糙度及声学 NVH 现象。再将 NVH 问题分类,主要的分类参数包括操作状态(空转、制动、巡航等)、主观反应(隆隆声、摇晃)、客观衡量标准(声压、速度)、频率范围、来源(动力系统、公路、风等)、与机载相对的运载设备等;同时,为避免相连系统出现共振,规定各系统及主要部件的模态频率范围并制成规划表格;最后,列出优化对象清单,将存在 NVH 问题的模态重叠的系统和部件作为主要优化目标,并加入为满足客户 NVH 需求而要采取的行动措施。

(3) 确定汽车 NVH 目标,并分解成各个系统及部件目标。在以上的工作基础上,结合政府法规要求和自身的技术水平、市场定位，以及成本、时间要求等综合因素，确定预计汽车 NVH 目标。当整车 NVH 目标制定后，就要将其分解到各个系统、子系统和部件上。

（4）建模与优化。建模与优化的方法主要有整车 CAE 模型法和模态综合分析两种方法，一般较多采用模态综合分析法。为保证汽车 NVH 目标的实现，要求各子系统目标的确定也要符合试验设计和可靠性设计的要求。在这些子系统部件中，尤其要注意的是车身系统、车身声学空腔系统、转向柱管、轮胎和悬架系统等。

（5）制作虚拟模型车。在优化设计后，将最优结构安装在虚拟的模型车上，并检查安装空间、成本和质量等因素；如果不满足要求，就修改完善，直至满意为止。

（6）样车的试验与调整。设计完成后，再生产出样车，就可以在试验室中或道路上进行试验。一般是用三向加速度传感器测量人-车接触面之间的差异，从而进行必要的调整与修改，最后直至顺利批量生产。

汽车 NVH 分析流程图如图 4.41 所示。

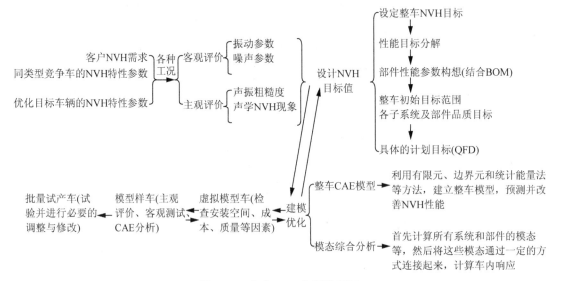

图 4.41　汽车 NVH 分析流程图

图 4.42 是某轿车 NVH 分析流程图。

汽车 NVH 分析师就是利用专用 NVH 分析软件，解决汽车存在的 NVH 问题，其工作内容如图 4.43 所示。

汽车 NVH 分析师岗位要求如图 4.44 所示。

4.2.4　汽车测试工程师

汽车测试工程师主要负责计划和实施汽车测试项目，对整车或汽车零部件进行功能、耐久性及安全性的测试分析，并记录汽车测试结果，完成汽车测试报告。图 4.45 所示为汽车性能测试。

汽车测试工程师主要工作内容如图 4.46 所示。

汽车测试工程师岗位要求如图 4.47 所示。

图 4.42　某轿车 NVH 分析流程图

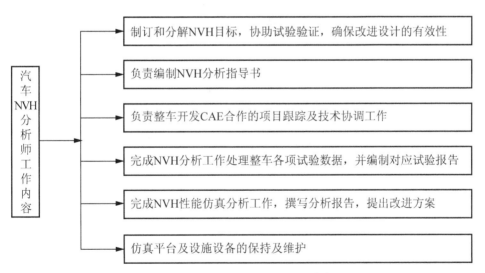

图 4.43　汽车 NVH 分析师工作内容

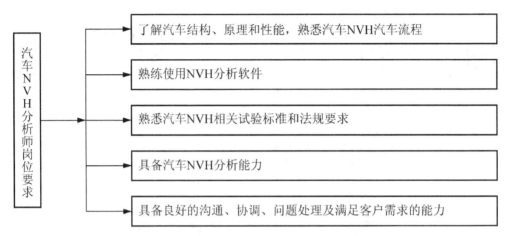

图 4.44　汽车 NVH 分析师岗位要求

汽车 NVH 分析师岗位要求：
- 了解汽车结构、原理和性能，熟悉汽车 NVH 汽车流程
- 熟练使用 NVH 分析软件
- 熟悉汽车 NVH 相关试验标准和法规要求
- 具备汽车 NVH 分析能力
- 具备良好的沟通、协调、问题处理及满足客户需求的能力

图 4.45　汽车性能测试

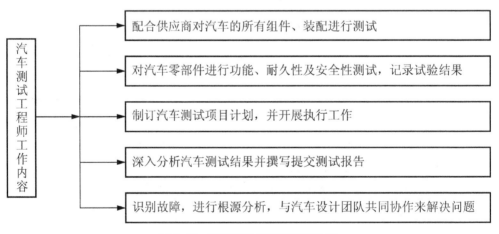

图 4.46　汽车测试工程师工作内容

汽车测试工程师工作内容：
- 配合供应商对汽车的所有组件、装配进行测试
- 对汽车零部件进行功能、耐久性及安全性测试，记录试验结果
- 制订汽车测试项目计划，并开展执行工作
- 深入分析汽车测试结果并撰写提交测试报告
- 识别故障，进行根源分析，与汽车设计团队共同协作来解决问题

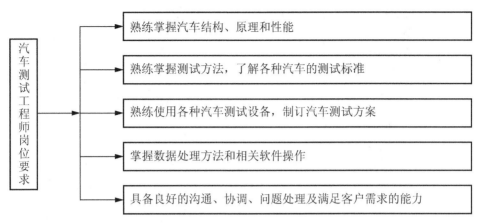

图 4.47 汽车测试工程师岗位要求

4.3 汽车产品生产岗位

生产高质量产品是企业发展的生命线，汽车产品生产岗位是生产高质量产品的重要保障。

4.3.1 汽车产品生产流程

汽车企业性质、规模、技术、设备不同，汽车生产流程也不同，如图 4.48 所示。但对于综合性汽车企业，冲压、焊接、涂装和总装四大工艺是必不可少的。图 4.49 是广汽丰田车间四大工艺整体布局。

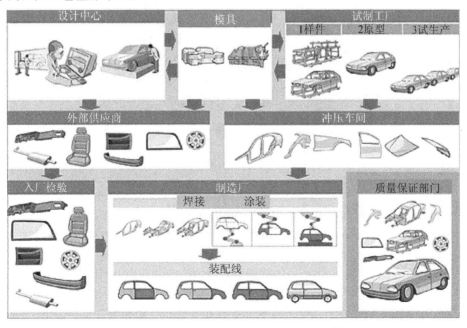

图 4.48 汽车生产流程

图 4.49　广汽丰田车间四大工艺总体布局

1. 冲压工艺

冲压是利用安装在压力机上的模具对材料施加压力,使其产生分离或塑性变形,从而获得一定几何形状和尺寸精度的机械零件或制品的一种压力加工方法。汽车冲压工艺的目标是生产出各种车身零部件。汽车冲压生产线如图 4.50 所示。

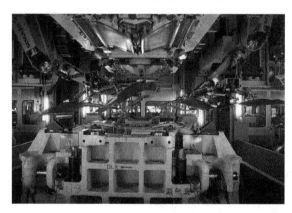

图 4.50　汽车冲压生产线

2. 焊接工艺

焊装工艺是将冲压好的各种车身板件局部加热或同时加热、加压而接合在一起形成完整的车身总成。在汽车车身制造中应用最广的是激光焊接,焊接的好坏直接影响了车身的强度。图 4.51 所示为汽车焊接生产线。

3. 涂装工艺

涂装工艺的目的是防止车身腐蚀,使车身具有美丽外观。涂装工艺过程比较复杂,技术要求比较高,主要工序包括漆前预处理和底漆、喷漆工艺、烘干工艺等,整个过程需要

图 4.51　汽车焊接生产线

大量的化学试剂处理和精细的工艺参数控制，对油漆材料及各项加工设备的要求都很高，因此，涂装工艺一般都是各公司的技术秘密。图 4.52 所示为汽车涂装生产线。

图 4.52　汽车涂装生产线

4．总装工艺

总装工艺就是把车身、发动机、底盘、内饰等各个部分组装到一起，形成一辆完整的汽车。装配工艺的水平直接影响到汽车的性能，有些汽车钣金件的接缝比较均匀，而有些汽车钣金接缝不均匀，这都是与装配工艺关系比较大的。一般的总装车间主要有四大模块，即前围装配模块、仪表板装配模块、车灯装配模块、底盘装配模块。经过各模块装配和各零部件的安装后再经过车轮定位、车灯视野检测等检验调整后整辆车就可以下线了。图 4.53 所示为汽车总装生产线。

4.3.2　汽车工艺工程师

汽车工艺工程师是汽车企业产品制造最重要的技术岗位，主要负责汽车产品生产环节的工艺设计，执行并解决技术问题。

汽车工艺工程师主要工作内容如图 4.54 所示。

汽车工艺工程师岗位要求如图 4.55 所示。

图 4.53　汽车总装生产线

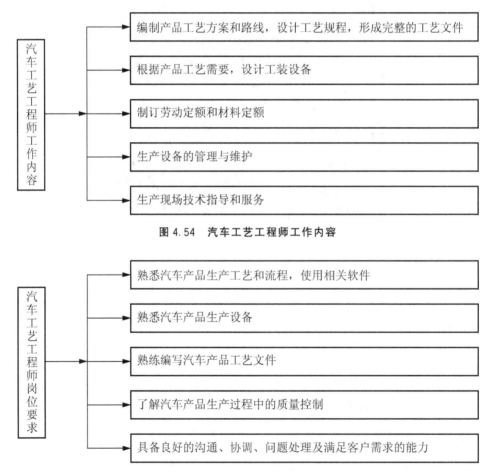

图 4.54　汽车工艺工程师工作内容

图 4.55　汽车工艺工程师岗位要求

4.3.3　汽车质量工程师

汽车质量管理工程师负责行业内标准要求的有关品质保证，在产品量产阶段对产品质量进行控制，为客户及时提供高质量、低成本的产品和服务。

汽车质量工程师主要工作内容如图 4.56 所示。

图 4.56　汽车质量工程师工作内容

汽车质量工程师岗位要求如图 4.57 所示。

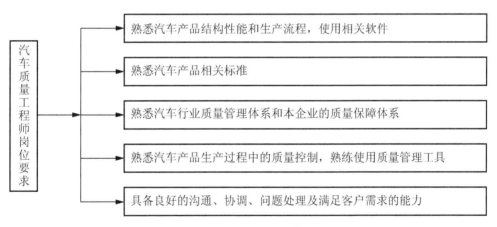

图 4.57　汽车质量工程师岗位要求

4.4　汽车产品销售岗位

4.4.1　汽车产品销售渠道

销售渠道在市场营销中起着重要的作用，它实现了产品从生产者向消费者的转移，调节着生产和消费之间在产品数量、结构、时间、空间上的矛盾，渠道畅通与否，直接影响营销效益。汽车销售渠道一般应具有以下功能：售卖功能、投放与物流功能、促销功能、服务功能、市场研究和信息反馈功能、资金结算与融通功能、风险分担功能、管理功能等。

汽车销售渠道类型如图 4.58 所示,主要有 5 种,第 1 种是由汽车生产企业直售型,属于零层渠道模式;第 2 种是由汽车生产企业转经销商直售型,属于一层渠道模式;第 3 种是由汽车生产企业经批发商转经销商直售型,属于二层渠道模式;第 4 种是由汽车生产企业经总经销转经销商直售型,属于二层渠道模式;第 5 种是由汽车生产企业经总经销商与批发商后转经销商直售型,属于三层渠道模式。

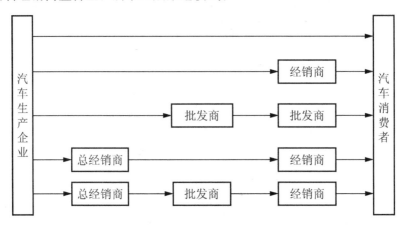

图 4.58　汽车销售渠道主要类型

在汽车工业百年发展演变的同时,主要汽车生产国家由于历史及社会环境的差异,汽车产品销售渠道也在不断地发展与变化,而且不尽相同,各具特色。

1. 国外汽车产品销售渠道

国内合资企业主要来自美国、欧盟、日本和韩国,本节主要介绍这些国家的汽车产品销售渠道。

(1) 美国汽车销售渠道。在美国,汽车销售主要是以生产商为主导的专营代理销售体系,生产商按主品牌安排销售渠道,代理商提供整车销售、配件供应、维修服务、信息反馈等方面的服务,称作"四位一体",即国内的 4S 店,如图 4.59 所示。

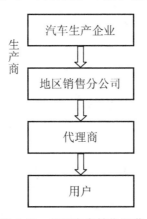

图 4.59　美国汽车销售渠道

(2) 欧洲汽车销售渠道。在欧洲,分销商一般是独立的公司,在特定的区域独家分销某汽车生产商的产品，并在该地区或市场代表其生产商的利益。分销商不进行零售，而是将汽车批发给下一级代理商。分销商负责管理车辆从生产厂家到销售网络的运输过程，管理销售的代理商网络，为代理商及最终顾客提供售后支援工作。网络中的代理商直接面向顾客，进行零售。代理商与分销商以合同形式成为分销商的专营代理，并被批准在某个特定地区进行营销。欧洲汽车销售渠道如图 4.60 所示，整个销售渠道以生产商为中心，其网络构成分为两级，即一级销售网点和二级销售网点，汽车厂商实行市场责任区域分工制，各区域都有提供服务和销售一体化服务的代理商。

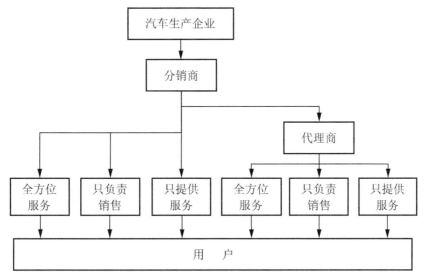

图 4.60 欧洲汽车销售渠道

（3）日本汽车销售渠道。在日本，汽车厂商不仅仅生产汽车，而且直接面向终端用户进行零售业务，如图 4.61 所示。

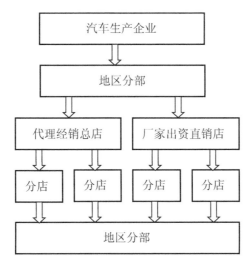

图 4.61 日本汽车销售渠道

（4）韩国汽车销售渠道。在韩国，汽车销售渠道简单，由生产商的销售分店进行直销，或者由完全控制的全资代理商经销，如图 4.62 所示。

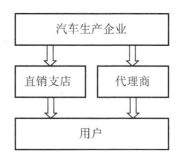

图 4.62 韩国汽车销售渠道

汽车销售渠道的共同特点主要体现在汽车生产商主导化、销售渠道多样化、分工专业化等方面。以上 4 种销售渠道都是围绕汽车生产企业建立。生产企业通过各种手段对销售渠道进行严格的控制，一方面以保证生产企业的营销策略能得到及时有效的执行，另一方面，也更直接接触最终顾客，从而提供优质满意的各项服务。由于市场越分越细，生产的汽车品种越来越丰富，销售渠道也更加多样化，但生产企业都在采取各项措施控制销售渠道的费用，降低成本，提高竞争力。

2. 国内汽车产品销售渠道

目前，我国汽车销售渠道主要有品牌专卖店、总代理式、特许经销式、汽车交易市场、网络销售等，如图 4.63 所示。

图 4.63 国内汽车产品销售渠道

（1）品牌专卖店。品牌专卖店是目前最常用的一种销售渠道，以 3S 店和 4S 店为表现形式，渠道模式可表述为厂商→专卖店→最终用户。这种专卖店经营比较规范，提供整车销售、零配件供应、售后服务、信息反馈等多种服务，在外观形象、标识、管理、服务方面比较统一，只经营单一品牌，有利于提升汽车企业的品牌形象。

（2）总代理式。渠道模式可表述为厂商→总代理→区域代理→（下级代理商）→最终用户，进口汽车主要采用这种模式，如奔驰、宝马、劳斯莱斯等。

（3）特许经销式。渠道模式可表述为厂商→特许经销商→最终用户，这是由于汽车厂商逐渐发现很难对经销商的经销行为进行规范而产生的。

（4）汽车交易市场。汽车交易市场将多家汽车经销商和汽车品牌集中于同一场地，并设立工商、交通管理部门，是一种综合性的渠道模式，这种模式不仅可供消费者进行多样化选择，还具有交易手续快捷、交易成本较低等优点，如北京亚运村汽车交易市场，成都红牌楼汽车交易市场等。

（5）网络销售。互联网时代，通过网络销售已经越来越受到消费者重视，电子商务网站已经成了影响汽车销售的一个重要渠道。

总之，销售渠道业已成为沟通买卖双方最为关键的中心，也将会有越来越多的企业发现，在产品、价格甚至广告的同质化趋势日益加剧的今天，单凭产品的独立优势赢得竞争已非常困难，销售渠道已成为当今企业所关注的重心，如何运作好销售渠道，发挥其作用正日渐成为厂家们克敌制胜的法宝。

4.4.2 汽车销售工程师

汽车销售工程师是指能够独立管理和策划汽车产品的区域销售、营销业务的高级销售人才，汽车行业的热门职业之一，其主要工作内容如图 4.64 所示。

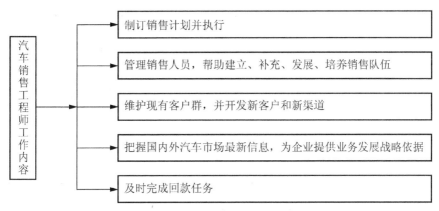

图 4.64 汽车销售工程师工作内容

汽车销售工程师岗位要求如图 4.65 所示。

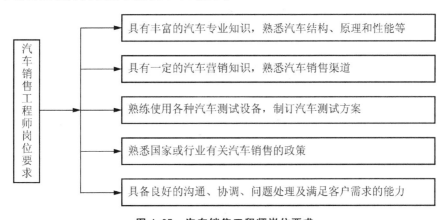

图 4.65 汽车销售工程师岗位要求

4.4.3 汽车技术支持工程师

汽车技术支持工程师主要负责汽车市场支持性技术资料的收集，为汽车经销商、服务商及销售部门提供技术支持，并对客户提出的汽车测试标准进行可行性评估。汽车行业竞争激烈，一个好的技术支持工程师在为客户提供优质服务的同时也提升了企业的信誉和形象，是企业渴求的重要人才。

汽车技术支持工程师主要工作内容如图 4.66 所示。

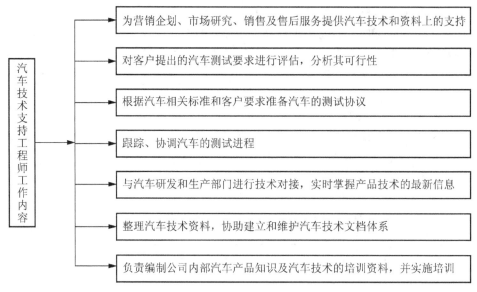

图 4.66　汽车技术支持工程师工作内容

汽车技术支持工程师岗位要求如图 6.67 所示。

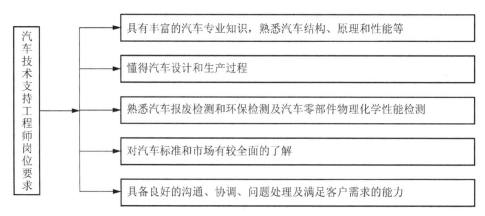

图 4.67　汽车技术支持工程师岗位要求

图 4.68 所示为汽车技术支持工程师现场进行技术讲解。

图 4.68　汽车技术支持工程师现场技术讲解

思 考 题

1. 专业技术人才类型有哪些？高等学校类型与专业技术人才培养有什么关系？
2. 汽车企业类型和人才需求一般是什么关系？
3. 汽车工程师有哪些类型？它们的工作内容和岗位要求是什么？
4. 汽车设计工程师有哪些类型？主要工作内容是什么？

第 5 章
车辆工程专业人才培养

教 学 目 标

通过本章的学习,读者了解车辆工程专业人才培养过程,特别是对课程教学、专业实践教学、社会实践以及主要科技活动有较全面的认识,为培养优秀的车辆工程专业人才奠定基础。

教 学 要 求

知识要点	能力要求	相关知识
课堂教学	了解课堂教学的基本文件和要求,对学习哪些课有初步认识	车辆工程专业培养方案
专业实践教学	了解专业实践教学的内容和要求	车辆工程专业培养方案
社会实践	了解社会实践的意义和路径,确定自己感兴趣的社会实践	中共中央国务院关于进一步加强和改进大学生思想政治教育的意见
科技活动	了解科技活动的意义和途径,确定自己感兴趣的科技活动	大学生主要科技大赛或竞赛活动方案

车辆工程专业人才培养 第5章

导入案例

大学是人生尤为关键的阶段,进入大学是很多高中生的理想,然而当他们进入大学后对其所学专业到底有多少了解呢?如果不了解或知之甚少,那么他们将是为读大学而读大学,无知会使他们迷失方向,不知何去何从,于是在彷徨中度过四载青春,既浪费了时间,又浪费了父母的钱财。图 5.1 是中国青年网校园通讯社对大学生专业选择情况调查的结果,结果显示,当今在校大学生中仅有 6.3% 的同学在入校前比较了解自己选择的专业,约有 44.5% 的同学很少了解或根本不了解自己的专业,60% 学生认为目前专业并不适合自己。

如果大学生能够及早了解他们所学的专业,知道大学四年都学习什么,将有助于他们对自己的未来有个明确、科学的规划,从而使得人生少走弯路,减少前进中的荆棘,尽快实现人生理想。读者通过本章的学习,可以对车辆工程专业有一个全面的了解。

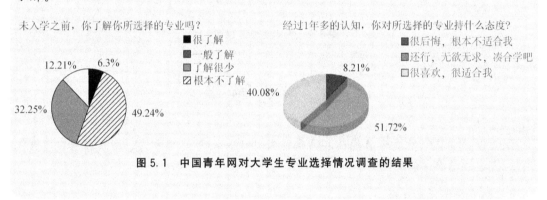

图 5.1 中国青年网对大学生专业选择情况调查的结果

人才培养、科学研究、服务社会、文化传承创新是高等学校四大基本职能,其中人才培养是核心,其他职能都是以此基础扩展、衍生而来。《国家中长期教育改革和发展规划纲要(2010—2020)》(以下简称《纲要》)确定今后 10 年教育工作的基本方针:"优先发展、育人为本,改革创新,促进公平,提高质量"的教育工作方针,核心是育人,促进公平与提高质量是工作重点,优先发展,改革创新是保证。就高等教育而言,《纲要》的第七章第十八条明确指出"全面提高高等教育质量",因此,当前及今后,"提高质量是高等教育发展的核心任务",也必将是高等教育深入改革和持续发展的主题和重心。

大学生入学后,根据培养计划进行课堂教学和专业实践教学,通过社团组织进行社会实践和科技活动,从而获得知识、能力、素质和技能,适应社会的需要,如图 5.2 所示。

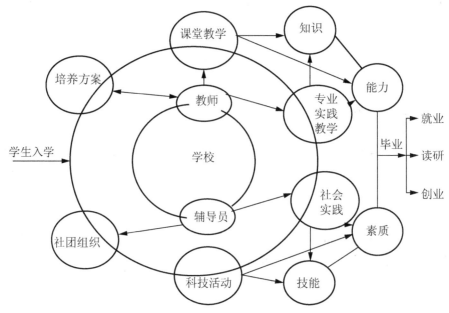

图 5.2 大学生培养过程

5.1 课堂教学

课堂教学是整个教学环节的核心，是传授知识、培养思维方式、塑造精神的主要途径，是决定教学质量的重要因素。

5.1.1 课堂教学基本文件

大学课堂教学的基本规范就是指教师课堂教学必须遵循的基本要求及基本的行为准则，它是对教师课堂教学行为的指导与约束，也是课堂教学质量的基本构成要素；它来源于大学的教学文件，主要有培养方案、教学大纲、教学日历等。

1. 培养方案

大学教学是以专业为单位进行的，专业是根据学科分类和社会分工需要分门别类的进行高深专门知识的教与学的基本单位，每个专业都有自己独立的培养方案，培养方案是高校各个专业人才培养的总体规划与安排，是高等院校培养专门人才，组织、实施、管理与评估教学活动的主要依据和纲领性文件，是人才培养的施工蓝图，培养方案决定着人才培养规格，日常教学运行、教学管理主要就是围绕培养方案而展开的，是培养方案的落实与执行，教学过程的质量监控也是对它的监控。它在学校中的地位就相当于宪法，是学校教育教学活动的根本大法，具有科学性、权威性、严肃性和稳定性。本科生培养方案的主要内容包括培养目标、培养要求、学制与学位、专业主干课程、毕业合格标准、学期教学进程表、实践教学环节安排、课程类型与学分比例、辅修第二学位课程计划、辅修第二专业课程计划、课程拓扑图等，如图 5.3 所示，各学校根据实际情况会有所不同。大学生入学后，首先要对本专业的培养方案进行全面的了解，做到心中有数，合理安排自己的学习规划。

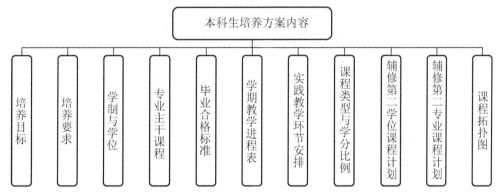

图 5.3 本科生培养方案的主要内容

培养方案的核心部分就是学期教学进程表，这部分内容包括开设的课程门类、课程名称、课程代码、开课学期、学时分配、学分及考核方式等。每个学期开设哪些课程、总课时、考核方式都是依据它进行的，一般不可随意变更。

培养方案要尽量做到"厚基础、宽口径、重能力、强素质"，要根据各专业的具体情况，正确处理德、智、体、美等方面的基础知识与专业知识、主干学科与相关学科、技术与经济、知识能力与素质、理论与实践、教与学、面向全体学生与因材施教、学习与休息等关系，建立合理的知识能力结构，尽可能地兼顾学生发展的多方面的需要，努力做到整体优化。

某高校车辆工程专业本科生培养方案见附录。

2. 教学大纲

教学大纲是一门课程的教学指导性文件，它是选用教材和开展教学工作的依据，也是检查和评定学生学业成绩和衡量教师教学质量的重要标准，是教师备课、上课、考核的依据。培养方案中的每门课程都应有相应的教学大纲，制订和执行好教学大纲，对课程建设、教材建设、确保教学质量具有重要作用。

教学大纲包括课程的性质及任务、课程的基本要求、本课程所需知识基础、使用教材与参考教材、教学大纲内容及学时分配、实验课等。

下面是某高校车辆工程专业的"汽车理论"教学大纲的主要内容。

课程编码：S181504　　　　　　　　　课程名称：汽车理论
课程类别：必修　　　　　　　　　　　适用专业：车辆工程
学　　时：40/6　　　　　　　　　　　学　　分：2.5

1）课程的性质及任务

本课程是车辆工程专业本科生的一门必修的重要专业课程之一，是学习专业理论课程的首选课。通过课程学习，培养学生从事汽车产品设计、制造、科学研究等方面工作能力。

2）课程的基本要求

通过本课程学习，要求学生按照教学大纲的要求，掌握汽车各使用性能的评价指标与评价方法；汽车及其部件的结构形式与结构参数对各使用性能的影响；性能预测的基本计算方法，为学习后续专业课程及课程设计、毕业设计打下基础。

3）课程与相关课程的联系与分工

本课程所需的前期课程有理论力学、机械设计、机械原理、汽车构造等，要求学生具有静力学、运动学、动力学、机械原理等方面的基本知识。本课程是汽车设计、专业课程设计和毕业设计的专业基础。

4）建议使用教材与参考教材

（1）使用教材。

余志生．汽车理论（第5版）．北京：机械工业出版社，2009.3．

（2）参考教材。

张文春．汽车理论．北京：机械工业出版社，2014.6．

许国洪．汽车理论．北京：人民交通出版社，2009.8．

5）教学大纲内容及学时分配

（1）汽车的动力性（7学时）。

本章主要介绍了汽车动力性的评价指标，汽车的驱动力与行驶阻力，汽车驱动力-行驶阻力平衡图与动力特性图，汽车行驶的附着条件和汽车的附着率，汽车的功率平衡及装有液力变矩器汽车的动力性。要求学生掌握评价指标，行驶方程式及动力特性平衡图。

（2）汽车的燃油经济性（4学时）。

本章主要介绍了汽车燃油经济性的评价指标，燃油经济性的计算方法及装有液力传动装置的燃油经济性的计算方法，分析了影响燃油经济性的因素，以及对电动汽车的研究。要求学生掌握评价指标，等速、加速工况的燃油消耗量的计算，从使用和结构两方面讨论影响燃油经济性的因素。

（3）汽车动力装置参数的选定（4学时）。

本章主要介绍了发动机功率、传动系统的最小传动比、最大传动比及传动系挡数与各挡速比的选择，如何利用燃油经济性-加速时间曲线确定发动机排量、主减速比及变速器传动比。要求学生掌握动力装置参数的选择，等比级数分配速比的优点，C曲线，最佳燃油经济性-动力性曲线。

（4）汽车的制动性（7学时）。

本章主要介绍了汽车制动性的评价指标，地面制动力、制动器制动力及附着力之间的关系，硬路面上的附着系数；汽车的制动效能及其恒定性；汽车的制动跑偏、制动时后轴侧滑与前轴转向能力的丧失情况，汽车前、后制动器制动力的比例关系。要求学生掌握汽车制动性的评价指标，附着系数与制动力的关系，制动距离的分析计算，汽车的方向稳定性，I、β线，制动过程分析及制动过程中的利用附着系数与附着效率。

（5）汽车的操纵稳定性（16学时）。

本章主要介绍了汽车操纵稳定性的评价指标及试验评价方法，轮胎侧偏特性及影响因素，线性二自由度汽车模型的运动微分方程，前轮角阶跃输入下的稳态响应、瞬态响应；横摆角速度频率响应特性，汽车操纵稳定性与悬架、转向系统、传动系统的关系，提高操纵稳定性的电子控制系统及对汽车侧翻的研究。要求学生掌握评价汽车操纵稳定性的特性曲线及评价指标，侧偏力与侧偏角的关系，前轮角阶跃输入下的稳态响应，汽车侧倾对稳态响应的影响，汽车的准静态侧翻。

(6) 汽车的平顺性(1学时)。

本章简要介绍了人体对振动的反应及平顺性的评价方法。要求学生掌握平顺性的评价方法。

(7) 汽车的通过性(1学时)。

本章简要介绍了汽车通过性的评价指标及几何参数。要求学生掌握汽车通过性的评价指标及几何参数。

3. 教学日历

教学日历是任课教师基于课程教学大纲编制的学期课程教学工作的具体内容安排和进度实施计划的总称。教学日历编制的基本目标单位是基于学期的具体课程教学；教学日历中的教学进度安排不仅要具体到每一周，还要具体到每一次课。编制教学日历的目的是使教师合理地分配时间，确保预定教学任务的完成。内容主要是总课时和每周、每次课时分配和教学内容分配及目标要求等；实验课要写明实验名称，实验学时数；独立开设的实验课教学日历中还必须写明实验内容；习题课、课堂讨论和其他环节要注明题目和学时数。各高等学校都有自己的教学日历格式和要求，授课教师应提前填好教学日历。

5.1.2 课堂教学基本要求

课堂教学的基本要求如下。

(1) 教学目标明确、具体。

(2) 教学内容充实、信息量大，能反映或联系学科的新思想、新概念、新成果。

(3) 对问题的阐述深入浅出、简练准确、重点突出、思路清晰、富有启发性。

(4) 坚持理论联系实际，突出知识的应用价值。

(5) 合理使用现代化教学手段，提高教学效率。

(6) 给予学生思考、联想、创新的思维空间，鼓励学生独立思考，多提问题，训练学生思维技巧。

(7) 板书应设计合理、字迹清楚、用字规范、板面布置得当、整洁有序。

(8) 讲课要有热情，精神饱满，充分调动学生情绪、活跃课堂气氛，加强师生间的沟通交流。

大学课堂教学与高中是完全不同的，教师在课堂上只讲难点、疑点、重点或者是教师最有心得的一部分，其余部分就要由学生自己去攻读、理解、掌握。大部分时间是留给学生自学的。因此，培养和提高自学能力，是大学生必须具备的本领。大学的学习不能像中学那样完全依赖教师的计划和安排，学生不能只单纯地接受课堂上的教学内容，必须充分发挥主观能动性，发挥自己在学习中的潜力。这种充分体现自主性的学习方式，将贯穿于大学学习的全过程，并反映在大学生活的各个方面。如学习的自主安排、学习内容和学习方法的自主选择等。

学习方法是提高学习效率，达到学习目的的手段。在大学学习中要把握住的几个主要环节是预习、听课、复习、总结、记笔记、做作业、考试等，这些环节把握好了，就能为进一步获取知识打下良好的基础。

课前预习。这是掌握听课主动权的主要方法。预习中要把不理解的问题记下来，听课时增加求知的针对性。既节省学习时间，又能提高听课效率，是学习中非常重要的环节。

听课记好笔记。上课时要集中精力，全神贯注，对老师强调的要点、难点和独到的见解，要认真做好笔记。课堂上力争弄懂老师所讲内容，经过认真思考，消化吸收，变成自己的东西。

复习和总结。课后及时复习，是巩固所学知识必不可少的一环。复习中要认真整理课堂笔记，对照课本和参考书，进行归纳和补充，并把多余的部分删掉，经过反复思考写出自己的心得和摘要。每过一个月或一个阶段要进行一次总结，以融会贯通所学知识，温故而知新，形成自己的思路，把握所学知识的来龙去脉，使所学知识更加完整系统。

做作业和考试。做作业是巩固消化知识，考试是检验对所学知识掌握的程度，它们都起到了及时找出薄弱环节、加以弥补的作用。做作业要举一反三，触类旁通，要养成良好习惯，对考试要有正确态度，不作弊，不单纯追求高分，要把考试作为检验自己学习效果和培养独立解决问题能力的演练，在学习中抓住这几个基本环节，进行思考，在理解的基础上进行记忆，及时注意消化和吸收。经过不断思考，不断消化，不断加深理解，这样得到的知识和能力才是扎实的。大学学习除了把握好以上主要环节之外，还要有目的地研究学习规律，选择适合自己特点的学习方法，提高获取知识的能力。

5.2 专业实践教学

实践教学是高等教育教学手段的重要形式，是有效促使学生理论联系实际，进一步深化理论知识、将知识转化为能力的关键环节。《中华人民共和国高等教育法》明文规定："高等教育的任务是培养具有创新精神和实践能力的高级专门人才""本科教育应当使学生比较系统地掌握本学科、本专业必需的基础理论、基本知识，掌握本专业必要的基本技能、方法和相关知识，具有从事本专业实际工作和研究工作的初步能力"，而学生实际能力的培养、学生基本技能、方法和相关知识的训练就是靠实践教学来保证的。

车辆工程专业实践教学活动主要有课程实验、认识实习、生产实习、汽车工艺课程设计、汽车部件课程设计和毕业设计等，如图5.4所示。各学校的专业实践教学会有所不同，要根据实际情况自己确定。

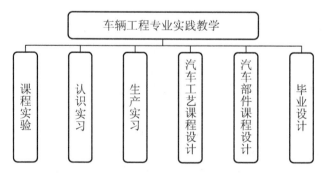

图5.4 车辆工程专业实践教学环节

5.2.1 课程实验

课程实验教学是理论教学的延伸和深化，是传统实践教学的一个重要环节。通过实验的学习，加深对所学知识的理解，从而培养学生从事汽车产品设计、制造、科学研究等方面工作能力。

专业课程实验教学主要有汽车构造、汽车理论、汽车试验学、汽车电子技术等课程的实验。

1. 汽车构造

汽车构造实验教学目的如下。

（1）通过实验使学生牢固掌握常见汽车总成主要零部件的作用、结构和工作原理。

（2）通过实验使学生初步掌握汽车总成主要零部件装配、调整知识，培养学生的实验技能。

（3）通过实验使学生熟悉现代汽车的新结构及其工作原理，了解汽车材料有关知识。

汽车构造实验教学的基本要求是学生必须按照实验要求，独立完成发动机、变速器、传动系统、制动系统和转向系统各总成的拆装和调整的实验全部过程。

图 5.5 所示为汽车构造拆装设备。

图 5.5　汽车构造拆装设备

2. 汽车理论

汽车理论实验教学目的如下。

（1）通过实验使学生巩固对汽车理论基本性能的理解，并通过实验手段加以验证。

（2）通过实验使学生了解汽车理论试验的过程，培养学生的实验技能。

（3）通过实验使学生掌握汽车动力性、经济性、制动性等实验测试方法。

汽车理论实验教学的基本要求如下。

（1）汽车动力性实验。了解汽车动力性试验所使用的仪器，掌握汽车最高车速、加速时间的试验过程，通过实验进一步加深汽车动力性评价指标的含义。

（2）汽车燃油经济性实验。了解汽车燃油经济行性试验所使用的仪器，重点掌握等速油耗的试验过程，了解多工况油耗的实验过程。

（3）汽车滑行实验。了解汽车滑行实验所使用的仪器，掌握汽车滑行实验的过程，通过实验理解滑行实验的意义。

（4）汽车制动性实验。了解汽车制动性实验使用的仪器，熟悉汽车制动性的评价指标，掌握制动距离的实验过程，理解汽车制动实验的实际意义。

图 5.6 所示为用于汽车理论实验的转鼓试验台。

图 5.6　汽车转鼓试验台

3．汽车试验学

汽车试验学实验教学的目的如下。

（1）通过实验使学生牢固掌握常见汽车试验用设备的工作原理。

（2）通过实验使学生掌握汽车总成及主要部件的实验技能。

（3）通过实验使学生熟悉现代汽车的新型试验设备的结构及工作原理。

汽车试验学实验教学的基本要求是学生必须按照实验要求，独立完成实验设备的相关调整和实验全部过程，主要实验有发动机综合性能检测、汽车排放检测、转向扭矩及间隙测量、轴荷及行车制动力检测、前轮定位参数测量、车辆侧滑检测、汽车前照灯性能检测等。

图 5.7 所示为汽车综合性能检测线。

图 5.7　汽车综合检测线

4．汽车电子技术

汽车电子技术实验教学的目的是熟练使用各种电子器件的检测设备，掌握典型电器结构的检测流程，进一步加深对汽车电器和电子构件的结构和原理的理解。

汽车电子技术实验教学的基本要求如下。

（1）了解汽车电子构件的结构和原理，熟悉电子器件参数测量方法。

（2）熟悉电喷发动机的工作原理及组成，了解各传感器的诊断参数。

（3）掌握自动变速器、制动防抱死等系统的工作原理与基本演示程序。

（4）掌握安全气囊系统的控制策略，学会观察此系统的动作步骤和触发原理。

（5）掌握典型传感器的检测流程，学会绘制传感器的特性曲线。

图 5.8 所示为汽车自动变速器试验台。

图 5.8 汽车自动变速器试验台

专业课程实践教学内容可以根据各学校的实际条件而定。

5.2.2 认识实习

1. 实习目的

认识实习是专业教育的第一个实践教学环节,其目的是使学生对本专业的研究领域有一个大概认识,初步接触本专业的生产实际和科学研究,了解本专业、本行业的历史、现状和发展情况,培养学生对本专业的感情,增强学生对本专业的热爱,培养学生观察问题、分析问题的能力,为以后的专业学习做好准备。

提供给学生一个接触社会、了解企业的机会,扩大他们的知识面,逐步培养学生观察、分析问题和解决实际问题的能力。

2. 实习内容

(1) 参观与本专业有关的企业,学习典型产品的构造,对典型产品有一个感性认识,以便更好地学习专业知识。

(2) 学习企业的生产、经营和管理技术。

(3) 对本专业的研究领域有大致认识,对本专业的研究内容有初步了解。

(4) 对本校的专业现状及研究发展有一定了解。

3. 实习方式和时间安排

认识实习时间按教学计划进行,时间为 1 周,选择 3~4 个地点进行实习,具体时间根据实际情况安排,中间可穿插录像和讲座。

4. 总结考核方式

(1) 学生每天交一份实习日记,记录当天参观学习内容及心得。

(2) 实习结束时,学生提交书面实习报告,总结实习收获,写出自己对本专业更进一步的认识和感受,提出自己今后的发展方向。

指导教师根据学生实习表现和日记、总结给出合格、不合格成绩。

图 5.9 所示为学生到汽车企业进行认识实习。

图 5.9　学生到汽车企业认识实习

5.2.3　生产实习

1. 实习目的

生产实习是使学生了解和掌握基本生产知识，印证、巩固和丰富已学过的专业知识，培养学生理论联系实际，在生产实际中调查研究、观察问题、分析问题，以及解决问题的能力和方法。在学生已掌握一定专业基础知识的前提下，进一步增强感性认识，拓宽对于机械加工方法、机械加工过程、工艺设备及工艺装备的了解，为后继专业课程的学习打下基础。

2. 实习内容

（1）了解实习单位的组织机构——各职能科室和车间的划分、组成、管理体制和职权范围，以及生产组织管理方面的经验和存在的问题。

（2）了解车间的组织机构和生产管理制度、车间的生产计划、安全生产制度及措施。

（3）了解典型汽车零件热处理的作用，毛坯制造工艺及热处理工艺。

（4）掌握和分析典型汽车零件的结构和机械加工工艺过程；了解大型零件的加工特点；进一步了解一些典型零件加工所用夹具的结构及定位夹紧原理。

（5）掌握和分析机械结构的工作原理和典型部件的装配工业过程。

（6）掌握典型零件的工业装备，所用机床性能、特点和典型机构，尺寸的调整方法，切削刀具结构的特点和几何参数，量具的类型和测量方法等。

3. 实习方式

（1）听取报告。在实习开始时，由实习单位指派人员向学生介绍本单位情况及进行安全保密教育。为了保证和提高实习质量，在实习期间还可请实习单位有关人员做技术报告，报告内容包括该单位产品的结构及特点；该单位机械加工及装配工艺的特点、存在的问题及解决的途径；夹具及专用机床设计、刀具设计和使用等问题；生产中的技术革新成就；生产组织及管理方面的经验及问题等。

（2）组织参观。在实习开始时，组织对实习单位的参观，以了解其概况。在实习期间，还应组织学生到其他有关车间去进行专业性的参观，以获得更广泛的生产实践知识。参观中应着重了解先进工艺方法、先进工装、先进设备的特点及先进的生产组织管理形式等。

（3）车间实习。学生在车间实习是生产实习的主要方式，学生按照实习计划在指定的车间对典型零件及部件进行实习，通过观察分析及向车间工人和技术人员请教，完成规定的实习内容。

（4）实习日记。在实习中，学生应将每天的工作、观察研究的结果、收集的资料和图表、所听报告内容等记入实习日记。实习日记是学生编写实习报告的主要资料依据，也是检查学生实习情况的一个重要方面，学生每天必须认真填写，教师应随时检查批改实习日记。

（5）业务专题报告。业务专题报告要求学生运用课堂所学过的理论和知识，对实习中某一方面的问题，如典型生产线或典型零件的个别工序所使用的工艺方法和工艺措施、生产管理、工厂和车间的布局等进行深入的分析，提出关于提高加工质量和生产率、改善工人劳动环境和条件等方面的改进设想和建议，以利于实习深入，提高实习质量。专题报告的篇幅不必太长，力求少而精，主要是为了使学生理论联系实际，培养其分析问题和解决问题的能力及综合运用所学知识的能力。

（6）实习报告。在实习结束时，学生应提交书面的实习报告。实习报告的内容主要有简要总结各实习地点的实习情况；写明所实习典型零件的机械加工工艺过程，并在实习的基础上对现行加工工艺和工装设备提出自己的见解和改进意见；对厂内生产问题的扼要分析和说明，以及对生产技术问题、组织管理问题提出改进的措施和建议；总结实习收获，提出对实习工作的改进意见。

实习指导教师应评阅实习报告。

4. 实习的时间安排

实习时间一般为 2 周，安排在第 7 学期，学完全部基础理论课、技术基础课和部分专业课程之后进行。

为了使学生能较好地了解和掌握本专业基本的生产实际知识，以及本专业的科技发展方向，实习应安排在生产规模较大和技术较先进的汽车制造厂进行，最好是国内六大汽车集团之一，感受国内汽车企业的现状。

实习具体时间分配见表 5-1。

表 5-1 实习时间分配

序号	计划内容	时间安排
1	入厂教育；参观毛坯制造及热处理分厂	1 天
2	机械结构及装配工艺实习	2 天
3	典型零件工艺实习	3 天
4	工具与机修实习	1 天
5	专题报告	1 天
6	先进制造技术和现代化生产参观实习	1 天
7	总结、考查	1 天

实习作息时间，由厂、校根据具体实际情况安排。

5. 实习的考核

指导实习的教师应对每个学生的实习情况进行考查，考查以口试或笔试的形式进行。根据学生在实习期间的实习态度、实习日记和实习报告的质量及考查时回答问题的情况，确定考查成绩（按优、良、中等、及格、不及格五级记分制评定成绩）。无实习日记及实习报告者，不允许参加考查，成绩按不及格计。

图 5.10 所示为学生到汽车企业进行生产实习。

图 5.10 学生到汽车企业生产实习

5.2.4 汽车工艺课程设计

生产实习结束后，要进行汽车工艺课程设计，时间一般为 3 周。

1. 教学目的

汽车工艺课程设计是机械制造技术基础课程的重要实践性环节，是学生在校期间第一次较全面的关于机械制造工艺方面的工程师能力训练，在实现学生总体培养目标中占有重要地位。

汽车工艺课程设计的教学目的如下。

（1）通过工艺课程设计实践，树立正确的设计思想，培养综合运用机械制造技术基础课程和其他先修课程的理论与生产实际知识来分析、解决机械制造问题的能力。

（2）学习零件工艺设计的一般方法，掌握工艺设计的一般规律。

（3）进行工艺课程设计基本技能的训练，如计算、绘图、查阅资料和手册、运用标准和规范，还应进行计算机辅助设计和绘图的训练。

2. 基本要求

汽车工艺课程设计的基本要求如下。

（1）对于给定的零件，从产品装配图和零件功能要求出发，根据产品的生产纲领和生产类型、国内外有关工艺、技术发展状况制订工艺规程，确定毛坯，拟定工艺路线，进行工序设计，确定工序的技术要求及检验方法。

（2）对某一个典型工序进行工艺装备设计。

（3）能考虑制造工艺、安装与调整、使用与维护、经济和安全等问题，对夹具部件和零件进行结构设计。

（4）图面符合制图标准，尺寸及公差标注正确，技术要求完整合理。

初步掌握计算机进行设计计算和绘制装配图、零件图的能力。

3. 基本内容

汽车工艺课程设计题目以典型汽车零部件的加工为主，设计题目教师给出，由学生制定具体的工艺方案。

每个学生应完成：零件图1张；零件毛坯图1张；夹具装配图1张；夹具主要零件图1张；机械加工工艺规程综合卡1张；设计说明书1份，说明书应包括零件的分析、工艺规程设计、夹具设计计算等。

4. 工作进度安排

（1）熟悉零件，对零件进行功能分析和工艺分析，画零件图(1天)。

（2）确定毛坯类型和制造方法，查有关手册确定毛坯表面加工余量及公差，绘制毛坯图(2天)。

（3）制订工艺路线，选择加工设备和工艺装备，加工余量及工序尺寸的确定，绘制工序简图，计算切削用量，填写机械加工工艺过程卡片等(4天)。

（4）工艺装备设计，画夹具总装图及夹具主要零件图(5天)。

（5）编写设计说明书(2天)。

（6）准备及答辩(1天)。

5. 考核方法及成绩评定

设计完成后应进行答辩，并按优秀、良好、中等、及格、不及格评出成绩，成绩单独记分。

5.2.5 汽车部件课程设计

1. 教学目的

汽车部件课程设计是汽车设计课程的重要实践性环节，是学生在校期间第一次较全面的关于汽车设计的工程师能力训练，在实现学生总体培养目标中占有重要地位。

汽车部件课程设计的教学目的如下。

（1）通过课程设计实践，树立正确的设计思想，培养综合运用汽车设计课程和其他先修课程的理论与生产实际知识来分析和解决汽车设计问题的能力。

（2）学习汽车部件设计的一般方法，掌握汽车部件设计的一般规律。

（3）进行汽车部件设计基本技能的训练，如计算、绘图、查阅资料和手册、运用标准和规范，应进行计算机辅助设计和绘图的训练。

2. 基本要求

汽车部件课程设计的基本要求如下。

（1）从汽车部件功能要求出发，制订或分析设计方案，合理地选择主要参数、结构方案和零件。

（2）能按汽车部件的工作状况分析和计算作用在零件上的载荷，合理选择零件材料，正确计算零件工作能力和确定零件主要参数及尺寸；

（3）能考虑制造工艺、安装与调整、使用与维护、经济和安全等问题，对汽车部件和零件进行结构设计；

（4）图面符合制图标准，尺寸及公差标注正确，技术要求完整合理。

要求掌握计算机进行设计计算和绘制装配图、零件图的能力。

3．基本内容

汽车部件设计题目以汽车部件总成为主，设计题目给出设计输入内容，由学生制订具体的结构方案。

每个学生应完成：部件装配图1张；零件工作图2张，通常为汽车部件总成中的主要零件；设计说明书1份，说明书应包括确定总体方案，选定主要参数和结构方案，传动装置运动学和动力学计算，传动零件计算，轴、轴承、键的校核计算，联轴器选择及润滑密封形式的选择等内容。

4．工作进度安排

（1）汽车部件结构方案设计，含结构方案分析、主要参数的选择、传动装置的运动学、动力学计算等(2天)。

（2）装配图设计(6天)。

（3）零件工作图设计(4天)。

（4）编写设计计算说明书(2天)。

（5）准备及答辩(1天)。

5．考核方法及成绩评定

设计完成后应进行答辩，并按优秀、良好、中等、及格、不及格评出成绩，成绩单独记分。

5.2.6 毕业设计

毕业设计是教学过程的最后阶段采用的一种总结性的实践教学环节，通过毕业设计，能使学生综合应用所学的各种理论知识和技能，进行全面、系统、严格的技术及基本能力的练习。

1．毕业设计的目的

（1）培养学生综合运用所学基础课、技术基础课和专业课的知识，提高分析和解决工程技术问题的工作能力。

（2）巩固、深化和扩大学生所学基本理论、基本知识和基本技能。

（3）使学生受到高级技术人员的综合能力训练。例如，调查研究、查阅文献和收集资料的能力；理论分析的能力；制订设计或试验方案的能力；设计、计算和绘图的能力；实验、研究能力；计算机的应用能力；技术经济分析和组织工作能力；总结提高和撰写论文的能力等。

（4）培养学生的创新能力和团队精神，树立良好的学术思想和工作作风。

2．毕业设计流程

毕业设计流程：选题，并确定指导教师→开题报告→中期检查→结题验收→论文撰写并提交→论文评阅→答辩→资料提交。

3. 毕业设计选题原则

毕业设计选题应遵循以下原则。

（1）选题必须符合车辆工程专业的培养目标及教学基本要求，体现本专业基本训练内容，使学生得到比较全面的锻炼。

（2）选题应尽可能从生产、科研和教学的实际问题中选定，有实用背景。

（3）选题的类型可多种多样，贯彻因材施教原则，使学生的创造性得以充分发挥。

（4）选题的难易程度和工作量应适合学生的知识能力和相应的实验条件，能使大多数学生经过努力在给定时间内完成规定的任务。

4. 毕业设计类型

毕业设计类型主要有工程设计类、实验研究类、软件开发类、理论研究类和综合类。

（1）工程设计类。设计一个车辆相关类产品，整个设计过程包括熟悉相关知识，进行相应的设计计算、选型设计、校核计算等，并绘出装配图和零件图；撰写1.5万字以上的论文，包括设计方案选择，设计方法确定，详细计算过程，所得结论等。装配图和零件图尽量使用三维设计软件，计算分析使用商业化的专用软件。

（2）实验研究类。学生要独立完成一个完整的实验，取得足够的实验数据。实验要有探索性，而不是简单重复已有的工作，要完成1.5万字以上的论文，论文应包括文献综述、实验装置、实验方案、实验分析研究与结论等内容。自行设计的实验装置，应提供1份实验装置装配图。

（3）软件开发类。学生要独立完成一个应用软件或较大软件中一个模块的开发，要有足够的工作量，同时要写出1.5万字以上的论文和必要的软件使用说明书。论文主要包括综述、系统总体设计、系统详细设计、系统实现、性能分析、结论。

当毕业设计涉及有关实验方面的内容时，答辩前，必须完成实验调试，要有完整的测试结果和给出各参数指标并经结题验收老师验收；当涉及有关计算机软件方面的内容时，在答辩前，必须要演示计算机程序运行情况，运行结果经结题验收老师验收。

（4）理论研究类。选题必须有一定实际意义，学生在答辩前应在教师的指导下撰写出一篇与毕业设计有关的学术论文，字数在1.5万字以上。论文正文包括选题的目的、意义，国内外的研究综述，问题的提出和分析，研究工作方案，进行建模、仿真和设计计算，结论等。

（5）综合类。综合类要求至少包括前4类中的2类内容，当有工程设计内容时，图纸工作量酌情减少，并要完成1.5万字以上的论文。

5. 毕业设计检查

对毕业设计要进行开题检查、中期检查、结题验收和答辩等。

（1）开题检查。开题检查的要点：检查学生的文献综述和方案论证、判断是否已充分理解毕业设计的内容和要求；进度计划是否切实可行；是否具备毕业设计所要求的基础条件。

（2）中期检查。中期检查的要点：检查论文的内容与题目是否一致，论文的基本观点是否正确；学生是否按计划完成规定工作，所遇到的困难能否克服；学生在毕业设计期间的表现等。

（3）结题验收。结题验收检查的要点：检查学生的设计图纸是否完备、是否合格；现场检查实验数据是否完备、可靠，演示实验结果；现场检查软件运行结果；检查学生是否按毕业设计任务书要求完成全部工作。

（4）毕业设计答辩。学生毕业设计完成后，由指导教师审核签字并写出评语，并于答辩前3天将全部材料交到答辩委员会。答辩小组根据毕业设计工作情况和答辩情况给学生评定成绩。

6. 毕业设计评分

毕业设计的评分为：优秀、良好、中等、及格、不及格5个等级，优秀人数一般不超过本专业学生人数的20%；中等、及格、不及格不低于20%。

毕业设计的成绩由导师、评阅人、答辩委员会3部分的评分组成。

5.3 社 会 实 践

大学生社会实践是指通过体验的方式提高大学生综合素质的一系列教育活动的总称，它是大学生通过有目的、有计划的深入现实社会，参与具体的生产劳动和社会服务，培养正确的世界观、人生观和价值观的有效途径。《中共中央国务院关于进一步加强和改进大学生思想政治教育的意见》中对加强大学生社会实践做出了重要指示：要积极探索和建立社会实践与专业学习相结合、与服务社会相结合、与勤工助学相结合、与择业就业相结合、与创新创业相结合的管理体制，认真组织大学生参加军政训练、社会调查、生产劳动、志愿服务、公益活动、科技发明和勤工助学等实践活动，使大学生在社会实践活动中受教育、长才干、做贡献，增强社会责任感。

5.3.1 社会实践的意义

社会实践是将课堂知识与社会知识有效结合的重要途径，社会实践对于拓展大学生素质、推动大学生就业、提升大学生社会责任感都具有重要意义，如图5.11所示。

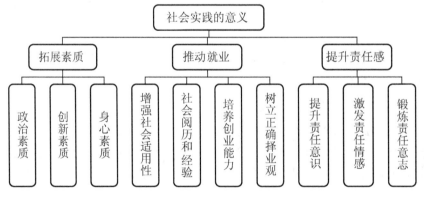

图5.11 大学生社会实践的意义

1. 社会实践可以拓展大学生素质

（1）社会实践是大学生思想政治素质的重要载体。社会实践是大学生接触社会、了解社会、进行爱国主义理想信念教育的重要方式，成为新形势下加强和改进青年思想政治工作的重要载体，是课堂思想政治教育的延伸，是大学生实现自我教育最有力的手段。作为教育对象的大学生由客体变为主体，教育过程由被动变为互动，大学生在自觉服务社会的实践中受教育，长才干，作贡献，在奉献社会的同时也受到了深刻的思想政治教育。在社会实践中，大学生走出校园，走进没有围墙的社会大学，不仅锻炼和完善了自身，而且在实践中更深入地了解了党和国家的方针政策，了解了国家的现状，为将来更好地服务于社会主义现代化建设奠定了坚实的基础。

（2）社会实践是大学生创新素质的实践平台。大学生社会实践就是将课内教学与课外活动融为一体，将理论教学与实践教学融为一体，将传授知识与培养能力融为一体，为大学生的创新素质教育构建了一个实践平台。大学生社会实践是以大学生为主体，可自由发挥学生的爱好和特长，激发学生的创新意识，使实践能力得以发展。

（3）社会实践是大学生身心素质的强心针。丰富多彩的社会实践活动调整了大学生的情绪，磨练了大学生的意志和性格，提高了承受能力和自调能力，从根本上消除心理上的自我干扰和相互摩擦，使身心健康状况得以改观。

（4）社会实践是大学生社会文化素质的拓展之路。大学生必须通过社会实践，参与社会生活，在社会这个大课堂中掌握社会经验，拓展社会文化素质，实现由"学生角色"转变为"社会角色"，才能成为真正意义上的社会人才。

2. 社会实践可以推动大学生就业

社会实践为大学生在培养择业观、提高就业能力方面提供了很好的机会。在校大学生积极参加社会实践，能够进一步检验、矫正和弥补自己的知识结构，培养自我教育、自我管理和自我发展的能力，锻炼适应能力和社交能力，从而积累社会阅历和工作经验，树立正确的立业观和择业观，适应市场，顺利就业。社会实践对大学生就业具有非常重要的推动作用。

（1）拓展综合素质，做"适应型"人才。当前人才市场要求高校毕业生具有良好的综合素质，这是市场经济、知识经济和经济全球化发展趋势的要求，更是人才市场竞争和职业发展的要求。社会实践正是大学生拓展自身素质的主要载体之一，使学生通过实践磨练意志、砥砺品格、发展个性、锻炼能力、自我教育、自我管理和自我设计，勇于承担社会责任，拓展自身的综合素质，使择业观和就业力得到双重完善，满足社会主义市场经济对人才的要求，成为"学历＋素质＋技能"的"适应型"人才。

（2）增加社会阅历，积累工作经验。社会阅历和工作经验是职业场中的决定因素，这对于涉世不深的大学生而言的确要求太高，但"自主择业"和"双向选择"的就业政策已把高校毕业生推向求职市场，不再有任何的优惠政策。社会阅历和工作经验是校园里很难学到的，只有积极参加社会实践活动，培养个人的综合能力，提高就业力，缩短毕业后适应社会的时间，才能更好地适应社会大环境并稳步提升自己。在社会实践中日积月累，把体验内化成自己知识和人格的组成部分，最终升华为自身的阅历和经验，在社会人才市场中提升自己的竞争力，甚至利用自身的优势与社会人员竞争。

（3）培养创业能力，树立正确的创业观。当今大学生创新创业已成为高等教育的重要组成部分，也是大学生毕业后进入社会的主要途径之一。通过创业实践，激发学生强烈的求知欲和创业欲望，使学生勇于创业、乐于创业、不断激发个人潜在的能力。在实践的过程中，既能体验创业的艰辛、失败的痛苦和成功的喜悦，又能坚定创业信念，积累经验。社会实践能帮助学生树立正确的创业观，并且在实践中不断完善、发展自己，为日后创业全方位锻炼自己。

（4）树立市场意识，培养正确的择业观。大学生通过社会实践还能够树立市场意识，摒弃一些错误的观念，理解真正意义上的竞争，认识到和谐社会中的优胜劣汰，培养竞争意识和精品意识。在社会实践中了解企事业用人单位对人才的需求和要求，在大学期间努力地培养自己的综合素质，在毕业时端正就业态度，避免好高骛远、不切实际和错误定位，真正做到量能定位和量力就业。对于大多数高校毕业生而言，目前就业仍是主要的选择。通过社会实践，使大学生提前进行社会化和个性化发展，了解社会、认知自我、准确定位，树立正确的立业观和择业观。在就业过程中适应就业市场的要求，在短时间内找到适合自己的岗位，实现初次就业，成功准确地迈出走向社会的第一步。

3. 社会实践可以提升大学生社会责任感

大学生的社会责任感是指大学生对自己在承担人类社会发展责任中的情况是否符合内心需要而产生的情感体验，其核心是大学生认识到自己对社会的安定与变革、人类的生存与发展应负的责任。

（1）大学社会实践有助于提升和深化大学生的责任认识。社会实践为大学生提供了走出书本课堂、接触社会、增强亲身感受和深化认识的良好机会。通过社会实践活动，大学生可以认识当代中国的基本国情民情，了解农村落后状况，领悟自己肩上的重任，自己应该对社会负有的责任，尤其是作为未来社会建设主力军这一特殊角色的大学生应尽的职责。所以，深入社会，了解社会，可以帮助大学生端正思想认识，拓展视野，使其思路更加明确，感受更加深刻，树立起强烈的忧患意识，增强为国家和民族发展贡献力量的责任感和使命感。

（2）大学社会实践有助于激发和丰富大学生的责任情感。在大学社会实践中，学生通过开展一些专题调查，走进社区，直接接触下岗人员和老年人；走进山区，直接接触贫苦群众和因贫困而无法读书的孩子；走进社会福利部门，直接接触福利院的孤儿和残疾人，与不同层面、不同类型的人群进行面对面的交流，感受他们的疾苦和烦恼，从而激发起大学生的爱心、同情心和责任心。

（3）大学社会实践有助于锻炼学生的责任意志。学生在社会实践活动中，常常会遇到许多困难，如进行专题调查时问卷设计的反复修改，走进贫困山区时生活上带来的不便等，常常鼓励和帮助学生以坚强的毅力，克服各种困难。在多次的实践活动中，学生的主人翁意识不断增强，责任认识不断深化，对责任感产生了坚定的信念。这种实践活动循环往复，学生由坚定的责任信念最终则会转化为顽强的责任意志，表现出持续的责任行为。

大学生社会责任感的形成是一个由感性到理性，由对己负责到对他人、对社会、对国家、对民族负责的递进过程，大学社会实践为学生运用知识、施展才华、锻炼意志、实现自我价值、形成强烈的社会责任感提供了重要平台。

5.3.2 社会实践的路径

构建全方位的大学生社会实践路径体系是对大学生社会实践基本路径的继承和发展，更好地应对和解决大学生社会实践、大学生社会实践路径中存在的问题，是为了更好地推动大学生社会实践路径的不断创新和发展。全方位构建大学生社会实践路径体系，要定位准确、内容全面和系统具体，除构建以实验教学、实习教学、课程设计、毕业设计、科技创新为主要内容的课程学习实践外，还应包括以公益社会实践、顶岗实习为主要内容的专项社会实践的构建；以主题交流培训实践、主题实践服务、主题实践活动、主题社会调研实践为主要内容的主题社会实践的构建；以兼职实践、创业实践为主要内容的个体实践的构建，如图 5.12 所示。

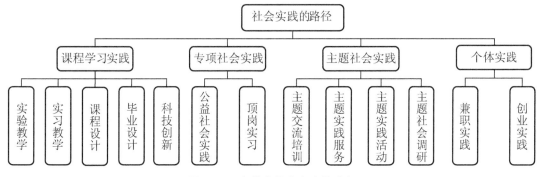

图 5.12　大学生社会实践的路径

1. 专项社会实践

专项社会实践是指高校采取公益社会实践、顶岗实习、回乡顶岗实习等模式，开展的以实现大学生服务社会、贡献企业、参与劳作、促进就业目的的专项实践活动。它具有特殊性明显、活动内容针对性强、活动形式新颖、参与主体广泛、活动范围宽等特点。

（1）公益社会实践。公益社会实践是指大学生自发或有组织地以理论调查、实际行动等形式参与到服务社会、服务基层中去的一种实践教学活动。它具有活动形式多样性、活动性质公益性、活动内容全面性、活动范围广泛性等特点。当前应该从主体教育、客体规范、内容健全、体制建设等方面推动高校公益社会实践的建设。

国家各级有关部门每年都举办全国大学生各种公益社会实践，并进行评比表彰。2013 年全国大学生社会实践"十佳"公益团队分别是：电子科技大学的"爱暖青海湖畔"红心支教队；东北师范大学的"明日乡"公益支教团；江南大学的"彝谊生辉"志愿服务团队；湖南农业大学的"致远"青年志愿者团队；湖北汽车工业学院的"V益·青竹"爱心支教服务团；兰州大学的第六届绿色营；西南大学的"传媒之眼"社会实践公益团队；安徽理工大学的江淮百村生态环境调查团队；石河子大学的"戈壁明珠"团队；湛江师范学院"幸福红领巾"服务队。

中国大学生社会实践知行促进计划，是由团中央学校部组织发起的大学生社会实践支持促进项目，2014 年正式启动。知行计划以"中国梦·责任·创新·实践"为主题，以助学支教、科技支农和卫生下乡为重点，在校园中倡导积极健康的生活和学习方式，推进团属校园媒体体系建设，支持大学生能力培养，促进大学生创业就业。图 5.13 所示为大学生支教活动。

图5.13 大学生支教活动

（2）顶岗实习。顶岗实习是以实现大学生就业和提高大学生能力为导向，通过校企之间的亲密合作和"订单式"培养，企业按照一定的合作框架要求给大学生提供一定实习岗位的社会实践活动。它是培养专业型、应用型、技能型、技艺型人才的有效途径，是实现大学生与企业零距离接触的重要渠道。顶岗实习的实施过程由准备阶段、实施阶段、总结阶段构成。其中，前期准备阶段包括动员号召、筛选审查、岗前培训、课程设置、联系沟通等内容。近些年来，有些高校形成了"顶岗实习—就岗就业"的办学新模式。顶岗实习的意义在于增强了大学生身心素质、岗位意识和社会经验，提高了大学生学习的自觉性和自主性。

为做好大学生顶岗实习工作，建议顶岗实习前，要加强对大学生的技能培训和技术指导，通过顶岗实习教育提高大学生掌握生产的方法；顶岗实习实践中，要积极引导、鼓励大学生总结和提高自己；顶岗实习后，学校要主动向企业沟通了解大学生实习情况，并组织学生、教师进行总结、评估、改进；要签订学校、用人单位、大学生三方协议，从法律上保障顶岗实习的实施；要尝试建立学校、用人单位、大学生"三方保险"制度，以保障大学生的人身财产安全；要建立大学生维权法律援助中心，以提升大学生的维权意识和保障大学生的合法权益；要稳步扩大顶岗实习的范围，以提高大学生顶岗实习的影响范围和实效性；要积极探索顶岗实习新模式，以拓展顶岗实习的内容和方式；要建立健全资金保障机制，以确保大学生顶岗实习的真正实施。

图5.14所示为某学校到汽车企业顶岗实习。

图5.14 某学校到汽车企业顶岗实习

2. 主题社会实践

作为大学生社会实践路径重要内容的主题社会实践，是基于一定的主题内容开展的实践活动,它具有突出内容、针对性强、目的明确、形式多样等特点和优势,主要包括主题交流培训实践、主题实践服务、主题实践活动、主题社会调研实践等几种类型,但实际上很难分清,一次主题实际往往包含多种类型。

(1) 主题交流培训实践。大学生主题交流培训实践有学校组织的主题交流培训实践和政府相关部门组织的主题交流培训实践两种类型。前者分为校内和校外两种形式,校内又包括校院之间、院院之间、专业之间、学科之间的主题交流培训,校外则包括校企之间、校校之间两种基本范式。大学生主题交流培训实践具有实施主体多、受众广、形式多样等特点。当前,可以从加大政府支持与引导力度、加强校企间合作、加大校校间的合作力度、建立健全体制机制等措施来加强大学生主题交流培训实践的建设。

(2) 主题实践服务。主题实践服务就是要通过大学生参与社会实践的形式,让他们参与到社会主义新农村建设和全面建设小康社会中来,要充分发挥他们作为社会"思想库""智囊团"的作用。现阶段,做好针对大学生的主题实践服务工作,首先要实现大学生主题实践服务组织模式的创新,一要实现大学生专题实践服务从"精英实践模式"到"大众模式"的转变,形成点面结合、以点带面、点一线一面的服务新格局;二要实现大学生专题实践服务学校组织、学生被动接受向学生自主组织、主动参与的转变;三要实现大学生专题实践服务学校包办向国家支持、社会参与、学校配合的转变。其次,要实现大学生主题实践服务模式的创新,一要实现大学生专题实践服务从"单边服务模式"到"双边服务模式""多边服务模式"的转变;二是要实现大学生专题实践服务从"小分队服务模式"到"个体村官服务模式"的转变;三是要实现大学生专题实践服务从暑期临时服务模式到长期服务模式的转变。最后,要实现大学生专题实践服务评价模式的创新,要实现大学生专题实践服务由被动评价模式向主动评价模式的转变,从考核评价模式到激励评价模式的转变。

(3) 主题实践活动。主题实践活动的内容主要包括三方面:一是诸如纪念建党、建国、建团的系列主题实践活动,这一类活动旨在培养大学生的爱国主义情怀、集体主义价值观,大力弘扬和传承老一辈人的优秀品质和道德情操,坚定大学生的永远跟党走、跟组织走的中国特色社会主义信念和养成科学、民主、进步、严谨、求学、创新的求学态度,不断增强党的执政基础和群众基础。二是以实践毛泽东思想、邓小平理论、"三个代表"重要思想和科学发展观为主题的实践活动,此类主题实践活动旨在宣传党的理论知识和以多样的组织形式引导大学生开展涉及社会各方面利益的实践活动。三是以特定问题为主题的实践活动,如大学生创业就业问题主题实践活动、关爱农民工子女教育问题主题实践活动、关注农村生态问题主题实践活动、服务地方经济社会发展实践活动、服务青少年健康成长的主题实践活动等。

(4) 主题社会调研实践。主题社会调研实践是大学生了解基层、了解社会、了解国情的有效途径,是锻炼大学生独立研究意识和创新思维的必要条件,是配合高校理论教学的重要教学环节,也是实现对大学生信息综合评判的有效途径。大学生主题社会调研实践是指大学生在高校的组织、指导下,基于充分的前期准备和一套由主观题、客观题组成的调查问卷,深入基层开展涉及经济、政治、社会、文化、生态等方面的具体问题的一项社会实践活动,包括走访调查、数据统计、分类整理、归纳评估等活动环节。

图 5.15 所示为河北省举办的大学生"体验省情、服务群众"主题社会实践活动。

图 5.15 某高校大学生兼职类型调查

3. 个体实践

个体实践是大学生参与社会实践的重要路径和基本范式,是社会实践网络的有机组成部分,它是个体性与社会性的有机统一。个体实践能够帮助人们认识真理、检验真理、发展真理,大学生个体实践主要包括兼职实践和创业实践这两种形式。

(1)兼职实践。大学生兼职是我国高校普遍存在的一种社会现象,是一种大学生基于自身意愿参与社会建设的一种有偿性实践活动,大学生一般是由于经济压力、就业压力被动接受或想主动锻炼、增长见识主动参与的动机参与兼职实践活动。兼职实践分为校内实践和校外实践两种,校内实践主要是由学校提供的诸如宿舍管理员、楼道巡查员、图书整理员、超市营业员、教师助理等岗位组成的;校外实践成分则比较复杂,既有学校勤工助学中心外联部联络组织的,也有大学生自己联系的,有传单发放员、海报粘贴员、家教、服务员、模特等岗位。图 5.16 所示为某高校大学生兼职类型调查。

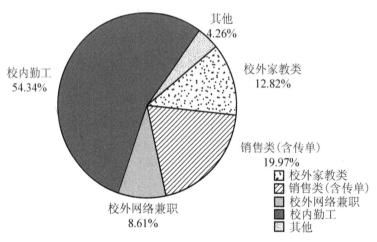

图 5.16 某高校大学生兼职类型调查

兼职实践给高校大学生教育注入了新的气息、新的活力,起到了增强学生忧患意识、端正学生学习态度、扩大学生接触面与知识面、科学定位自我发展等积极效应。但是,也存在兼职与学习矛盾突出、兼职缺乏目标定位、职责规范漏洞多、学校管理缺失、学生自主意识差等问题。为解决好这些问题,从而实现大学生兼职实践的良性发展,需要推行高校大学生兼职教育,以提高大学生对社会的观察、辨别能力;要加强大学生兼职实践的基地化建设,实现大学生兼职的良性管控;要加强相关机构的配置和管理,实现学校学工部、就业指导中心、勤工俭学中心等机构对大学生兼职的有效指导；要关注弱势学生群体，帮助他们解决好生活难题和找到合适、安全的兼职工作；要加强大学生思想政治教育工作，帮助大学生树立正确的人生观、世界观、发展观；要坚持校内兼职与校外兼职相结合的原则，积极为大学生兼职实践创造条件。

（2）创业实践。创业实践是大学生个体实践的重要组成部分，是实施创业教育的重要环节，是一种最能体现创业教育特点和性质，最能激发学生潜能的教学活动方式。大学生创业实践的可行性在于我国知识产业急迫需要有丰富知识和创新意识的大学生的加入，我国产业结构的调整和科技的创新也需要年轻气盛、思想活跃大学生的参与，需要大学生承担起创新发展、科教兴国、民族复兴的大任。大学生创业实践的必要性在于，是社会变革和经济发展的客观需要，是解决大学生就业问题、促进就业的现实需要，是支持国家建设和运用好国家政策支持的本质要求，是应对社会需求多样化实际的现实需求。

现阶段，做好大学生创业实践工作，一是要搞好创业教育，构建高校创业教育课程体系，加强对大学生创业的理论指导工作；二是要借助高校各类大学生社团，积极开辟大学生创业实践的新路径；三是要积极构建多形式的校企合作模式，实现大学生与企业"联姻"式、"合作"式、"嵌入"式、"互动"式、"连锁加盟"式的合作；四是要加强大学生创业实践基地的建设工作，营造良好的校园、社会环境氛围。要构建多功能的创业实习、创业见习、社团创业的基地，充分发挥它们的优势和作用，为培育创新型、应用型、知识型的社会人才而服务。

为贯彻落实党的十八届三中全会"健全促进就业创业体制机制"有关精神，适应大学生创业发展的形势需要，共青团中央、全国学联从2014年开始面向全国高校学生举办"创青春"全国大学生创业大赛，大赛每两年举办一次。2014年"创青春"全国大学生创业大赛将以"中国梦，创业梦，我的梦"为主题，以增强大学生创新、创意、创造、创业的意识和能力为重点，以促进大学生创业实践为导向，着力打造权威性高、影响面广、带动力大的全国大学生创业大赛。以此为带动，将大学生的创业梦与中国梦有机结合，打造深入持久开展"我的中国梦"主题教育实践活动的有效载体；将激发创业与促进就业有机结合，打造整合资源服务大学生创业就业的工作体系和特色阵地；将创业引导与立德树人有机结合，打造增强大学生社会责任感、创新精神、实践能力的有形工作平台。

图5.17所示为2014年"创青春"全国大学生创业大赛移动互联网创业专项赛终审决赛闭幕式，大赛收到来自全国75所高校的101个优秀项目，共有400多名选手踊跃参赛。

图5.17　2014年"创青春"全国大学生创业大赛移动互联网创业专项赛终审决赛闭幕式

大学生在学校以社团为载体,选择自己喜欢的活动参加。根据教育咨询机构麦可思研究院发布《2014年中国大学生就业报告》(即"就业蓝皮书"),本科毕业生在校参与度最高的社团活动及满意度见表5-2。

表5-2 本科毕业生在校参与度最高的社团活动及满意度

排序	社团活动类型	参与度/(%)	满意度/(%)
1	公益类	30	80
2	体育户外类	21	81
3	学术科技类	17	67
4	社会实践类	15	72
5	文化艺术类	14	71
6	表演艺术类	13	77
7	社交联谊类	10	76

5.4 科技活动

大学生科技活动是以学生学习兴趣为导向,以创新型科技课题为载体,以学生自主学习和教师指导相结合的方式,以解决实际问题为切入点的科研实践活动,是创新型人才培养的重要形式和内容。

5.4.1 科技活动的意义

课外学术科技活动(以下简称"活动")对大学生综合素质的提高和科研能力、创新能力的训练起着十分积极的作用,具有非常重要的意义。

(1) 活动有利于大学生树立创新意识、培养创新精神、提高创新能力。培养学生的创新精神和创新能力,是学校教育教学的重要内容之一,是学校综合实力的一个重要体现。大学生是推进国家未来各方面事业发展的主力军和骨干力量,其中出类拔萃的学子更将成为国家未来各领域建设群体的领军人物。如果学校培养的学生只具备较强的专业知识和素质,却缺乏创新精神,那我们国家就不能持续发展,社会就难以快速进步。

(2) 活动能够促进大学生对基础知识、专业知识的学习。掌握扎实的基础知识、专业知识是新时期高素质创新人才必须具备的基本素质。提倡创新教育、素质教育,打好基础是关键。没有扎实的专业知识作为铺垫,就不可能在课外学术科技活动中有所斩获。只有熟练掌握固有知识,在知其然的同时更知其所以然,才能够在遇到新的问题时举一反三,才能在需要创新的时候,灵活地将自己掌握的知识付诸实践。所以在参加课外学术科技活动的过程中,大学生不仅进行着思考创新,也同时对基础知识和专业知识进行着温习和重新认识,以求达到融会贯通。

(3) 活动能够促进学生扩大知识面,追踪学术的最新成果。一件合格的课外学术科技作品是学生对大量固有知识的积累和吸收后,通过思考和实践,提取相关知识重整、归纳、总结而出的成果。作品前期准备信息量往往是作品本身信息量的几倍甚至更多。同时，优秀的课外学术科技作品往往追随着时代的脚步，洞察着社会的身影，适应着社会大环境，结合着社会的特点。基于此，课外学术科技活动间接地督促学生积累知识、扩大知识面、接触学术的最新成果。

（4）活动能够培养大学生学以致用的能力。在课外学术科技活动中，大学生把课堂上学到的、通过其他途径接触到的知识应用到实践当中，将知识转化为社会价值，实现了学以致用的目的。与此同时，他们在实践中能够体会到学习的意义，在发现问题、解决问题的过程中能够感受到知识的力量和作用，从中找到满意的归属感和较高的荣誉感，点燃了学习的动力，对学习的目标更加清晰。

（5）活动有利于提高学生群体性的研究型学习能力。大学生要参与社会竞争并实现事业的成功，就必须学会与他人合作的能力。在课外学术活动中，一个团队把每个成员的机智、耐力、毅力、自信、知识集结在一起，使他们相互结合、相互补充，彼此坦诚、信任，学会分享与合作，学会沟通和交流，树立乐于合作的团队精神，培养理论联系实际的能力。

（6）活动有利于培育健康的、积极进取的大学校园文化，增强校园学术氛围，形成相互启发促进和良性竞争的优秀学风。

5.4.2 中国大学生方程式汽车大赛

中国大学生方程式汽车大赛（英文简称 FSC）是一项由高等院校车辆工程或相关专业在校学生组队参加的汽车设计与制造比赛。此赛事被誉为"汽车工程师的摇篮"。

FSC 秉持"中国创造，擎动未来"的远大理想，立足于中国汽车工程教育和产业的现实基础，吸收借鉴国际赛事的成功经验，着力打造培养中国未来汽车产业精英工程师与领导者的创新型教育平台，并将成为与国际青年汽车工程师的交流盛会。

FSC 参照国际赛事规则，参赛车队须在一年内自行设计和制造出一辆在加速、制动、操控性等方面具有优异表现的小型单座方程式赛车，参加静态和动态 8 项比赛，具体是营销报告、赛车设计、制造成本分析、直线加速、8 字绕桩、高速避障、耐久测试和经济性。

历届 FSC 情况见表 5-3。历届 FSC 参赛车队合影如图 5.18 所示。

表 5-3 历届 FSC 情况

届数	年份	地点	参赛学校数量	车队数量	总成绩名次		
					第 1 名	第 2 名	第 3 名
第一届	2010	上海	20	20	北京理工大学	华南理工大学	西华大学
第二届	2011	上海	33	33	北京理工大学	德国慕尼黑工业大学	厦门理工学院
第三届	2012	上海	41	41	湖北汽车工业学院	同济大学	广西科技大学鹿山学院
第四届（油车）	2013	襄樊	50	50	厦门理工学院	哈尔滨工业大学（威海）	湖南大学
第四届（电车）			10	10	德国斯图加特大学	合肥工业大学	广西科技大学鹿山学院

续表

届数	年份	地点	参赛学校数量	车队数量	总成绩名次		
					第1名	第2名	第3名
第五届（油车）	2014	襄樊	61	61	湖南大学	北京理工大学	厦门理工学院
第五届（电车）			19	19	德国斯图加特大学	北京理工大学	广西科技大学鹿山学院

(a) 第一届

(b) 第二届

(c) 第三届

图 5.18　历届大学生方程式汽车大赛合影

(d) 第四届

(e) 第五届

图 5.18　历届大学生方程式汽车大赛合影(续)

5.4.3　全国大学生"飞思卡尔"杯智能汽车竞赛

为加强大学生实践、创新能力和团队精神的培养,促进高等教育教学改革,受教育部高等教育司委托,由教育部高等学校自动化专业教学指导分委员会主办全国大学生智能汽车竞赛。该竞赛是以智能汽车为研究对象的创意性科技竞赛,是面向全国大学生的一种具有探索性的工程实践活动,是教育部倡导的大学生科技竞赛之一。该竞赛以"立足培养,重在参与,鼓励探索,追求卓越"为指导思想,旨在促进高等学校素质教育,培养大学生的综合知识运用能力、基本工程实践能力和创新意识,激发大学生从事科学研究与探索的兴趣和潜能,倡导理论联系实际、求真务实的学风和团队协作的人文精神,为优秀人才的脱颖而出创造条件。

全国大学生智能汽车竞赛是在统一汽车模型平台上,使用飞思卡尔半导体公司的微控制器作为核心控制单元,自主构思控制方案进行系统设计,包括传感器信号采集处理、电机驱动、转向舵机控制及控制算法软件开发等,完成智能车工程制作及调试,先参加各分(省)赛区的场地比赛,在获得决赛资格后,参加全国决赛区的场地比赛。参赛队伍的名次(成绩)由赛车现场成功完成赛道比赛时间来决定,参加全国总决赛的队伍同时必须提交车模技术报告。大赛根据道路检测方案不同分为电磁、光电组与摄像头平衡3个赛题组。该竞赛融科学性、趣味性和观赏性为一体,是以迅猛发展、前景广阔的汽车电子为背景,涵盖自动控制、模式识别、传感技术、电子、电气、计算机、机械与汽车等多学科专业的创意性比赛。该竞赛规则透明,评价标准客观,坚持公开、公平、公正的原则,力求向健康、普及、持续的方向发展。该竞赛以飞思卡尔半导体公司为协办方，自2006年成功举办第一届以来，已连续举办了9届，现已发展成全国30个省市自治区近300所高校广泛参与的全国大学生智能汽车竞赛。

历届全国大学生"飞思卡尔"杯智能汽车竞赛情况见表5-4。

表5-4 历届全国大学生"飞思卡尔"杯智能汽车竞赛情况

届数	年份	承办单位	决赛学校数量	队伍数量	总成绩名次		
					第1名	第2名	第3名
第一届	2006	清华大学	57	112	清华大学	上海交通大学	清华大学
第二届	2007	上海交通大学	54	76	上海交通大学	上海交通大学	天津工业大学
第三届（摄像头）	2008	东北大学	67	104	东北大学	北京科技大学	上海交通大学
第三届（光电）					武汉科技大学	北京科技大学	东北大学
第四届（摄像头）	2009	北京科技大学	88	120	北京科技大学	上海交通大学	上海大学
第四届（光电）					北京科技大学	清华大学	杭州电子科技大学
第五届（摄像头）	2010	杭州电子科技大学	100	180	北京科技大学	杭州电子科技大学	南京师范大学
第五届（光电）					杭州电子科技大学	杭州电子科技大学	乐山师范学院
第五届（电磁）					广东技术师范学院	清华大学	杭州电子科技大学
第六届（摄像头）	2011	西北工业大学	101	186	湖南大学	北京科技大学	山东大学
第六届（光电）					西北工业大学	电子科技大学	乐山师范学院
第六届（电磁）					杭州电子科技大学	北京科技大学	西北工业大学
第七届（摄像头）	2012	南京师范大学	109	169	北京科技大学	常熟理工学院	电子科技大学
第七届（光电）					北京科技大学	山东大学	乐山师范学院
第七届（电磁）					中南民族大学	浙江大学	华中科技大学
第八届（摄像头）	2013	哈尔滨工业大学	110	167	北京科技大学	武汉科技大学	西安交通大学
第八届（光电）					北京科技大学	厦门大学	厦门大学嘉庚学院
第八届（电磁）					电子科技大学	北京科技大学	东北大学秦皇岛分校

续表

届数	年份	承办单位	决赛学校数量	队伍数量	总成绩名次		
					第1名	第2名	第3名
第九届（摄像头）	2014	电子科技大学	115	180	南京师范大学	北京科技大学	电子科技大学
第九届（光电）					北京科技大学	中南民族大学	华中科技大学
第九届（电磁）					北京科技大学	浙江大学	电子科技大学

图 5.19 所示为参加比赛的智能汽车，图 5.20 所示为第九届全国大学生"飞思卡尔"杯智能汽车竞赛赛场。

图 5.19 参加比赛的智能汽车

图 5.20 第九届全国大学生"飞思卡尔"杯智能汽车竞赛赛场

5.4.4 "挑战杯"全国大学生竞赛

"挑战杯"全国大学生竞赛共有两个并列项目，一个是"挑战杯"全国大学生课外学术科技作品竞赛，另一个则是"挑战杯"中国大学生创业计划竞赛。这两个项目的全国竞赛交叉轮流开展，每个项目每两年举办一届。

1. "挑战杯"全国大学生课外学术科技作品竞赛

"挑战杯"全国大学生课外学术科技作品竞赛是一项全国性的竞赛活动,创办于1986年,由教育部、共青团中央、中国科学技术协会、中华全国学生联合会、省级人民政府主办,承办高校为国内著名大学,"挑战杯"系列竞赛被誉为中国大学生学术科技"奥林匹克",是目前国内大学生最关注最热门的全国性竞赛,也是全国最具代表性、权威性、示范性、导向性的大学生竞赛。该竞赛每两年举办一次,旨在鼓励大学生勇于创新、迎接挑战的精神,培养跨世纪创新人才。

自1989年以来,已分别在清华大学、浙江大学、上海交通大学、武汉大学、南京理工大学、重庆大学、西安交通大学、华南理工大学、复旦大学、南开大学、北京航空航天大学、大连理工大学、苏州大学成功地举办了十三届,挑战杯已形成校级、省级、全国的三级赛事,参赛同学首先参加校内及省内的作品选拔赛,优秀作品报送全国组委会参赛。

第十三届"挑战杯"全国大学生课外学术科技作品竞赛于2013年由苏州大学举办。本届竞赛共有包括港澳高校参赛团队在内的531所高校的1464件作品进入全国复赛,最终有454所高校的1195件作品进入终审决赛。经过公开展示、封闭评审等竞赛环节的角逐,竞赛评审委员会最终评出34件特等奖作品、104件一等奖作品、288件二等奖作品和710件三等奖作品。

图5.21所示为第十三届"挑战杯"全国大学生课外学术科技作品竞赛开幕式。

图5.21 第十三届"挑战杯"全国大学生课外学术科技作品竞赛开幕式

2. "挑战杯"中国大学生创业计划竞赛

"挑战杯"中国大学生创业计划竞赛旨在宣传风险投资理念,传播自主创业意识,激发广大青年学生适应时代要求,勇于创新,勤奋学习,投身实践,努力成为新世纪适应时代要求的复合型、创新型人才。它借用风险投资的运作模式,要求参赛者组成优势互补的竞赛小组,围绕一个具有市场前景的技术产品或服务概念,以获得风险投资为目的,完成一份包括企业概述、业务与业务展望、风险因素、投资回报与退出策略、组织管理、财务预测等方面内容的创业计划书,最终通过书面评审和秘密答辩的方式评出获奖者。

竞赛采取学校、省(自治区、直辖市)和全国三级赛制,分预赛、复赛、决赛3个赛段进行。

自 1999 年以来，已分别在清华大学、上海交通大学、浙江大学、厦门大学、山东大学、四川大学、吉林大学、同济大学、华中科技大学成功地举办了九届。

第九届"挑战杯"全国大学生创业计划竞赛更名为 2014 年"创青春"全国大学生创业大赛，终审决赛于 2014 年 11 月在华中科技大学隆重举行。全国 2000 多所高校参加了相关赛事，近 10 万件作品参与校级竞赛，近 2 万件作品参加了省级竞赛，最终来自 209 所高校的 385 件（含港澳组作品 19 件）创业项目进入全国终审决赛。经过网上书面评审、决赛现场答辩，2014 年"创青春"全国大学生创业大赛全国评审委员会最终评出第九届"挑战杯"全国大学生创业计划竞赛金奖项目 68 个（含港澳地区金奖项目 3 个），银奖项目 142 个（含港澳地区银奖项目 7 个），铜奖项目 404 个（含港澳地区铜奖项目 9 个）；创业实践挑战赛金奖项目 35 个，银奖项目 70 个，铜奖项目 210 个；公益创业赛金奖项目 20 个，银奖项目 41 个，铜奖项目 119 个。

图 5.22 所示为 2014 年"创青春"全国大学生创业大赛闭幕式。

图 5.22 2014 年"创青春"全国大学生创业大赛闭幕式

5.4.5 全国大学生机械创新设计大赛

全国大学生机械创新设计大赛是经教育部高等教育司批准，由教育部高等学校机械学科教学指导委员会主办，机械基础课程教学指导分委员会、全国机械原理教学研究会、全国机械设计教学研究会等联合著名高校共同承办，面向大学生的群众性科技活动，每两年举办一次。目的在于引导高等学校在教学中注重培养大学生的创新设计能力、综合设计能力与协作精神；加强学生动手能力的培养和工程实践的训练，提高学生针对实际需求进行机械创新、设计、制作的实践工作能力，吸引、鼓励广大学生踊跃参加课外科技活动，为优秀人才脱颖而出创造条件。

参赛作品必须以机械设计为主，提倡采用先进理论和先进技术，如机电一体化技术等。对作品的评价不以机械结构为单一标准，而是对作品的功能、结构、工艺制作、性能价格比、先进性、创新性等多方面进行综合评价。在实现功能相同的条件下，机械结构越简单越好。

历届全国大学生机械创新大赛情况见表 5-5。

图 5.23 所示为第六届全国大学生机械创新大赛开幕式，图 5.24 所示为第六届全国大学生机械创新大赛作品展示现场。

表 5-5　历届全国大学生机械创新大赛情况

届数	年份	地点	主题	内容	一等奖	二等奖
第一届	2004	南昌大学	无主题	机械产品	15	21
第二届	2006	湖南大学	健康与爱心	助残、康复、健身、训练的机械产品	24	36
第三届	2008	武汉海军工程大学	绿色与环境	环保机械、环卫机械、厨卫机械	54	76
第四届	2010	东南大学	珍爱生命，奉献社会	救援、破障、逃生、避难的机械产品	70	129
第五届	2012	第二炮兵工程学院	今天和明天	休闲娱乐机械和家庭用机械	88	191
第六届	2014	东北大学	幻·梦课堂	教室用设备和教具	126	229

图 5.23　第六届全国大学生机械创新大赛开幕式

图 5.24　第六届全国大学生机械创新大赛作品展示现场

5.4.6　全国大学生节能减排社会实践与科技竞赛

全国大学生节能减排社会实践与科技竞赛是由教育部高等教育司主办、唯一由高等教育司办公室主抓的全国大学生学科竞赛，为教育部确定的全国十大大学生学科竞赛之一，也是全国高校影响力最大的大学生科创竞赛之一。该竞赛充分体现了"节能减排、绿色能源"的主题，紧密围绕国家能源与环境政策，紧密结合国家重大需求，在教育部的直接领导和广大高校的积极协作下，起点高、规模大、精品多、覆盖面广，是一项具有导向性、示范性和群众性的全国大学生竞赛，得到了各省教育厅、各高校的高度重视。

竞赛作品分为"社会实践调查"和"科技制作"两类，倡导大学生深入社会调查，发现国家重大需求，启发创新思维，形成发明专利。将人文素养融合到科学知识技能之中，使学以致用不仅体现于头脑风暴，而且展现在精巧创造。竞赛已吸引了大陆250多所高校、港澳台以及部分海外高校，已经形成了"百所高校，千件作品，万人参赛"的国际性规模。

历届全国大学生节能减排社会实践与科技竞赛情况见表5-6。

表5-6 历届全国大学生节能减排社会实践与科技竞赛情况

届数	年份	地点	学校数	作品数	特等奖	一等奖
第一届	2008	浙江大学	88	505	5	25
第二届	2009	华中科技大学	159	1620	6	21
第三届	2010	北京科技大学	232	1868	8	32
第四届	2011	哈尔滨工业大学	182	1673	10	30
第五届	2012	西安交通大学	203	1723	9	37
第六届	2013	上海交通大学	205	2051	10	40
第七届	2014	昆明理工大学	252	2395	8	54

图5.25所示为第七届全国大学生节能减排社会实践与科技竞赛开幕式。

图5.25 第七届全国大学生节能减排社会实践与科技竞赛开幕式

5.4.7 Honda中国节能竞技大赛

Honda创始人本田宗一郎在1981年于日本始创节能竞技大赛，这是一项以提高能源利用效率、创造节约型社会为主题的社会活动，意在使参赛者通过亲自参与和体验创造的过程，共享Honda长期倡导的环保理念及挑战精神，演绎节能对地球环保的重要意义，进而提高全社会的节能环保意识。Honda节能竞技大赛自2007年进入中国以来，已经成功举办了8届，吸引了社会各界人士的广泛关注。大赛规模逐年扩大，参赛队伍也在不断增多。

比赛搭载Honda统一提供的125mL低油耗4冲程发动机，车架和车身等则由各车队独立创作完成，参赛队伍可根据各自对环保、节能理念的理解，发挥无限创意打造出专属赛车。赛车需要在规定时间内跑完指定赛程，最终以燃油的消耗量多少而一决胜负。

Honda 节能竞技大赛燃油组的最好纪录 3644km/L，是在 2011 年由日本的"Fire Ball"车队创造并保持。中国 Honda 节能竞技大赛燃油组的最好记录 2689.621km/L，是在 2013 年由同济大学志远 3 队创造并保持。

历届 Honda 中国节能竞技大赛情况见表 5-7。

表 5-7 历届 Honda 中国节能竞技大赛情况

届数	年份	地点	车队数量	总成绩名次		
				第 1 名 油耗/(km/L)	第 2 名 油耗/(km/L)	第 3 名 油耗/(km/L)
第一届	2007	上海	33	北京理工大学 368.729	山东交通学院 363.589	哈尔滨工业大学 361.699
第二届	2008	上海	55	同济大学 966.271	北京理工大学 924.046	同济大学 766.016
第三届	2009	上海	76	北京理工大学 1279.565	同济大学 1276.006	北京理工大学 1155.476
第四届	2010	上海	73	同济大学 1665.387	同济大学 1536.418	北京理工大学 1251.896
第五届	2011	肇庆	64	同济大学 1762.932	北京理工大学 920.429	西华大学 712.418
第六届	2012	肇庆	57	吉林大学 1042.303	北京信息科技大学 827.531	湖北汽车工业学院 635.226
第七届	2013	肇庆	46	同济大学 2689.621	北京电子科技学院 1237.385	同济大学 1027.607
第八届	2014	肇庆	74	同济大学 1807.653	湖南大学 1207.866	同济大学 1207.866

图 5.26 所示为第八届 Honda 中国节能竞技大赛比赛赛场。

图 5.26 第八届 Honda 中国节能竞技大赛比赛赛场

思 考 题

1. 大学生培养包括哪些环节？
2. 车辆工程专业实践教学环节有哪些？
3. 大学生社会实践的意义有哪些？
4. 大学生社会实践的路径有哪些？
5. 与车辆工程专业有关的全国科技活动有哪些？

第6章
大学生职业规划

 教学目标

通过本章的学习,读者可以了解大学生就业、考研和创业的基本概况,车辆工程专业的大学生对如何准备就业、考研和创业,以及它们的途径有较全面的认识,为车辆工程专业的大学生做好自己的职业规划奠定基础。

 教学要求

知识要点	能力要求	相关知识
就业规划	了解大学生就业概况,制订自己的就业准备和途径	2014年中国大学生就业报告,大学生就业规划
考研规划	了解大学生考研概况,制订自己的考研准备和途径	2014年中国大学生就业报告,研究生招生简章
创业规划	了解大学生创业概况,制订自己的创业准备和途径	2014年中国大学生就业报告,大学生创业基础

导入案例

图6.1是某高校招聘会状态,目前,国内高校应届大学生毕业生已超过700万,就业压力非常大,如何在学生期间做好自己的职业规划,提高就业成功率和就业质量,读者通过本章的学习,可以获得答案。

图6.1 某高校招聘会状态

目前,高等学校大学生毕业主要有就业、考研、创业、出国等选择,其中出国也是以读研为主。图6.2是某一机构对2011—2014年大学生毕业选择的调查结果。可以看出,就业是高等学校毕业生的主要选择,但相对2013年,2014年选择就业的比例有所下降,而有意考研和创业的比例有所上升。

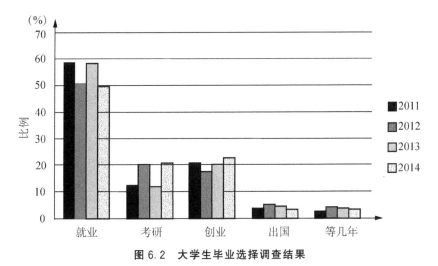

图6.2 大学生毕业选择调查结果

6.1 就业规划

如果你选择就业,就需要了解就业现状,做好就业规划。

6.1.1 就业概况

2013年全国高校毕业生人数为699万,2014年达到727万,2015年将达到749万,再加上海归和往年尚未就业的学生,估计2015年的高校就业人数将突破800万人,创下历史新高,大学生就业面临新的挑战,广大毕业生应选择多条出路,为自己制造就业机会。

图6.3所示为2001—2015年全国高校毕业生人数。

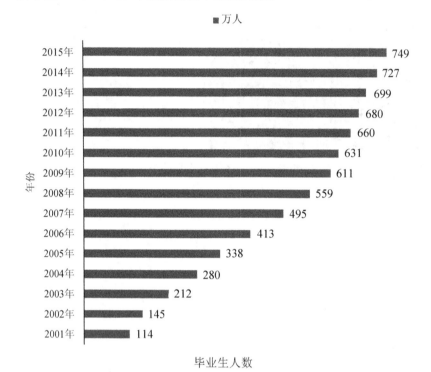

图6.3 2001—2015年全国高校毕业生人数

根据教育咨询机构麦可思研究院发布的《2014年中国大学生就业报告》(即"就业蓝皮书"),近3届高校毕业生就业率略有上升,如图6.4所示。

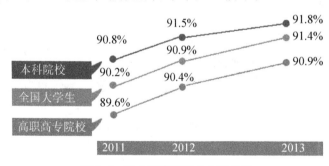

图6.4 近3届高校毕业生就业率

《2014年中国大学生就业报告》显示,近3年的大学毕业生中,有超过3成在工作后出现"学非所用"的情况。大学毕业生自愿选择专业不相关的工作,主要是对专业相关工作不认同,这可能来自对所学专业不认同,或对专业相关的职业认识不足。"先就业再择业"是大学生非自愿选择专业不相关工作的原因。2013届本科毕业生选择与专业无关工作的最主要原因是"专业工作不符合自己的职业期待",占33%;其次为"迫于现实先就业再择业",占25%。

对于车辆工程专业,2013届就业率为94.2%,总共324个本科专业,排在第19位,平均就业率为91.8%;平均月收入为3756元,排在第22位,全国本科大学生平均月收入是3560元;就业满意度为63%,排在第15位,全国本科大学生平均就业满意度为58%;就业相关度为81%,排在第21位,全国本科大学生平均就业相关度为69%。从这些就业数据来看,车辆工程专业无论是就业率还是就业质量,都是比较高的。我国汽车产销量居世界第一位,并将长期保持较快增长,对车辆工程专业的人才需求将是非常大的。

6.1.2 就业准备

大学生在就业前,应做好就业定位、提升竞争力、提高自身素质和备好求职材料的各项准备,如图6.5所示。

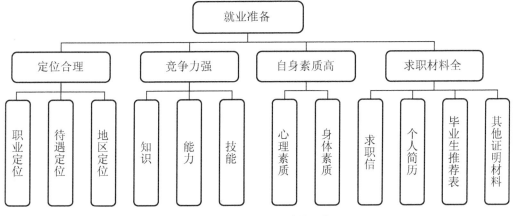

图6.5 大学生就业前的准备

1. 就业定位合理

就业定位主要包括职业定位、地区定位和待遇定位3方面,如图6.6所示。3个圆圈的交集处,就是你的就业定位。

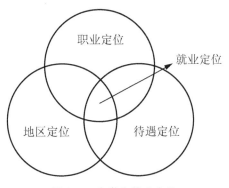

图6.6 大学生就业定位

(1) 职业定位。职业定位是指择业者为实现自己的就业目标，根据自身条件和一定的择业原则，按照定位程序选择职业和工作单位的过程。职业定位是择业过程中的关键步骤，在大学生择业过程中是个不能绕开且至关重要的环节。大学生的职业定位是否准确，不仅关系到能否顺利就业，找到合适的职业岗位，而且关系到其自身才能的发挥和对社会贡献的大小，影响着今后事业的发展。

大学生职业定位须遵循一定的原则，如社会需求原则、发挥特长原则及利于成才原则。社会需求原则是指大学生在选择就业岗位时，应把社会需要作为前提，以社会对人才的要求为准则，做到个人需求服从社会需求；发挥特长原则是指大学生应结合自身素质状况，根据个人特长来选择职业岗位；利于成才原则是指在职业定位时，应以有利于自己成才的意识来选择职业岗位。

车辆工程专业大学生职业定位主要是指选择什么样的岗位，去什么样的企业。岗位主要有技术岗、销售岗和管理岗等；企业主要分外资企业、合资企业、国有企业、民营企业等。大学生应根据岗位能力要求和企业招聘条件，以及自己的工作兴趣，确定自己的职业定位。

《2014年中国大学生就业报告》指出，"民营企业/个体"是2013届大学毕业生就业最多的用人单位类型，本科院校中有45%的毕业生就业于"民营企业/个体"，高职高专院校中有63%的毕业生就业于"民营企业/个体"。

2013届大学毕业生就业比例最高的用人单位规模是300人及以下规模的中小型用人单位，占51%，其中本科毕业生这一比例为45%，高职高专毕业生为56%。中小民营企业将是未来大学生就业的主要雇佣者，鼓励中小民营企业招聘应届大学毕业生，是提升就业的主要渠道。

(2) 地区定位。地区定位就是指择业者拟去工作的城市或地区。从城市的大小来看，大城市再就业的空间大，人们的观念、理念比较新，就业竞争激烈，发展的空间相对较多，成功的机会多于中、小城市，但大城市是人才的集散地，是大学生生存发展的角斗场，因此要想在如上海、北京、广州、深圳等一线城市发展，就必须做好长期承压、长期奋斗的心理准备，大城市比较适合拓展就业型的大学生。

二三线城市相对来说理念、观念比较趋于稳定，思维跳跃性比较小，生活节奏比较慢，人才相对较少，但通过近几年的发展，城市经济有了明显地变化，尤其是工业向二三线城市转移趋势明显，人才需求大量增加，大学生有充分发挥自己技术优势和管理水平的空间，许多大学生正在向中、小城市的就业岗位群进军。二三线城市比较适合稳定就业型的大学生。

《2014年中国大学生就业报告》显示，2013届本科生毕业半年后就业区域主要集中在泛长江三角洲区域（包括上海、江苏、浙江、江西、安徽），占27.2%；泛渤海湾区域（包括北京、天津、山东、河北、内蒙古、山西），占23.6%；泛珠江三角洲区域（包括广东、广西、福建、海南），占20.2%。2013届大学生毕业半年后有20%在直辖市就业，28%在副省级城市就业，52%在地级城市及以下就业。大学生连续三届就业的城市类型分布比较稳定，没有数据表明现在的大学毕业生和之前的相比，在不同类型城市的就业比例存在明显差异。

车辆工程专业大学生应该根据中国汽车工业分布和自己就业的实际情况，做一个合适自己的就业地区定位。

（3）待遇定位。待遇定位是指大学生毕业时对自己即将可能从事的工作的薪资标准，它与职业、地区和专业等密切相关，例如，一线城市薪资标准一般高于二三线城市，合资、外资企业高于内资企业，技术岗高于普通岗。

《2014年中国大学生就业报告》显示，2013届本科生半年后全国平均月薪是3560元，收入最高的职业是建筑师，平均月薪是4971元，最低职业是内科医生，平均月薪是2513元；最高的专业是建筑学，平均月薪是4757元，最低的专业是学前教育，平均月薪是2673元；车辆工程专业对应的机械工程师，平均月薪是3756元。因此，大学生应根据实际情况给自己一个合理、合适的待遇定位。

2. 竞争力强

大学生做好自己的就业定位后，就需要提高自己的竞争力。

竞争力就是适应企业需要的能力，它是决定学生能不能高质量就业的一个关键点。一切职业都要求从业者具有相应的知识、能力和技能。

知识是大学生就业的基础条件，大学生在校学习成绩代表了自己学习的知识。大学生求职时，必须提交自己的学习成绩单，招聘单位根据学习成绩单，就能判断你学习知识的情况。如果要找到比较好的就业单位，平均学习成绩一般要80分以上，而且不要出现挂科现象。

能力是大学生就业的关键，特别是专业能力，在就业准备期应该做到：学好专业知识，参加有关的科技活动和科研活动，结合专业和就业参加社会实践活动，认真进行专业实习，认真做好毕业设计等。大学生求职时，一定要把自己的能力体现出来，要用案例说明自己的能力，不要笼统说自己的能力强。

技能是大学生就业的根本，掌握的技能与职业匹配度越高，就业质量就越好，在就业准备期，应该掌握所要从事职业的必备技能，例如，毕业后想要从事汽车设计，至少要掌握国内汽车设计行业所使用的常用软件，如CATIA、MATLAB等。这些软件一般不在课堂讲授，在课程设计或毕业设计中可能会用到，学生以自学为主。

世界500强企业技术岗和商业岗的能力要求如图6.7所示，技术类岗位中，专业知识和专业能力要求是非常高的。

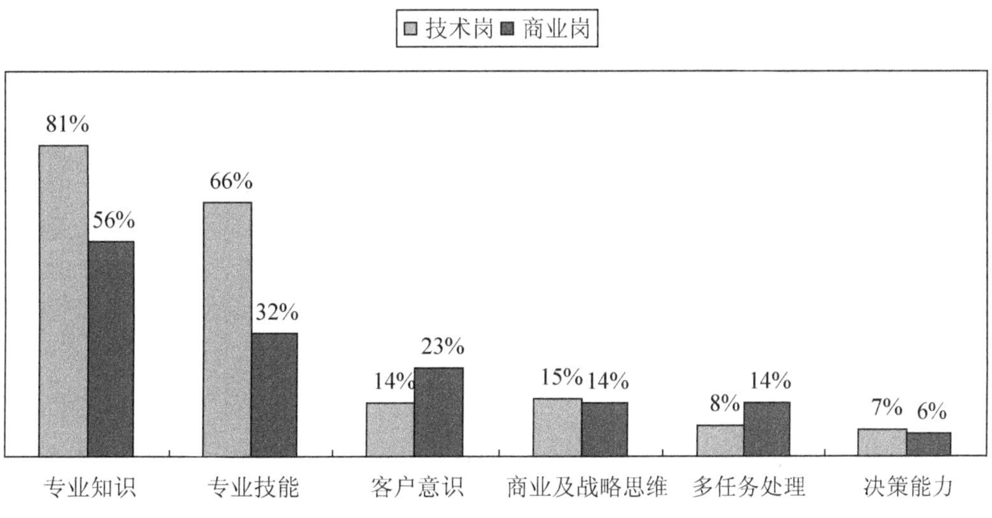

图6.7 世界500强企业技术岗和商业岗能力要求

3. 自身素质高

素质是招聘单位看重的另一个重要因素。大学生自身素质包括心理素质和身体素质。心理素质直接影响面试效果,大学生在就业准备的过程中,要注意调整自己的心理障碍,保持健康的心理,提高心理素质。怎样才能使自己有一个健康的心理呢?首先进行自我调节,充分相信自己,看到自己的优势、前景,减轻心理负荷,保持良好的精神状态;其次做好充分的心理准备,树立正确的择业观,看问题不要极端化,处理好自我价值实现与社会的关系。

无论哪一种职业,对从业者的身体素质都有一定的要求,不少职业对从业者身体素质的要求还比较高。所以,大学生应该始终养成良好的生活习惯,积极参加体育锻炼,自觉遵守作息时间,形成学习和生活的规律,作好身体素质的准备,以迎接社会对自己的选择与职业的挑战。

定位和竞争力是一个长期积累的过程,良好的素质是在校期间需要各种锻炼而形成的,大学生入学以后,就要结合自身情况,做好这方面的准备。

4. 求职材料全

求职材料主要包括求职信、个人简历、学校毕业生就业推荐表、学习成绩单、各种证书以及其他能力证明材料。

求职信是求职者向用人单位或单位领导人介绍自己的实际才能、表达自己就业愿望的一种书信。多数用人单位都要求求职者先寄送求职材料,由他们通过求职材料对众多求职者有一个大致的了解后,再通知面试或面谈人选。因此,求职信写得好坏将直接关系到求职者是否能进入下一轮的角逐。

个人简历是求职者给招聘单位发的一份简要介绍,包含:自己的基本信息,即姓名、性别、年龄、民族、籍贯、政治面貌、学历、联系方式;应聘职位,相关技能,实践经历,所获奖励,兴趣爱好,自我评价等。一份良好的个人简历对于获得面试机会至关重要。

毕业生就业推荐表是学校相关部门审核盖章的正式推荐材料,包含毕业生本人的基本信息,具有一定的权威性。在毕业生求职择业过程中,一般情况下单位都会要求毕业生出具推荐表。

学习成绩单是由学校(院)提供的、加盖有学校(院)公章的、反映学生学习成绩的表格式文件。学习成绩单每人只有一份,求职时应用复印件,签约时才用原件。

其他求职材料主要包括:科研成果材料复印件,如在正式出版物上发表文章、撰写的调查报告、征文比赛获奖文章的复印件;获奖荣誉证书复印件,如获得优秀学生、优秀学生干部、优秀团员等荣誉证书的复印件;全国技能统考等级证书复印件,如英语六级证书复印件;社会实践证明材料复印件;专长、特长证明材料复印件等。这类材料种类较多,应当分门别类进行整理,与前面的求职信、个人简历、学校毕业生就业推荐表、学习成绩单一起装订成册,使人一目了然。

6.1.3 就业途径

图 6.8 是某机构对企业招聘途径的调查结果,可以看出,企业招聘途径趋于多样化。对于高校大学应届毕业生,就业途径应以校园招聘会为主,校外招聘会、网络招聘及

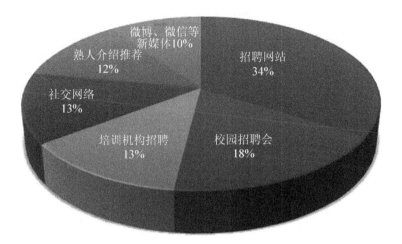

图 6.8 企业招聘途径调查

其他途径招聘为辅,如图 6.9 所示。

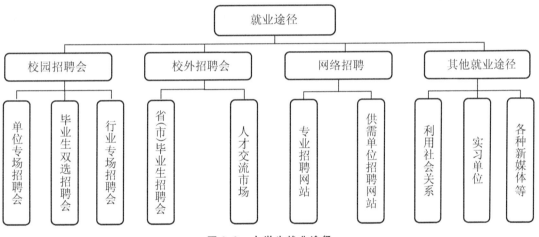

图 6.9 大学生就业途径

1. 校园招聘会

校园招聘会是指在学校内举办的各种招聘活动,是大学生就业的最主要渠道,主要包括单位专场招聘会、毕业生双选招聘会和行业专场招聘会等。

单位专场招聘会是指用人单位通过高校就业指导部门安排,在指定高校举办招聘应届毕业生的小型招聘会。这种招聘会的特点是涉及的专业、人数不太多,但招聘对象目的性强——指定高校、指定专业的毕业生,应聘成功率大,尤其是安排到院系一级的招聘,成功率更大。由用人单位到高校内招聘是目前毕业生就业的主要渠道,一般大型企业采用这种方式,特别是针对车辆工程专业学生的招聘,建议学生主动参与,积极应聘。

毕业生双选招聘会是由高校就业部门邀请全国各地用人单位参加,一般秋季和春季各一次。这种招聘会的特点是参加的用人单位多,分布在各行业、地区、各层次,如国有、股份、民营企业等;需求的人数和专业较多,毕业生有较大范围的选择;一般除了举办高校的毕业生外,还会有外校的毕业生来应聘,用人单位的选择性较大,但热门专业的热门企业一般不来参加，中小企业主要采用这种方式。图 6.10 是 2013 年某高校举办的双选招聘会现场。

图 6.10　某高校举办的双选招聘会

行业专场招聘会主要针对招聘需求较大的行业或岗位开设，如汽车行业专场招聘会，航天系统专场招聘会等。行业专场招聘会行业特色鲜明，按需参与，有效地提高成功率。

校园招聘一般流程如图 6.11 所示，但各企业会有一些差异，求职者一定要先了解清楚企业招聘的流程。如果程序不符合，企业是不会招聘的。有些企业主要是在网上接收简历，到学校只是考核，不在现场接收简历。

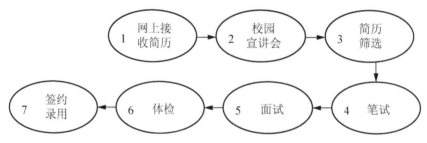

图 6.11　校园招聘一般流程

2. 校外招聘会

校外招聘会是指在学校外举办的各种招聘活动，主要包括省(市)毕业生招聘会、人才交流市场等。

省(市)毕业生招聘会是指由各省(市)人事部门、大学毕业生就业管理部门在本地举办的大型招聘会，一般安排在寒假期间或前后。这种招聘会的特点是参会用人单位基本为本省(市)单位，需求信息较多，但由于回乡毕业生参会太多，竞争过于激烈，而且招聘岗位不如校内招聘会，所以应聘成功率不高。

图 6.12 所示为某省举办的高校毕业生招聘会。

人才交流市场是指各地(市)在人才交流市场不定期举办的各类招聘会，这种招聘会涉及范围过大，包括不同层次，不同专业，不同籍贯人才，一般要求应聘者具有一定的工作经验，应聘成功率不高，适合寻求短期聘用工作的毕业生。

校外招聘一般流程如图 6.13 所示。

图 6.12　某省举办的高校毕业生招聘会

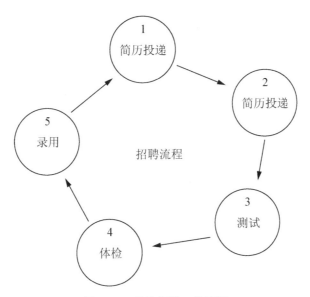

图 6.13　校外招聘一般流程

3. 网络招聘

普通意义的招聘是现场招聘，随着互联网的发展，网络招聘行业逐渐崛起和发展。网络招聘是各用人单位和求职者之间一个高效、便捷、务实的就业信息交流服务平台。

网络招聘主要有各种专业招聘网站，如中国高校毕业生就业服务信息网、应届毕业生网、中国大学生就业网、中国高校就业联盟网等，这种招聘方式是以网站为平台，具有得天独厚的优势，网站资源多，受众广，而且网络招聘将企业和行业细分，条理清晰，更方便求职者找工作。目前国家每年都组织网络招聘周活动。

网络招聘一般流程如图 6.14 所示。

互联网行业在不断影响着人们的生活，人的衣食住行都离不开互联网，工作又是跟人们息息相关的话题，工作改变生活，互联网和工作共同作用产生网络招聘行业。相信在不久的将来，网络招聘将成为社会的主流招聘模式。

图 6.14 网络招聘一般流程

4. 其他就业途径

其他就业途径是指除招聘会和网上招聘以外的就业方式，如利用社会关系、实习单位聘用等。

通过亲朋好友打听招聘信息，通过熟人推荐，也是符合目前国情的求职方法，同时有熟人介绍，对单位的状况也会很了解，成功率较高。

紧紧地抓住在实习单位的机会，努力表现，如果双方合适，省心省力，当然是最简洁的求职方式。同时经过一段时间的实习，对单位的领导、同事及各方面的情况都有些了解，正式进入后也便于工作的继续开展。

微博微信等新媒体备受 90 后应届生的青睐，成为一股不可忽视的力量。

对于车辆工程专业的大学生，就业的理想单位应该是六大汽车集团之一，即一汽集团、东风汽车集团、北京汽车集团、上海汽车集团、长安汽车集团和广州汽车集团，特别是它们的合资企业，合资企业需要英语六级。

6.2 读研规划

读研是很多大学生毕业去向的首选，特别是就业难或社会职业对人才要求高的专业。2014 年参加考研的学生约占毕业生总人数的 1/5，但实际能读研的学生约占 1/10。

6.2.1 读研概况

《2014 年中国大学生就业报告》显示，2013 届本科毕业生国内读研的比例为 10.8%，比 2012 届高 1.3 个百分点，比 2011 届高 1.6 个百分点，三届呈上升趋势。2013 届毕业生读研比例最高的是医学，为 16.8%；读研比例最低的是管理学，为 6.1%。在 2013 届本科毕业后就读研的毕业生中，有 29% 转换了专业，工学读研的毕业生转换专业比例最低，为16%。

2013届本科毕业生读研主要的动机是就业前景好(占55%)和职业发展需要(占46%)。读研人群选择研究生院校时最关注的因素是所学专业的声誉(占41%)和学校的牌子(占22%)。

6.2.2 读研准备

读研是一个系统工程，需要学生自己做好规划，分阶段实施。读研途径不同，读研准备内容和方式也不同，应尽早确定自己的读研途径。读研途径主要有保研、考研、出国读研等。

1. 保研准备

保研根据各个学校情况而异，但对于大多数学校来说，主要看学生前3年的成绩。如果想保研，就要了解学校的保研政策，重点了解保研的比例、对成绩的要求以及加分项等，要学好每门课程，做好各个实践环节，努力获得加分项。

只要目标明确，扎实学习，做好积累，全面发展，就容易获得推荐免试研究生(简称推免)资格。推免名额不是分配到班级，而是分配到专业，学习成绩和综合素质一般在专业前15%左右的学生，有望获得参加推免资格评审。获得学校推免资格后，可以申请本校读研，也可以申请外校读研。

2. 考研准备

如果想考研究生，就要学好考研公共课和专业课，其他课程也不能出现挂科，特别是专业基础课和专业课也要学好，复试时需要考这些课程。避免出现一切为了考研，而忽略其他课程的学习。

工科学生考研公共课是英语和政治，专业课一是数学，专业课二是各专业的骨干课，由学科确定。

英语学习是一个长期积累的过程，建议大家学好英语课堂教学的同时，注意看一下考研词汇，或者多注意看一下考研相关的英语参考书，尽早把英语提高到六级水平或六级优秀的水平。

大一开始需要系统地学习高等数学、线性代数、概率论等数学基础课，如果你决定了考研，在学习过程中，就要对自己严格要求一些，做好老师留的作业，尝试做些数学考研题，看下数学考研辅导书。

考研专业课要学好，其他专业课也不能忽略，因为复试一般会涉及很多专业课程，甚至专业基础课，有的学科复试课程涉及10余门。在复习考研专业课时，尽量了解往年考题的类型。

如果想考外校的研究生，一般要在大三的时候，确定报考的学校和专业。若准备硕士毕业后就业，选择时，学校的名气和排名比专业重要，因为用人单位主要通过学校来判断一个人的学业成就；若准备硕士毕业后读博，专业的排名和影响力就比学校重要。关于同一专业不同学校之间的选择，须了解报录比进行比较。报录比是报考人数和录取人数之间的比例，每年招生单位会在网上公布下一年的招生人数，注意这个人数往往包括了保研的人数。报考的学校和专业确定以后，就要对报考学校进行较全面的了解。如果报考同一专业，就要比较一下两所学校的这一专业的本科培养方案，特别是考研专业课的差异。即使考同一门课，因为选用教材不同或讲授重点不同，考试内容也会出现较大差异。因此，最好能拿到报考学校往届的考研专业课的试题。考外校相对于考本校，难度会增加，特别是复试环节。

如果对本专业不感兴趣，需要跨专业考研，则在整个大学过程中更要注意报考专业的课程学习。如果本专业课程设置中没有这些课程，最好去相关院系去旁听这些课程，这样可以帮助学习和理解。跨专业考研难度大，复试会很困难，一般不建议。如果报考专业没有本科毕业生，则可以考虑。

国内考研的准备主要有以下几方面。

(1) 确定报考的学校和专业。是考本校，还是考外校，或跨专业。

(2) 收集考试各科目参考用书。参考用书是招生单位给考生指定的复习用书，专业课一般为各校自主命题，其参考用书信息每年会公布在招生单位的相关网页上，须根据要求收集完整并仔细研读。提早复习的同学完全可以参照去年公布的参考用书，一般不会有太大变化。公共课政治、英语、数学的参考用书都不是大学的教材，而是带有复习总结功能的"复习全书"。这种书教育部考试中心没有指定，须根据情况自行选择。考数学还要视专业的不同分为数一(理工类)、数二(理工类)、数三(文商类)3 种。

(3) 收集往届研究生入学试题。需要收集至少 3 年内的试题，研究命题风格和难度。

(4) 制订各科复习计划。英语和数学建议及早复习，先紧后松，每天坚持，采用历年真题材料。政治的考试大纲每年变化很大，建议在教育部公布公共课考试大纲之后再复习，政治的复习要先松后紧，因为后期时事政治的背诵、知识点的机械记忆要求大量的时间。专业课可以不用太急，可根据自己实际情况确定。

3. 出国读研的准备

如果想出国读研，首先要确定出国读研的国家，国家不同，招收硕士研究生的条件和政策、培养方式等也不同，应详细研究；然后是要参加相应的语言水平考试，并达到要求。在校学习成绩决定了拟申请学校的层次、是否能获得奖学金等。出国读研材料准备好后，可以自己向申请学校或导师联系，也可以通过留学中介机构联系。

6.2.3 读研途径

在校大学生读研途径主要有保研、考研和出国读研 3 种。

1. 保研

保研是指推荐免试研究生，是指不用参加全国硕士研究生入学统一考试直接读研的应届本科毕业生，保研办法是在教育部关于推免的相关规定基础上由各学校制订，因此学校不同，保研政策也有所不同，拟保研的学生需要详细了解保研政策。

申请保研一般需要提交以下材料：申请表；个人陈述；专家推荐信；成绩单；由申请者现所在学校教务处提供同意推荐免试的证明信，并加盖公章；获奖证书复印件；发表的学术论文等复印件；有的学校要求英语水平类证书。

申请保研一般需要具备两大条件，即拥护中国共产党的领导，愿为社会主义现代化建设服务，品德良好，遵纪守法；获得母校推荐免试资格的全国重点大学优秀应届本科毕业生。

推荐免试研究生的一般流程如图 6.15 所示。

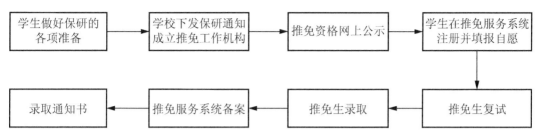

图 6.15 推荐免试研究生的一般流程

2. 考研

报名参加全国硕士研究生招生考试的人员，须符合下列条件。

(1) 中华人民共和国公民。

(2) 拥护中国共产党的领导，品德良好，遵纪守法。

(3) 身体健康状况符合国家和招生单位规定的体检要求。

(4) 考生必须符合下列学历等条件之一。

① 国家承认学历的应届本科毕业生(录取当年 9 月 1 日前须取得国家承认的本科毕业证书。含普通高校、成人高校、普通高校举办的成人高等学历教育应届本科毕业生，及自学考试和网络教育届时可毕业本科生)。

② 具有国家承认的大学本科毕业学历的人员。

③ 获得国家承认的高职高专毕业学历后满 2 年(从毕业后到录取当年 9 月 1 日，下同)或 2 年以上，达到与大学本科毕业生同等学力，且符合招生单位根据本单位的培养目标对考生提出的具体业务要求的人员。

④ 国家承认学历的本科结业生，按本科毕业生同等学力身份报考。

⑤ 已获硕士、博士学位的人员。

在职研究生报考须在报名前征得所在培养单位同意。

报考硕士研究生的一般流程如图 6.16 所示。

网上报名与现场确认。关注网上报名时间和确认时间，网上报名主要是缴纳报名费、填志愿、写考生信息等。现场确认就是现场核对你的报考信息，采集相片等，一定要本人亲自到场而不能代办。

全国硕士研究生招生考试分初试和复试两个阶段进行，初试由国家统一组织，初试日期和时间由教育部公布；复试由招生单位自行组织，复试时间、地点、内容范围和方式由招生单位公布。

硕士研究生招生初试一般设置 4 个单元考试科目，即思想政治理论、外国语、业务课一和业务课二，满分分别为 100 分、100 分、150 分、150 分，每科考试时间一般为 3 小时，业务课一和业务课二由招生单位确定。

考生成绩由招生单位在教育部规定时间内向考生公布。教育部按照一区、二区制定并公布参加全国统考和联考考生进入复试的初试成绩基本要求，招生单位在国家确定的初试成绩基本要求基础上，结合生源和招生计划等情况，自主确定本单位进入复试的初试成绩基本要求及其他学术要求。经教育部批准的部分招生单位可自主确定考生进入复试的初试成绩基本要求及其他学术要求。

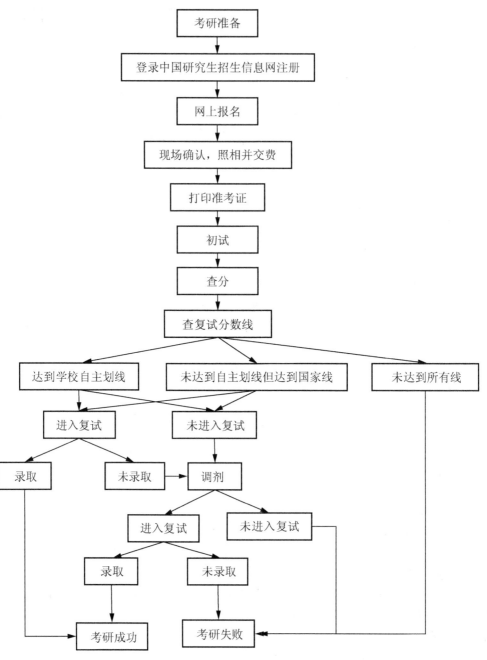

图 6.16 报考硕士研究生的一般流程

全国 34 所自主划线高校：北京大学，清华大学，上海交通大学，大连理工大学，中国科学技术大学，山东大学，复旦大学，中国人民大学，北京航空航天大学，北京理工大学，天津大学，南开大学，中国农业大学，北京师范大学，哈尔滨工业大学，吉林大学，同济大学，南京大学，华中科技大学，西安交通大学，东北大学，东南大学，浙江大学，华南理工大学，西北工业大学，厦门大学，湖南大学，武汉大学，兰州大学，电子科技大学，中山大学，中南大学，重庆大学，四川大学。

复试应采取差额形式，差额比例一般按照120%左右掌握，生源充足的招生单位，可以适度扩大差额复试比例。对于达到复试成绩但没有参加复试的考生或参加复试但没有被录取的考生，可以申请调剂。

车辆工程专业读研主要教育资源见表6-1。

表6-1 车辆工程专业读研主要教育资源

序号	学校	主要研究方向
1	清华大学	汽车动力学；汽车设计理论；汽车控制工程；汽车安全；汽车人机工程等
2	北京理工大学	车辆理论与技术；车辆节能与电驱动技术；车身造型与结构设计等
3	北京航空航天大学	汽车动力学及其控制；汽车电子控制技术；车身设计及汽车空气动力学；汽车振动与噪声控制等
4	中国农业大学	车辆系统动力学与地面机器系统力学；车辆人机工程学；车辆电子控制及智能化技术；车辆振动与噪声；生物质能源；汽车节能与排放控制技术等
5	上海交通大学	车辆系统动力学与控制；轿车数字化开发及整车系统集成技术；汽车电子控制技术；车辆碰撞动力学与安全；轿车车身平台设计理论与方法等
6	同济大学	车辆整车集成技术；车辆电子技术；汽车市场营销与物流；车辆实验技术；车身与空气动力学；磁浮车辆技术；新能源汽车等
7	哈尔滨工业大学	汽车系统动力学与控制；汽车现代设计理论与方法；汽车电子技术；新能源汽车技术；数字化汽车技术；特种车辆等
8	吉林大学	汽车动态仿真与控制；汽车集成开发与性能匹配；节能与新能源汽车；汽车传动系统理论与控制；汽车安全性；汽车电子技术等
9	大连理工大学	车辆数字化工程；汽车车身工程；汽车电子工程；汽车材料工程；汽车轻量化工程等
10	长安大学	车辆CAD/CAE技术；人-车-路系统动力学；车辆与道路交通安全技术；车辆控制技术；新能源车辆技术；车辆NVH技术等
11	南京理工大学	车辆系统动力学；车辆现代设计理论与方法；车辆机电与机电液一体化技术；车辆安全、节能与环保技术；车辆动力装置模拟、设计与优化等
12	南京航空航天大学	车辆动力学；车辆设计理论与方法；车辆振动与噪声控制；车辆电子控制技术；电动汽车等
13	湖南大学	汽车动力学与性能仿真；汽车电子技术；汽车碰撞安全性技术；汽车结构与CAE；车身造型与空气动力学；电动汽车技术；汽车排放控制技术等
14	武汉理工大学	汽车动力学及控制技术；汽车CAD/CAE/CAM；现代车身与底盘技术；汽车轻量化技术；新能源汽车及动力系统；汽车试验技术与装备等

续表

序号	学校	主要研究方向
15	重庆大学	车辆系统动力学与控制；车辆结构分析和计算机辅助设计；车辆动力传动及其综合控制；新能源汽车；汽车振动噪声控制；汽车安全理论与技术等
16	华南理工大学	车辆系统动力学与控制；车辆设计理论与方法；车身工程与轻量化；电动汽车驱动理论及控制；车辆电子控制系统；汽车振动噪声分析与控制等
17	福州大学	车辆动力学与电子控制技术；车辆数字化设计、制造与管理技术；车辆电子、安全与智能交通技术；内燃机、车辆新动力与节能环保新技术等
18	西南交通大学	车辆运行大系统动力学；机车车辆设计及理论；机车车辆结构与强度；机车车辆主动控制；车辆空气动力学及环境工程等
19	合肥工业大学	现代车辆系统动力学与控制；车辆现代设计理论与方法；汽车电子与信号技术；车辆振动噪声与控制技术；车辆安全与诊断技术；电动汽车技术等
20	江苏大学	车辆及零部件现代设计与试验技术；车辆振动噪声控制；车辆安全与节能技术；车辆电子控制技术；新能源汽车整车匹配及关键零部件技术等

3. 出国读研

近年来随着留学市场的日益开放和各国留学政策对中国留学生的倾向性，出国读研呈稳步上升趋势。国外的研究生教育差别很大，每个国家都在学制、费用、申请条件等方面有自己的相关规定，一定要慎重选择适合自己的国家、学校和专业。

下面是对主要国家的研究生教育的一般状况和主要特点进行简单介绍。

（1）英国。赴英国留学读硕士，最大的优点就是学制短，只需一年。但到英国留学，最大的问题是学费和生活费相对较高，每年的学费加生活费为 17 万～25 万元人民币，在全世界接受留学的国家中，以英国的费用为最高。英国允许学生打工，最低工资为每小时 5 英镑，可大多数读硕士的学生根本没有时间打工。英国学风严谨，学校课程安排紧凑，学生很少有娱乐时间，生活的主旋律就是学习。

（2）美国。美国是最主要的留学国，留学美国读研的申请一向火爆，竞争也更加激烈，所以想申请奖、助学金降低留学费用的学生，更需要提早着手准备申请材料。申请硕士，GPA 总平均应该在 3.0 以上，如能达到 3.3 以上，比较有利。要参加 TOEFL 或 GRE 考试，并达到分数要求。美国硕士学位分为学术型硕士学位和职业型硕士学位，学术型硕士学位又分为论文硕士和非论文硕士，一般 1～2 年完成。美国大学对研究生要求很严，而且学生们学业负担也很重。另外，课程教学进度很快，布置大量的阅读任务外，还安排很多考试并要求写论文。学生要根据自己的兴趣、特长和发展目标找到最适合自己的学校和专业。

（3）加拿大。加拿大硕士学制 2 年，每年学费大约 1 万加币。加拿大不允许学生打工,但学生可帮助导师做项目,得到一些补贴。加拿大高校对硕士的要求相对较高,要求英语托福成绩在580分以上,大学成绩要在B+以上。另外,大学招收硕士,教授的意见起决定作用,理科学生申请相对容易,也容易拿到奖学金。

(4) 法国、德国。赴法国、德国留学的优势是专业课程免学费,目前学校仅向学生收注册费。学制为2年。每年的学习费用加生活费约为4万元人民币。另外,法国政府对留学生有很多补贴,如房贴、伙食补贴等。劣势是必须学第二外语,对大多数中国学生来说,在英语还未完全熟练的情况下又要学习第二外语,需要一个过程。但对在国内就学法语或者德语的中国学生来说,这是一个很不错的选择。

(5) 澳大利亚。去澳大利亚读研,雅思成绩一般要求在6.5以上。澳大利亚院校教学质量很高,且遍布全国各地,为学生提供广泛的地域选择。硕士生可申请许可工作的小时数没有任何限制。学生在本国已经开始攻读硕士学位或博士学位课程的,必须出具学校提供的证明。澳大利亚读研学费支出每年约为7.5万元人民币,生活费约6万元人民币。

出国读研的一般流程如图6.17所示。

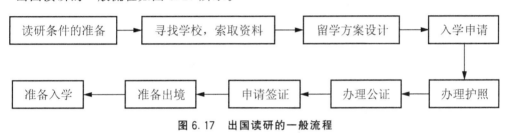

图 6.17 出国读研的一般流程

随着中国留学市场的不断开发,各国也都不断推出对中国留学生有利的留学新政策,所以出国读研以前一定要了解各国最新的留学动态,才能做出更理性的选择。

6.3 创业规划

大学生创业是高校毕业生就业的一种新趋势。

6.3.1 大学生创业概况

《2014年中国大学生就业报告》显示,2013届大学毕业生自主创业比例为2.3%,比2012届(2.0%)高0.3个百分点,比2011届(1.6%)高0.7个百分点。

大学生创业已引起了社会各方面的关注,国家不断推出针对大学生创业的各种优惠政策,鼓励和支持大学生自主创业。各地政府部门和部分高校也都推出了针对大学生的创业园区、创业教育培训中心、创业孵化基地和创业实践基地等,以此鼓励大学生自主创业。图6.18所示为烟台市大学生创业园,图6.19所示为黑龙江大学大学生创业园。

国务院办公厅关于做好2014年全国普通高等学校毕业生就业创业工作的通知中,明确提出2014年至2017年,在全国范围内实施大学生创业引领计划。通过提供创业服务,落实创业扶持政策,提升创业能力,帮助和扶持更多高校毕业生自主创业,逐步提高高校毕业生创业比例。各地要采取措施,确保符合条件的高校毕业生都能得到创业指导、创业培训、工商登记、融资服务、税收优惠、场地扶持等各项服务和政策优惠。各高校要广泛

图 6.18　烟台市大学生创业园

图 6.19　黑龙江大学大学生创业园

开展创新创业教育，将创业教育课程纳入学分管理，有关部门要研发适合高校毕业生特点的创业培训课程，根据需求开展创业培训，提升高校毕业生创业意识和创业能力。各地公共就业人才服务机构要为自主创业的高校毕业生做好人事代理、档案保管、社会保险办理和接续、职称评定、权益保障等服务。

尽管国家和学校为大学生自主创业提供诸多支持和优惠政策，但是我国大学生自主创业还仅仅处于起步阶段，选择自主创业的大学生并不多，自主创业的成功率也不是很高。

据网上《大学生创业调研报告》，影响创业的客观因素和主观因素如图 6.20 和图 6.21 所示。资金、人脉关系、市场环境和社会阅历，被认为是影响创业最主要的客观因素；市场意识、创新精神、责任感和合作意识，被认为是影响创业最主要的主观因素。

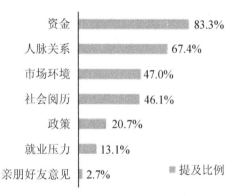
图 6.20　影响创业的客观因素

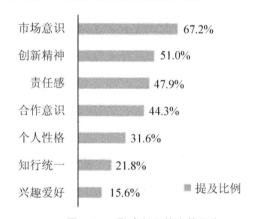
图 6.21　影响创业的主管因素

决定创业成败的内在因素如图 6.22 所示，执行能力、市场调查能力、团队合作和创新能力，被认为是决定成败的主要内在因素。

6.3.2　创业准备

大学生创业支持体系是大学生创业活动的规范化、制度化的软环境，是大学生在创业过程中所依据的原则、规则、程序的总和，是在创业范围内调整和引导人们的行为方式、促进创业有效进行的办事规程和行为准则。大学生创业支持系统按照范围大小可分为创业政策系统、创业教育系统、创业环境系统 3 个子系统。创业政策系统由创业孵化、税收减免等因素组成，其主体是政府。创业环境系统由文化背景和社会制度、资金支持等因素构

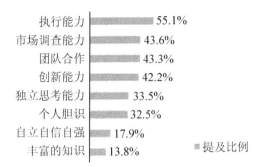

图 6.22 决定创业成败的内在因素

成,其主体是社会。创业教育系统由创业教育、实践体验等因素组成,其主体是高校。创业环境系统和创业政策系统共同构成了创业条件和创业机会,创业教育系统培养了创业能力和创业意愿,如图 6.23 所示。

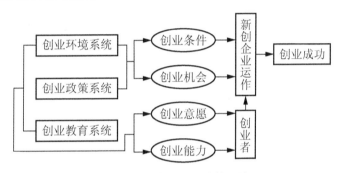

图 6.23 大学生创业支撑系统

大学生如果有了创业意愿,关键在于培养创业能力。创业能力是大学生在创业活动过程中必须具备的一系列能力,如创业原动力、机会把握力、资源整合力、创业坚毅力、关系胜任力、创新创业力、实践学习力等,如图 6.24 所示。

图 6.24 大学生创业能力

(1) 创业原动力。创业原动力是指对创业生活方式及其成果的向往和追求能力,对创业生活方式和成果的向往是创业的基础,大学生渴望拥有成功创业人士的生活方式,忙忙碌碌为自己的事业而奋斗;期望自己的创业成果能带给社会重要影响,期望通过自己的努力,创造出来的新产品、新成果能够为地方经济发展产生促进作用,从而更好地回报社会。创业的追求能力主要表现在大学生是否拥有较为完善的创业计划,是否相信自己能独立承担创业风险,能解决创业过程中将遇到的大多数难题。

(2) 机会把握力。机会把握力是指通过各种方法识别、评估和捕捉市场机会的能力。主要包括三个层面:第一个层面是对市场创业机会的识别。常用的渠道有通过各种媒介来获得商业动态;通过关系网络来征求商业信息;通过向有行业经验的人请教创业机会的可行性；还可以自己预测市场对某种产品的需求。这个层面是把握创业机会的基础，需要创业者有敏锐的洞察力。第二个层面是对市场创业机会的评估，需要创业者努力寻找各种途径去评估创业机会的价值，如通过实践尝试来评估创业机会的可行性或者通过与人交流来评估所发现的创业机会。第三个层面是对市场创业机会的把握，主要表现为个人的决策能力，是否能够在较短的时间里，对经营与否做出判断。在对创业机会做出评估之后，自己根据自身的实际情况，快速做出抉择。这个层面需要创业者有清醒的头脑，认准商机。

（3）资源整合力。资源整合力是指整合组织内外人、财物和技术资源的能力。它是指大学生在创业过程中把握好创业机会之后，有效地组织身边可以利用的各项资源的能力。主要包括三个层面：第一个层面是指人力资源的充分利用。对于大学生创业来说，人才也是创业成功的关键。创业者自己就是创业事业的关键人才，那是最理想的状态。因为在这种情况下，关键人力资源能够得到充分的发挥。若创业者本身只是看准了商机，自己并不是这方面的专家，那么创业者需要想方设法引入专家型人才来为自己的创业事业服务。而且，在这方面投入的人力成本也应相对较高。此外，创业者需要善于配置和发挥好团队成员的能力，并通过实行有效的激励机制使员工完成公司所制订的各项战略规划。第二个层面是指财物资源的充分利用。创业者需要了解自己可利用的各种资源分配情况，以便于在需要时能够及时有效地获得所需的资源。此外，创业者还需要善于整合分散资源去完成一项任务或活动。第三个层面是指技术资源的充分利用，主要表现在创业者要善于发掘并利用一些资源的潜在价值。技术与人才都是创业成功的关键因素。有了先进的技术，创业往往事半功倍。因此，创业者要加强对这方面的投入，鼓励员工开展学习新技术，以提高工作效率。

（4）创业坚毅力。创业坚毅力是指面对创业的困难和挫折、坚持而不放弃的能力。创业是开拓一条新的事业道路，对于大学生而言，一切都是从头开始。因此，在这个过程中，遇到困难是必然的事。这就需要大学生拥有创业坚毅力，才能顺利走上创业道路，实现自己的创业梦想。这方面的能力主要表现在，认可创业是一种能力的锻炼和鞭笞；当在创业过程中遇到困难时，能经常自我鼓励和自我激励；即使创业的过程中遇到了很大的困难，也会尽自己最大的努力去完成创业目标；总是能积极面对创业中出现的困境；在创业中遇到困难时，能多方求助以找到解决方案；在创业中遇到瓶颈时，能积极反思并向有行业经验的前辈请教，以修正创业方案；即使创业失败，也不会后悔当初选择创业，失败乃成功之母。

（5）关系胜任力。关系胜任力是指建立和维持个人之间，个人和组织之间互动关系的能力。建立和维持个人之间的互动关系主要表现为创业者是否善于和陌生人建立朋友关系，结识不同背景或不同类型的朋友，通过各种渠道去结识新朋友，主动和新结识的朋友保持联系，时常关心身边的人等。建立和维持个人与组织之间的互动关系主要是指在创业成立公司或者企业之后，个人代表公司与其他公司或者企业进行互动，以促进本公司或企业的运行和发展。

（6）创新创业力。创新创业力是指创新性地解决创业过程中出现的各种问题，包括创造和改进新的技术、产品、服务和流程的能力。创业要能取得成功，创新是一个很重要的因素。这就需要创业者有强烈的接受新知识掌握新技能的愿望；在日常做事中总是有一种很强的创新意识；喜欢用创新的方法处理所面临的一些问题；喜欢突破常规的思路或方法来做事情等。

（7）实践学习力。实践学习力是指不断在实践中学习创业所需知识和技能的能力。这个能力是所有人都必须拥有的能力，拥有学习的能力，才能跟上社会步伐，才能不被社会淘汰。当今社会科学与技术发展迅速，若不善于学习，根本就无法在社会上立足。这里的实践学习，主要包括以下一些渠道：坚持良好的读书习惯，并从书籍中学习；善于学习他人的成功经验；善于从网络、书籍等媒介中学习知识和技能；善于倾听与学习他人的好想法或建议；善于在实践中学习各种知识和技能以便于有效地解决创业中遇到的困难；能够耐心地从错误、失败中学习，而且收获很多，并且善于将学到的知识灵活地运用到工作中。

大学生创业能力需要在不断的学习和实践中培养，可以针对自己的创业计划，有针对性地进行学习和实践。

据网上《大学生创业调研报告》，创业前的准备如图 6.25 所示，在创业之前，需要多手准备，社会历练、朋友资源及成功者经验是最被看重的。

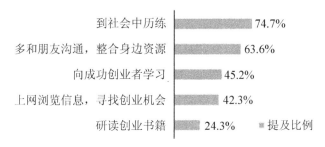

图 6.25　创业前的准备

6.3.3　创业途径

大学生创业途径如图 6.26 所示。

图 6.26　大学生创业途径

1. 网络创业

互联网改变了人们的生活理念，同时也提供了全新的创业方式。网络创业与传统创业不同，无需白手起家，而是利用现成的网络资源。目前网络创业主要有两种形式：网上开店，即在网上注册成立网络商店；网上加盟，以某个电子商务网站门店的形式经营，利用母体网站的货源和销售渠道。网络创业的优势主要在于进入门槛低、成本投入少、承担风险小、经营方式灵活，特别适合初涉商海的大学生创业者。而且，网上创业受到政府的重视，给予诸多的优惠政策和措施，有些地方建立了电子商务创业园，为创业者提供优质的创业环境和服务，如图 6.27 所示。

2013 年我国网络零售交易额约为 1.85 万亿元，5 年来平均增速达 80%，占社会消费品零售总额的 10% 以上，逐步进入成熟平稳增长期，电子商务总交易额超过 10 万亿元，5

图 6.27　电子商务创业园

年来翻了两番。2014 年双十一，天猫交易额突破 571 亿元，物流订单 2.78 亿，总共有 217 个国家和地区被点亮，新的网上零售交易纪录诞生。2014 年，我国网络零售交易额上升到 2.8 万亿元，同比增长 49.1%。据预测，到 2020 年，我国电子商务交易规模将逼近 50 万亿元，其中网络零售交易额将超过 10 万亿元，占社会零售总额比例达到 16.3%。越来越多的大学生将投身到电子商务行业进行创业，网络创业将成为大学生创业的重要方式。虽然网络创业风险相对较小却不等于没有风险，在创业前一定要事先进行多方调研，选择既适合自己产品特点又具较高访问量的电子商务平台。

2. 加盟连锁创业

加盟创业分享品牌、分享经营诀窍、分享资源，这就是连锁加盟的优势，并因此成为备受青睐的创业新方式。目前，连锁加盟有直营、委托加盟、特许加盟等形式，投资金额也根据商品种类、技术设备的不同而不同。在经营管理模式方面实施总部或者中心统一管理，使得加盟创业的大学生可以直接享受规模经营和品牌效应所带来的效益，同时在经营管理方面还可以借鉴现有的经验和模式，规避大学生创业的风险，提高成功率。但是加盟模式创业初期投资要求高，企业的经营管理和发展缺乏自主性和创造性，创业企业发展空间相对较小。全国各地经常举办加盟连锁展会，如果想从事加盟连锁创业，就应该关注加盟连锁展会。加盟创业受到广大创业大学生的普遍欢迎。

汽车行业连锁机构非常多，主要集中在汽车后市场，如图 6.28 所示。

图 6.28　汽车行业连锁机构

3. 合作创业

合作创业是一种既分担风险又能分工合作的好方法。找几个志同道合的、有管理经验的、有资金的或有技术发明的互补伙伴共同创业是当前比较流行的创业手段。一个由研发、技术、市场、融资等各方面组成，优势互补的创业团队，是创业成功的法宝。但需要注意的是，伙伴的选择可能是成功的关键，但也可能隐藏着失败的风险。只有大家同心协力，集合各自的优势，利用群体的智慧和能量，不计较个人的得失，才能使企业长远发展下去。电影《中国合伙人》就属于合作创业。

4. 自我积累创业

自我积累创业主要是指创业者在经济基础薄弱的前提下，通过发展积累，将企业从小做到大，是一种完全独立的创业活动，这种创业通常所需要的时间较长，对创业者的心理素质要求较高。这类创业模式没有固定的形式，创业者在初期阶段主要从事技术门槛较低、投资较小的行业，如餐饮、商品批发和零售等。自我积累创业发展起来的企业规模小，规章制度建设不完善，在经营管理上创业者有自由发挥的空间。在取得一定成果之后，企业会转变发展思路并且建立既有法人地位的规范的股份制小型公司，但这种公司会因为缺乏核心竞争力，其长期发展令人担忧，抗风险能力较弱。

5. 技术智能型创业

技术智能型创业可以低成本创业，不需要大的资金投资，但对学生科研能力的要求比较高，需要特有专长，某方面的专长，如管理才能、营销才能、发明专利等，并以专利产品为依托获得风险投资的资助建厂创业。现时许多地级城市都建立了"孵化器"，拥有技术、产品的人进入"孵化器"，配备各种管理人员，进行正式投产前的"预热"是较好的选择。

除了以上创业途径以外，还有一些其他创业途径，如创客空间。想要创业的大学生，要时刻关注大学生创业教育，只有把创业教育植入大学生的理论学习和实践中，才能为将来创业提供更扎实的理论基础和经验。

思 考 题

1. 大学生就业需要做好哪些准备？就业途径有哪些？
2. 考研途径有哪些？每种考研的途径怎样？
3. 大学生创业能力包括哪些方面？创业途径有哪些？

附 录
某高校车辆工程专业本科生培养方案

一、学习年限

4 年

二、培养目标

本专业分传统汽车和新能源汽车两个方向。

本专业培养学生掌握汽车工业发展所必需的较系统的基础科学知识、较宽广的技术基础知识、必要的专业知识及基本技能，形成研究、创新的基本素质，培养面向 21 世纪社会进步和科技发展所需要的德、智、体全面发展的，能在汽车产业内从事产品设计制造、科技开发、应用研究、运行管理和经营销售的高级工程技术人才。

三、专业培养要求

本专业学生主要学习自然科学基础、技术科学基础和本专业领域及相关专业的基本理论和基本知识，接受现代工程师的基本训练，具有分析和解决实际问题的能力及计算机软件应用等技能，要求本专业毕业生应具备以下几个方面的知识和能力。

（1）掌握本学科所必需的较系统的基础科学知识、较宽广的技术基础知识和必要的专业知识；具有一定的人文、艺术和社会科学知识。

（2）较强的自学能力、分析问题和解决问题能力、工程实践能力、语言交流能力、群体合作和组织能力；具有现代化大工程的质量和效益观念，毕业论文合格。

（3）具有较强的计算机软件和外语应用能力。

（4）热爱祖国，具有振兴中华民族的强烈责任心和使命感；有较强的求知欲和开拓进取、严谨务实、勤奋敬业的作风；奉公守法、举止文明、情趣高雅；树立正确的人生观、价值观、科学的世界观；身体健康。

四、专业主干课程

1. 传统汽车方向

汽车构造、汽车理论、汽车设计、车身设计与反求技术、汽车试验学、汽车电子技术、汽车 CAD/CAE/CAM 等。

2. 新能源汽车方向

汽车构造、汽车理论、汽车电子技术、电动汽车结构与原理、动力电池技术与应用、电动汽车驱动技术、电动汽车设计、电动汽车测试技术、电动汽车性能与仿真等。

五、毕业合格标准

本专业毕业生应达到学校对本科毕业生提出的德、智、体、美等方面的要求，完成教学计划规定的全部课程的学习及实践环节训练，毕业设计（论文）答辩合格，方可准予毕业。

六、授予学位类别

工学学士

七、学期教学进程表

车辆工程专业学期教学进程表见表1。

表 1　车辆工程专业学期教学进程表

学期	课程编码	课程名称	考核	学分	学时分配				
					总学时	讲课	实验	实践	上机	周学时
第一学期	C1140010	思想道德修养与法律基础	√	3.0	34	30		4		
	C1050011	大学英语	√	3.0	70	70				
	C1061081	工科数学分析 B	√	5.0	84	84				
	C1200011	体育	√	1.0	32	26		6		
	C1061020	代数与几何	√	4.0	64	64				
	T1130021	工程图学 A	√	3.5	60	60				
	C1000001	国防教育		3.0	3 周					
			小计	22.5	344＋3 周	334		10		23.0
第二学期	C1140030	中国近现代史纲要	√	2.0	22	20		2		
	C1061082	工科数学分析 B	√	5.0	84	84				
	C1050012	大学英语	√	3.5	90	90				
	C1200012	体育	√	1.0	32	26		6		
	C1061030	概率论与数理统计		3.0	48	48				
	C1100011	大学物理 A	√	4.5	72	72				
	T1130022	工程图学 A	√	2.5	40	40				
	C1040010	计算机实用基础		2.0	32	20	8		4	
	C1040040	C 语言程序设计		3.5	60	30	10		20	
			小计	27.0	480	430	18	8	24	27.7

续表

学期	课程编码	课程名称	考核	学分	学时分配				
					总学时	讲课	实验	实践	上机	周学时
第三学期	C2050011	大学英语限选		1.0	30	30				
	C1140020	马克思主义基本原理	√	3.0	40	40				
	C1200013	体育		1.0	32	26		6		
	C1140051	形势与政策		1.0	10	10				
	C1100012	大学物理A	√	4.5	72	72				
	E1100011	大学物理实验A		2.0	30		30			
	T1120080	理论力学	√	5.0	80	80				
	T1083020	金属学及热处理B		2.5	40	40				
	T1020000	电工技术	√	4.5	74	62	12			
		小计		24.5	408	360	42	6		21.7
第四学期	C1140040	毛泽东思想与中国特色社会主义理论体系概论	√	6.0	66	60		6		
	C1200014	体育		1.0	32	26		6		
	C2050012	大学英语限选		1.0	30	30				
	C1140052	形势与政策		1.0	10	10				
	E1100012	大学物理实验A		2.0	30		30			
	T1120090	材料力学	√	5.0	80	72	8			
	T1020010	电子技术	√	4.5	74	62	12			
	T1130040	机械设计CAD		2.0	30	20			10	
	T1130050	机械原理	√	3.5	60	52	8			
	E1010340	机械原理课程设计		1.0	1周					
	E1130010	工程训练(金工实习)		4.0	4周					
		小计		31.0	412+5周	332	58	12	10	29.4
第五学期	T1130060	机械设计	√	3.5	60	52	8			
	T1130010	金属工艺学(热、冷)		2.0	32	32				
	T1130070	互换性与技术测量	√	2.0	36	28	8			
	T1040120	计算机组成原理B	√	4	62	50	12			
	T1010430	热工原理		2.0	30	30				
	T1010610	汽车构造	√	3.0	50	50				
	E1020102	电子工艺实习		2.0	2周					
	E1010420	机械设计课程设计		3.0	3周					
	E1010631	汽车部件拆装与设计(上)		2.0	2周					
		小计		23.5	270+7周	242	28		10	24.5

续表

学期	课程编码	课程名称	考核	学分	学时分配					
					总学时	讲课	实验	实践	上机	周学时
第六学期	T1130100	机械制造技术基础	√	3.0	50	42	8			
	T1021210	自动控制原理B		3.0	50	40	10			
	S1010700	发动机原理		2.0	30	30				
	T1010600	MATLAB与系统仿真		2.0	36	24			12	
	T1020110	单片机原理与接口技术		2.5	40	32	8			
	T1010620	汽车理论	√	3.5	54	48	6			
	S1010660	汽车电子技术	√	2.0	36	36				
	传统汽车方向									
	T1010480	液压传动	√	2.5	40	36	4			
	S1010640	汽车设计	√	3.5	54	54				
	S1010710	汽车CAD/CAE/CAM		2.5	40	24			16	
	新能源汽车方向									
	T1010970	能源概论		1	18	18				
	S1010801	电动汽车结构与原理		2	36	36				
	S1010802	动力电池技术与应用		2	36	34	2			
	S1010803	电动汽车驱动技术		2.5	40	36	4			
	传统汽车方向		小计	26.5	430	366	36		28	22.6
	新能源汽车方向			25.5	426	376	38		12	22.4
第七学期	S1010720	车载网络技术	√	2.0	36	30	6			
		社会实践及公益劳动		2.0	2周					
	E1010140	生产实习		2.0	2周					
	E1010632	汽车部件拆装与设计（下）		3.0	3周					
	E1010731	毕业设计		2.0	2周					
	传统汽车方向									
	S1010650	车身设计与反求技术	√	2.0	36	36				
	S1010670	汽车试验学	√	2.5	40	34	6			
	E1010720	汽车工艺课程设计		3.0	3周					
	新能源汽车方向									
	S1010804	电动汽车设计	√	2.5	40	40				
	S1010805	电动汽车试验学	√	2.5	40	34	6			
	S1010806	电动汽车性能与仿真	√	2	36	36				
	传统汽车方向		小计	18.5	112+12周	100	12			18.7
	新能源汽车方向			18	152+9周	140	12			18.9

续表

学期	课程编码	课程名称	考核	学分	学时分配					
					总学时	讲课	实验	实践	上机	周学时
第八学期	E1010732	毕业设计		16	16 周					
			小计	16.0	16 周					

注：标 √ 者为考试课。

八、实践教学环节安排表

实践教学环节安排表见表 2。

表 2　实践教学环节安排表

序号	类　别	学分	实践训练
1	国防教育	3.0	3 周
2	金工实习	4.0	4 周
3	机械原理课程设计	1.0	1 周
4	电子工艺实习	2.0	2 周
5	机械设计课程设计	3.0	3 周
6	生产实习	2.0	2 周
7	汽车部件拆装与设计（上）	2.0	2 周
8	汽车工艺课程设计（汽车方向）	3.0	3 周
9	汽车部件拆装与设计（下）	3.0	3 周
10	社会实践公益劳动	2.0	2 周
11	毕业设计	18.0	18 周
12	大学物理实验 A	4.0	60 学时
	合　计	47.0	43 周＋60 学时

九、课程设置及学时比例表

传统汽车方向和新能源汽车方向课程设置及学时比例表分别见表 3 和表 4。

表 3　课程设置及学时比例表——传统汽车方向

类　别	学分	%	学时	%	实验	实践	上机
公共课 C	65.5	44.5	1046	43.7	18	36	24
专业基础课 T	65.0	44.3	1078	45	104		22
专业课 S	16.5	11.2	272	11.3	12		16
合　计	147	100	2396	100	134	36	62

表 4 课程设置及学时比例表——新能源汽车方向

类别	学分	%	学时	%	实验	实践	上机
公共课 C	65.5	43.8	1046	43.7	18	36	24
专业基础课 T	63.5	42.5	1038	43.3	100		22
专业课 S	20.5	13.7	312	13	18		0
合计	149.5	100	2396	100	136	36	46

十、外专业辅修第二学位课程计划

外专业辅修第二学位课程计划见表 5。

表 5 外专业辅修第二学位课程计划

序号	课程编号	课程名称	学时、周	学分	建议选课学期
1	T1120080	理论力学	80	5.0	3
2	T1120090	材料力学	80	5.0	3
3	T1130050	机械原理	60	3.5	4
4	T1130060	机械设计	60	3.5	5
5	T1130100	机械制造技术基础	50	3.0	6
6	S1010700	发动机原理	30	2.0	6
7	T1010610	汽车构造	50	3.0	5
8	T1010620	汽车理论	54	3.5	6
9	S1010640	汽车设计	54	3.5	6
10	S1010650	车身设计与反求技术	36	2.0	7
11	S1010670	汽车试验学	40	2.5	7
12	S1010660	汽车电子技术	30	2.0	6
13	E1010631	汽车部件拆装与设计（上）	2 周	2.0	5
14	E1010632	汽车部件拆装与设计（下）	3 周	3.0	7
15	E101731/32	毕业设计	18 周	18.0	7、8
		合计	624+23 周	61.5	

十一、外专业辅修第二专业课程计划

外专业辅修第二专业课程计划见表 6。

表6 外专业辅修第二专业课程计划

序号	课程编号	课程名称	学时	学分	建议选课学期
1	T1120080	理论力学	80	5.0	3
2	T1120090	材料力学	80	5.0	4
3	T1130050	机械原理	60	3.5	4
4	T1130060	机械设计	60	3.5	5
5	T1130100	机械制造技术基础	50	3.0	6
6	T1010610	汽车构造	50	3.0	5
7	T1010620	汽车理论	54	3.5	6
8	S1010640	汽车设计	54	3.5	6
9	S1010650	车身设计与反求技术	36	2.0	7
合计			524	32.0	

十二、车辆工程专业课程拓扑图

传统汽车方向和新能源汽车方向车辆工程专业课程拓扑图分别如图1和图2所示。

某高校车辆工程专业本科生培养方案 附录

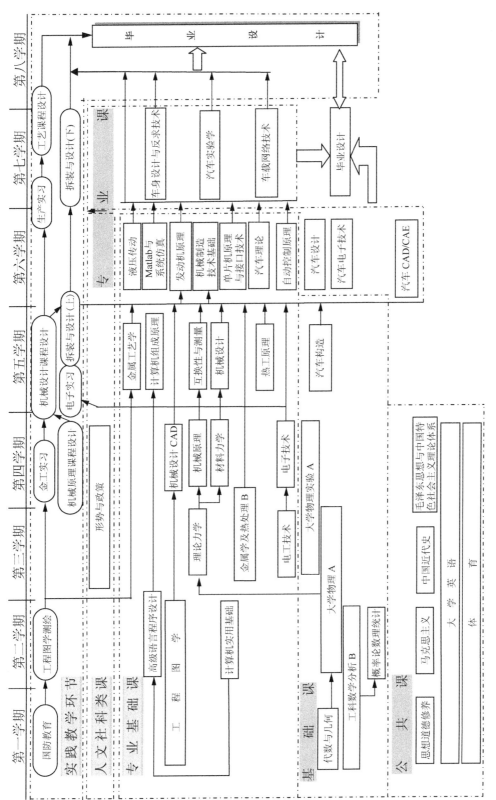

图1 车辆工程专业(传统汽车方向)课程拓扑图

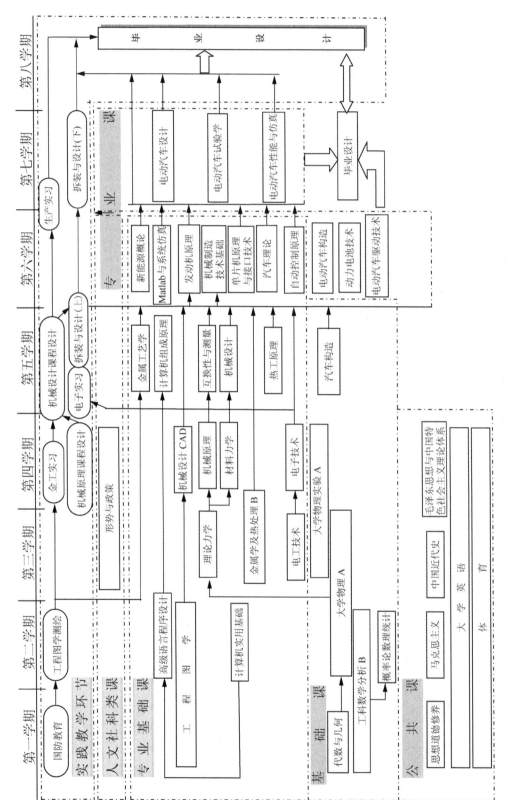

图2 车辆工程专业（新能源汽车方向）课程拓扑图

参 考 文 献

[1] 全国汽车标准化技术委员会. GB/T 3730.1—2001 汽车和挂车类型的术语和定义[S]. 北京：中国标准出版社，2001.

[2] 国务院学位委员会第六届学科评议组. 学位授予和人才培养一级学科简介[M]. 北京：高等教育出版社，2013.

[3] 全国汽车标准化技术委员会. GB 19578—2004 乘用车燃料消耗量限值[S]. 北京：中国标准出版社，2004.

[4] 全国汽车标准化技术委员会. GB 27999—2011 乘用车燃料消耗量评价方法及指标[S]. 北京：中国标准出版社，2012.

[5] 中华人民共和国国家环境保护总局. GB 18352—2001 轻型汽车污染物排放限值及测量方法[S]. 北京：中国环境科学出版社，2001.

[6] 中华人民共和国国家环境保护总局. GB 18352.5—2013 轻型汽车污染物排放限值及测量方法（中国第Ⅴ阶段）[S]. 北京：中国环境科学出版社，2013.

[7] 崔胜民. 新能源汽车技术[M]. 2版. 北京：北京大学出版社，2014.

[8] 鲁雄植. 车辆工程专业导论[M]. 北京：机械工业出版社，2013.

[9] 张金明，陈楠. 大学生就业创业指导与职业生涯规划[M]. 北京：北京航空航天大学出版社，2014.

[10] 徐国庆. 大学生社会实践的路径研究[D]. 哈尔滨：东北林业大学，2013.

[11] 葛蕊. 地方院校工科大学生创业能力评价[D]. 天津：河北工业大学，2012.

北京大学出版社汽车类教材书目

序号	书　　名	标准书号	著作者	定价	出版日期
1	汽车构造(第2版)	978-7-301-19907-7	肖生发，赵树朋	56	2014.1
2	汽车构造学习指导与习题详解	978-7-301-22066-5	肖生发	26	2014.1
3	汽车发动机原理(第2版)	978-7-301-21012-3	韩同群	42	2013.5
4	汽车设计	978-7-301-12369-0	刘涛	45	2008.1
5	汽车运用基础	978-7-301-13118-3	凌永成，李雪飞	26	2008.1
6	现代汽车系统控制技术	978-7-301-12363-8	崔胜民	36	2008.1
7	汽车电气设备实验与实习	978-7-301-12356-0	谢在玉	29	2008.2
8	汽车试验测试技术（第2版）	978-7-301-25436-3	王丰元，邹旭东	36	2015.3
9	汽车运用工程基础(第2版)	978-7-301-21925-6	姜立标	34	2016.3
10	汽车制造工艺（第2版）	978-7-301-22348-2	赵桂范，杨　娜	40	2013.4
11	车辆制造工艺	978-7-301-24272-8	孙建民	45	2014.6
12	汽车工程概论	978-7-301-12364-5	张京明，江浩斌	36	2008.6
13	汽车运行材料（第2版）	978-7-301-22525-7	凌永成	45	2015.6
14	汽车运动工程基础	978-7-301-25017-4	赵英勋，宋新德	38	2014.10
15	汽车试验学	978-7-301-12358-4	赵立军，白　欣	28	2014.7
16	内燃机构造	978-7-301-12366-9	林　波，李兴虎	26	2014.12
17	汽车故障诊断与检测技术	978-7-301-13634-8	刘占峰，林丽华	34	2013.8
18	汽车维修技术与设备（第2版）	978-7-301-25846-0	凌永成	36	2015.6
19	热工基础（第2版）	978-7-301-25537-7	于秋红，鞠晓丽等	45	2015.3
20	汽车检测与诊断技术	978-7-301-12361-4	罗念宁，张京明	30	2009.1
21	汽车评估（第2版）	978-7-301-26615-1	鲁植雄	38	2016.1
22	汽车车身设计基础	978-7-301-15619-3	王宏雁，陈君毅	28	2009.9
23	汽车车身轻量化结构与轻质材料	978-7-301-15620-9	王宏雁，陈君毅	25	2009.9
24	车辆自动变速器构造原理与设计方法	978-7-301-15609-4	田晋跃	30	2009.9
25	新能源汽车技术（第2版）	978-7-301-23700-7	崔胜民	39	2015.4
26	工程流体力学	978-7-301-12365-2	杨建国，张兆营等	35	2011.12
27	高等工程热力学	978-7-301-16077-0	曹建明，李跟宝	30	2010.1
28	汽车电气设备（第3版）	978-7-301-27275-6	凌永成	47	2016.8
29	汽车电气设备	978-7-301-24947-5	吴焕芹，卢彦群	42	2014.10
30	汽车电器与电子设备	978-7-301-25295-6	唐文初，张春花	26	2015.2
31	现代汽车发动机原理	978-7-301-17203-2	赵丹平，吴双群	35	2013.8
32	现代汽车新技术概论（第2版）	978-7-301-24114-1	田晋跃	42	2016.1
33	现代汽车排放控制技术	978-7-301-17231-5	周庆辉	32	2012.6
34	汽车服务工程（第2版）	978-7-301-24120-2	鲁植雄	42	2015.4
35	汽车使用与管理	978-7-301-18761-6	郭宏亮，张铁军	39	2013.6
36	汽车数字开发技术	978-7-301-17598-9	姜立标	40	2010.8
37	汽车人机工程学	978-7-301-17562-0	任金东	35	2015.4
38	专用汽车结构与设计	978-7-301-17744-0	乔维高	45	2014.6
39	汽车空调	978-7-301-18066-2	刘占峰，宋　力等	28	2013.8
40	汽车空调技术	978-7-301-23996-4	麻友良	36	2014.4
41	汽车CAD技术及Pro/E应用	978-7-301-18113-3	石沛林，李玉善	32	2015.4
42	汽车振动分析与测试	978-7-301-18524-7	周长城，周金宝等	40	2011.3
43	新能源汽车概论（第2版）	978-7-301-25633-6	崔胜民	37	2016.3
44	新能源汽车基础	978-7-301-25882-8	姜顺明	38	2015.7
45	汽车空气动力学数值模拟技术	978-7-301-16742-7	张英朝	45	2011.6

序号	书 名	标准书号	著作者	定价	出版日期
46	汽车电子控制技术(第3版)	978-7-301-27262-6	凌永成	46	2017.1
47	车辆液压传动与控制技术	978-7-301-19293-1	田晋跃	28	2015.4
48	车辆悬架设计及理论	978-7-301-19298-6	周长城	48	2011.8
49	汽车电器及电子控制技术	978-7-301-17538-5	司景萍,高志鹰	58	2012.1
50	汽车车身计算机辅助设计	978-7-301-19889-6	徐家川,王翠萍	35	2012.1
51	现代汽车新技术	978-7-301-20100-8	姜立标	49	2016.1
52	电动汽车测试与评价	978-7-301-20603-4	赵立军	35	2012.7
53	电动汽车结构与原理	978-7-301-20820-5	赵立军,佟钦智	35	2015.1
54	二手车鉴定与评估	978-7-301-21291-2	卢 伟,韩 平	36	2015.4
55	汽车微控制器结构原理与应用	978-7-301-22347-5	蓝志坤	45	2013.4
56	汽车振动学基础及其应用	978-7-301-22583-7	潘公宇	29	2015.2
57	车辆优化设计理论与实践	978-7-301-22675-9	潘公宇,商高高	32	2015.2
58	汽车专业英语	978-7-301-23187-6	姚 嘉,马丽丽	36	2013.8
59	车辆底盘建模与分析	978-7-301-23332-0	顾 林,朱 跃	30	2014.1
60	汽车安全辅助驾驶技术	978-7-301-23545-4	郭 烈,葛平淑等	43	2014.1
61	汽车安全	978-7-301-23794-6	郑安文	45	2015.4
62	汽车安全概论	978-7-301-22666-7	郑安文,郭健忠	35	2015.10
63	汽车系统动力学与仿真	978-7-301-25037-2	崔胜民	42	2014.11
64	汽车营销学	978-7-301-25747-0	都雪静,安惠珠	50	2015.5
65	车辆工程专业导论	978-7-301-26036-4	崔胜民	39	2015.8
66	汽车保险与理赔	978-7-301-26409-6	吴立勋,陈立辉	32	2016.1
67	汽车理论	978-7-301-26758-5	崔胜民	32	2016.1
68	新能源汽车动力电池技术	978-7-301-26866-7	麻友良	42	2016.3
69	汽车车身控制系统	978-7-301-27023-3	杭卫星	28	2016.5
70	汽车发动机管理系统	978-7-301-27083-7	贝绍轶	28	2016.6
71	汽车底盘控制系统	978-7-301-27693-8	赵景波	32	2016.11
72	汽车底盘机械系统	978-7-301-27270-1	李国庆	28	2016.7
73	现代汽车新技术（第2版）	978-7-301-27425-5	姜立标	57	2016.8
74	汽车新能源与排放控制（双语教学版）	978-7-301-27589-4	周庆辉	35	2016.10
75	汽车新技术	978-7-301-27692-1	邹乃威,周大帅	46	2016.11
76	汽车发动机机械系统	978-7-301-27786-7	李国庆	28	2016.12

如您需要更多教学资源如电子课件、电子样章、习题答案等，请登录北京大学出版社第六事业部官网 www.pup6.cn 搜索下载。

如您需要浏览更多专业教材，请扫下面的二维码，关注北京大学出版社第六事业部官方微信（微信号：pup6book），随时查询专业教材、浏览教材目录、内容简介等信息，并可在线申请纸质样书用于教学。

感谢您使用我们的教材，欢迎您随时与我们联系，我们将及时做好全方位的服务。联系方式：010-62750667，童编辑，13426433315@163.com，pup_6@163.com，lihu80@163.com，欢迎来电来信。客户服务QQ号：1292552107，欢迎随时咨询。